U0690770

民商事疑难案件裁判指南

唐战立 韩玉芬 李宏伟 吴涛 王五周 著

WUHAN UNIVERSITY PRESS
武汉大学出版社

图书在版编目(CIP)数据

民商事疑难案件裁判指南/唐战立等著.—武汉:武汉大学出版社,
2015.1
　ISBN 978-7-307-14949-6

　Ⅰ.民… Ⅱ.唐… Ⅲ.民事诉讼—审判—中国—指南
Ⅳ.D925.118.2-62

　中国版本图书馆 CIP 数据核字(2014)第 291162 号

责任编辑:田红恩　　责任校对:鄢春梅　　版式设计:韩闻锦

出版发行:**武汉大学出版社**　(430072　武昌　珞珈山)
　　　　　(电子邮件:cbs22@ whu. edu. cn　网址:www. wdp. com. cn)
印刷:武汉中远印务有限公司
开本:720×1000　1/16　印张:20.5　字数:305 千字　插页:1
版次:2015 年 1 月第 1 版　　2015 年 1 月第 1 次印刷
ISBN 978-7-307-14949-6　　定价:49.80 元

版权所有,不得翻印;凡购我社的图书,如有质量问题,请与当地图书销售部门联系调换。

序　言

　　2013年年底，根据中共许昌市委和许昌学院校地人才共建"双百工程"和许昌学院关于转型发展——建设应用型本科大学的要求，许昌市中级人民法院韩玉芬院长被许昌市委选派到许昌学院法政学院做兼职教授、名誉院长，法政学院副院长唐战立教授作为民商法研究专家到许昌市中级人民法院任院长助理。针对目前诸多民商事案件因疑难复杂致审判观点不尽一致，"同案不同判"，并进而困惑一线审判工作，甚至影响司法权威的问题，韩玉芬院长一直给予深切关注。唐战立教授为此主动请缨，组成以韩玉芬院长、唐战立教授、研究室李红伟主任、法官学院吴涛院长、研究室王五周副主任为成员的"民商事疑难案件研究课题组"，着眼于形成具有指导意义的裁判结果及思路，从而统一认识，统一裁判。一年心力，形成了《民商事疑难案件裁判指南》这一重要成果，也成为许昌学院与许昌市中级人民法院院校合作的友好见证。

　　2014年2月份始，通过对许昌市两级、七家法院民商事案件进行调研，课题组征集了民商事疑难复杂案件150余件。这些案件当事人均服判息诉，案结事了。主审法官或者代理案件的律师按照课题组的模板要求写出案例初稿，经初选、复选、再选，最终确定79篇案例。课题组对案例进行编辑整理，韩玉芬院长编审了20篇，唐战立教授编审了29篇，李红伟主任、吴涛院长、王五周副主任分别编审了10篇，全书最后由唐战立教授负责统稿。

　　本书所引入案例有三大特点：第一，案例真实。虽然案件中的当事人均隐去了真名，但是本书提供了"案件索引"即案件的文号，读者如果对阅读案件感兴趣，可以通过案件索引去查找判决书或者通过合法途径去查阅案卷。第二，案件疑难点清晰。本书没有用采用传统

1

的"当事人+案由"方式命名案例，而是用精练、通俗的文字归纳疑难点作为标题，直接用标题告诉读者案件要解决的首要问题是什么，并在"案件疑难点"部分对所有疑难点进行释明，方便读者查找最关注的问题。第三，评析均由专家作出。本书中，"案件裁判思路及裁判结果"体现的是案件审理法官的观点，但是非法学专业的读者理解起来仍有困难，所以在案例编排体例上专门设置了"案件评析"部分，从法律依据、法学理论和更多的角度来论证"案件裁判思路及裁判结果"。该部分内容不但对读者理解"案件裁判思路及裁判结果"大有裨益，更是编审人以及本书编委会法学智慧的凝结。相信本书能为法官办理同类案件提供裁判指南，也能为法律研究人员、律师等提供很好的案例参考，更能为普通读者维护自身合法民事权益提供帮助。

本书能够面世，是院校联合开展既有理论深度又密切结合司法实践法学研究工作的成果，也是许昌市两级法院众多民商事法官和研究室工作人员支持的结果，在此一并表示感谢，同时也对武汉大学出版社的鼎力支持表示感谢！

王清义（许昌学院党委书记）

2014 年 11 月 2 日

目　　录

1

保险代理人从事企业管理工作
形成劳动关系

【案件疑难点】

　　寿险个人营销体制中，与保险公司签订代理合同的保险代理人是否与保险公司成立劳动关系

【案件索引】

　　一审：河南省许昌市魏都区人民法院（2012）魏北民重字第 39 号民事判决书

　　二审：河南省许昌市中级人民法院（2013）许民三终字第 466 号民事判决书

【基本案情】

　　原告：黄某

　　被告：人寿公司

　　原告黄某于 1999 年取得保险代理从业人员资格，其与被告人寿公司于 2008 年 7 月 29 日签订三年期的保险营销员保险代理合同一份。该合同对授权范围约定：（1）人寿公司授权黄某在许昌市从事保险代理业务（黄某代理销售人寿公司指定的人身保险产品；为客户提供售后服务；根据人寿公司的授权收取客户保险费）；（2）经人寿公司正式书面授权，在许昌市代理销售人寿公司指定的财产保险产品；（3）经人寿保险正式书面授权，组织其他保险行销员开展保险代理活动；（4）人寿公司书面特别授权的其他代理活动。双方特别约定：双方之间仅构成保险代理关系，双方在任何时候均不构成劳动关系或劳务关系。

　　2008 年 8 月 8 日，黄某转至内勤岗位工作，负责新单回访、业

务员辞职时的管理回访、客户保单更改回访。原告从事内勤后，由被告提供办公室、工装，需要遵守被告的考勤制度，也被安排过假日值班，每月有固定收入800元。被告从未给原告缴纳社会保险费。2011年8月，被告人员调整，未再与原告续签代理合同，并让原告下岗回家，没有给予任何补偿，该月固定收入800元亦未支付。原告工作至2011年8月底。

2011年9月13日，原告认为双方之间已经构成劳动关系，向许昌市劳动人事争议仲裁委员会申请劳动仲裁。许昌市劳动人事争议仲裁委员会于同日以不符合仲裁时效为由作出不予受理的决定。原告遂诉至本院，要求：1. 被告为原告补缴养老保险7261.8元和医疗保险2165.04元，或者赔偿原告同等数额的经济损失；2. 赔付因欠缴原告的失业保险而给造成的经济损失8448元；3. 支付因违法解除劳动合同的赔偿金5600元；4. 支付双倍工资中下余一倍工资28800元；5. 支付2011年8月份工资800元。

被告辩称：800元收入系组训补助款或销售保险的佣金，非工资。根据2008年7月29日双方订立的保险营销员保险代理合同，甲乙双方之间为保险代理关系，不构成劳动关系或劳务关系。

【案件裁判思路及裁判结果】

许昌市魏都区人民法院审理后认为：本案的争议焦点是原告黄某与被告人寿公司之间是否构成劳动关系。双方签订的保险营销员保险代理合同中虽然约定了双方系代理合同关系，但应根据双方之间存在的真实权利义务来认定双方之间的法律关系。被告实际安排原告的工作岗位不是从事保险代理业务，而是保险销售管理岗位及保险销售人员的管理岗位，且该工作是被告公司的业务组成部分，因此，其提供的劳动非保险代理性质，而带有为保险销售服务的性质。被告根据原告的工作内容按月支付固定数额报酬，此外，被告的考勤制度适用于原告，原告受被告的劳动管理、指挥和监督及工作指派。因此，自2008年8月8日原告转为内勤岗之后，双方之间即建立了劳动关系。

用人单位和劳动者建立劳动关系必须依法参加社会保险，缴纳社会保险费。被告未给原告缴纳社会保险费行为属违法。社会保险包括基本养老保险、基本医疗保险、失业保险。

失业保险不能以补交方式承保。原告有权主张因被告不按规定缴纳失业保险费致使原告不能享受失业保险待遇或者影响其重新就业的经济损失。该损失应按照原告本应享受的失业待遇计算，参照《河南省人民政府办公厅关于贯彻落实〈失业保险条例〉有关问题的通知》（豫政办[1999]39号）中关于领取失业保险金的期限的政策，原告领取失业金的月数为10个月，按照2010年7月1日至2011年9月30日期间许昌市市区失业保险金640元/月的标准及2011年10月1日起许昌市市区失业保险金800元/月的标准，原告本应享受的失业待遇为7840元（640元/月×1个月+800/月×9月）。

此外，被告还应为原告补缴自2008年8月8日至2011年8月底的基本养老保险费及基本医疗保险费，所缴费用经社会保险经办机构核算，由原告和被告按法律规定份额共同承担。

原告于2008年8月8日转为内勤岗之后，被告应该在一个月内与原告订立书面的劳动合同，而被告直至原告下岗也未与原告签订书面的劳动合同，应自用工之日起满一个月的次日（2008年9月8日）至满一年的前一日（2009年8月7日）依照《劳动合同法》第82条的规定向原告每月支付两倍的工资，并视为自用工之日起满一年的当日（2009年8月8日）已经与劳动者订立无固定期限的劳动合同。鉴于被告已按月支付原告工资，现应一次性支付原告2008年9月8日至2009年8月8日共计11个月的双倍工资中另外一倍工资8800元（800元×11个月）。原告主张2009年8月9日至2011年8月31日双倍工资中另外一倍工资的诉讼请求，因该期间双方已经视为订立了无固定期限劳动合同，原告主张该期间内的双倍工资，无法律依据，应不予支持。

因被告一直未与原告签订书面的劳动合同，双方自劳动关系建立起满一年的当日（2009年8月9日）视为已经订立无固定期限的劳动合同。2011年8月底，被告告知原告下岗，单方解除双方之间的劳动关系。该解除劳动关系的行为既不是双方协商一致的结果，也不存在《劳动合同法》第39条、第40条、第41条规定的用人单位单方解除劳动关系的法定情形，故被告解除劳动关系的行为违法，应当按照原告的工作年限和解除劳动关系前原告12个月的平均工资800元的标准双倍支付原告赔偿金。该赔偿金为5600元(800元×3.5个月×2)。

用人单位不得无故拖欠劳动者的工资,现被告拖欠原告2011年8月工资的行为违法,原告要求被告支付该月工资的诉讼请求,符合法律规定,应予以支持。

综上,依据《中华人民共和国劳动法》第50条、第72条,《中华人民共和国劳动合同法》第47条、第48条、第82条、第87条,《中华人民共和国劳动合同法实施条例》第6条、第7条,《失业保险条例》第2条第1款、第14条,《社会保险费征缴暂行条例》第2条、第3条、第4条、第12条、第13条,《河南省失业保险条例》第2条、第10条、第21条、第46条之规定,经许昌市魏都区人民法院审判委员会研究决定,作出如下判决:

一、被告人寿公司为原告补缴自2008年8月8日至2011年8月31日的基本养老保险费及基本医疗保险费,所缴费用经社会保险经办机构核算,由用人单位承担部分由被告人寿公司承担,应由原告黄某个人承担部分由原告黄某于本判决生效后15日内缴至被告处,由被告一并缴至相关社会保险经办机构。补缴相关社会保险费的滞纳金或利息按国家规定执行;

二、被告人寿公司赔偿原告黄某未缴纳失业保险费造成的损失7840元;

三、被告人寿公司支付原告黄某未签订书面劳动合同的双倍工资中另外一倍工资8800元;

四、被告人寿公司赔偿原告黄某违法解除劳动关系的赔偿金5600元;

五、被告人寿公司支付原告黄某2011年8月的工资800元。

六、以上第一、二、三、四、五项于本判决生效后15日内履行完毕;

七、驳回原告黄某的其他诉讼请求。

一审判决后,被告上诉称:原判认定事实错误,上诉人与被上诉人之间是保险代理关系,不是劳动关系。请求撤销一审判决,改判驳回被上诉人的诉讼请求。

被上诉人黄某辩称：被上诉人从事的是内勤工作，代理合同与本案无关，上诉人称被上诉人从事组训工作没有任何证据予以证明。请求驳回上诉，维持原判。

二审查明事实与原审一致。二审法院认为：上诉人在原审中提供的证据不足以证明被上诉人事实上从事的工作岗位为保险代理和组训工作。故按照劳动和社会保障部《关于确立劳动关系有关事项的通知》第1条、第2条的规定，上诉人上诉理由不能成立，不予支持。原审判决认定事实清楚，适用法律正确，程序合法，应予维持。依照《中华人民共和国民事诉讼法》第170条第1款（1）项之规定，二审法院作出驳回上诉，维持原判的判决。

【案件评析】

劳动关系是指劳动者与用人单位之间形成的，劳动者在用人单位管理下提供劳动，用人单位按照约定支付劳动者劳动报酬的权利义务关系。

保险公司与保险代理员构成委托代理关系，保险代理员根据保险人的委托，根据保险人的授权代为办理保险业务，向保险人收取代理手续费，由保险人承担责任。

劳动和社会保障部《关于确立劳动关系有关事项的通知》第1条规定："用人单位招用劳动者未订立书面劳动合同，但同时具备下列情形的，劳动关系成立。（1）用人单位和劳动者符合法律、法规规定的主体资格；（2）用人单位依法制定的各项劳动规章制度适用于劳动者，劳动者受用人单位的劳动管理，从事用人单位安排的有报酬的劳动；（3）劳动者提供的劳动是用人单位业务的组成部分。"根据这一规定，保险代理关系不当然否定劳动关系的成立。本案保险公司与保险代理员之间，除代理关系以外，是否还构成劳动关系，应从劳动合同的实质特征出发。本案中，虽双方在其保险代理合同中约定双方不构成劳动合同关系，但该约定与双方权利义务的实际履行情况并不相符，且超出了代理合同约定的代理范围，故应按国家法律的规定和当事人实际履行情况来界定双方的权利义务关系，只要具备劳动关系典型特征，就可以纳入劳动关系的范畴。

（撰稿人：陈　晖　编辑人：吴　涛）

保险公司赔偿第三人保险金时应承担诉讼费

【案件疑难点】

　　交通事故中城镇居民的认定

　　诉讼费承担条款无效

【案件索引】

　　一审：河南省襄城县人民法院(2013)襄民初字第 1206 号民事判决书

【基本案情】

　　原告：司某、吕某

　　被告：天安公司

　　2012 年 7 月 31 日 7 时 20 分，李某驾驶豫 K87×××号中型自卸货车由北向南行驶至襄城县东环路水坑陈路段与原告吕某驾驶的三轮电动车相撞，造成三轮电动车驾驶人吕某及三轮电动车乘坐人司某受伤、两车不同程度损坏的交通事故。2012 年 8 月 29 日，经襄城县公安交通警察大队认定，李某负事故的全部责任，原告司某与吕某无责任。事故发生后，原告司某、吕某当日到襄城县人民医院住院治疗，于 2013 年 5 月 21 日二原告同时出院，司某住院 294 天，共花费医疗费 158930.39 元；吕某住院 294 天，共花费医疗费 26753.36 元。司某出院诊断为：（1）颅脑损伤；（2）右侧肱骨骨折术后内固定滞留；（3）多发骨折；（4）右足畸形；（5）右跟腱挛缩；（6）右下肢皮肤疤痕形成；（7）口唇歪斜。出院医嘱为必要时右跟腱及右肱骨需二次手术。吕某出院诊断为：（1）右锁骨骨折；（2）多发软组织损伤。襄城县人民医院护理证明书上显示司某从 2012 年 7 月 31 日至 2013 年 5

月 21 日住院期间需二人护理，吕某从 2012 年 7 月 31 日至 2013 年 5 月 21 日住院期间需一人护理。2013 年 7 月 8 日，经许昌莲城法医临床司法鉴定所鉴定，原告吕某的伤残程度为十级伤残；原告司某头部损伤的伤残程度为七级伤残，司某右上肢的伤残程度为十级伤残，司某右下肢的伤残程度为八级伤残，司某二次手术费为 7000 元。原告司某为此花费鉴定费为 1400 元，吕某为此花费鉴定费为 700 元。2013 年 8 月 10 日襄城县价格认证中心作出（襄）价涉车字襄-2012—298 号道路交通事故财产损失价格鉴证结论书，确定原告吕某车辆、物品损失金额合计 2026 元。原告为此花费鉴定费 100 元。

另查明：原告司某与吕某系夫妻关系。吕某的父亲吕某甲，1963 年 12 月 3 日出生。原告夫妇 2011 年 8 月 15 日生育一了，取名吕某乙。2011 年 3 月 5 日，原告吕某、司某与吕某丙、谢某签订合伙协议，万邦燃具店由合伙人吕某、司某经营，吕某、司某的工资为每人 1500 元，2012 年 3 月 15 日，万邦燃具店将吕某、司某的工资调整为每人 2000 元。二原告因事故自 2012 年 8 月份至今没有上班，工资被停发。事故发生前二原告一直在库庄镇万邦燃具店内居住。原告司某住院期间的护理人员为其亲属高某和赵某，二人在襄城康宇公司上班，高某 2012 年 4 月、5 月、6 月份工资均为 2600 元；赵某 2012 年 4 月、5 月、6 月份工资均为 2100 元；二人因为照顾司某于 2012 年 7 月份工资停发。原告吕某住院期间由其父亲吕某甲护理。

豫 K87×××号货运车的登记车主为许昌祥远公司。该车在被告天安公司处投保了机动车交通事故责任强制保险和第三者责任险（不计免赔）等保险。保险期间均自 2012 年 5 月 24 日零时起至 2013 年 5 月 23 日 24 时止。其中第三者责任险的保险金额为 500000 元。事故车辆发生在保险期间内。为此，二原告要求判令李某、许昌祥远公司连带赔偿原告医疗费、残疾赔偿金、误工费、护理费、住院伙食补助费、营养费、被扶养人生活费、精神损害抚慰金、鉴定费等共计 628775.36 元；要求判令被告天安公司在交强险和三责险的限额内承担直接赔偿责任。2013 年 9 月 12 日，原告司某、吕某与李某、许昌祥远公司达成和解协议。同日，二原告撤回了对李某、许昌祥远公司的诉讼。

被告天安公司辩称：我公司对肇事车辆投保的保险范围内合理的部分进行理赔，对于过高的部分请法院予以驳回。根据保险合同的约定，我公司不承担鉴定费、诉讼费。

【案件裁判思路及裁判结果】

襄城县人民法院审理后认为：诉讼中，原告因与被告李某、许昌祥远公司达成和解协议并撤回了对二被告的诉讼，不违反法律规定，应与准许。被告天安公司作为豫 K87×××号货运车的保险人，应当按保险合同的约定在保险限额内就李某应当承担的赔偿责任依法直接向原告赔付。本案应当适用法庭辩论终结前公布的上一年度交通事故损害赔偿标准作为赔偿依据。原告吕某与司某虽然是农业户口，但其经常居住地为库庄镇政府附近的万邦燃气店内且其生活主要来源于经营万邦燃具店，故应以城镇居民标准作为计算赔偿的依据。经核实，原告司某的费用总额为480642.39 元，由天安公司在机动车交通事故责任强制保险限额内赔偿60000 元，下余 420642.39 元由天安公司在第三者责任险(不计免赔)内赔偿；原告吕某的费用总计为138629.36 元，由天安公司在机动车交通事故责任强制保险限额内赔偿62000 元，下余 76629.36 元由天安公司在第三者责任险(不计免赔)内赔偿。根据保险合同约定，被告天安公司不承担鉴定费、诉讼费，故被告天安公司抗辩理由成立，应予支持。依照法律规定，上述两笔费用应依过错责任确定侵权人应承担的份额，但因二原告在诉讼中撤回对本案侵权人李某某、许昌县祥远汽车运输服务有限公司的诉讼，故本案的诉讼费、鉴定费由二原告负担。

宣判后，双方当事人均未上诉，现判决已经发生效力。

【案件评析】

此案中二原告的赔偿应当按照城镇居民的标准计算

城镇居民不能简单以农村户口和非农户口划分。随着我国农村城镇化的不断发展，城乡一体化的不断推进，进城务工的"农民工"队伍的迅猛增加，但是这些"农民"大部分户口未迁至城镇，实际上已"人户分离"，在城镇居住、务工、生活，已融入城镇，其居住、职业、生活及消费均与城市人口无异，交通事故对其产生的损失已不同于在农村所受损失，远比农村大很多。《最高人民法院关于审理人身损害赔偿案件适用法律若干问题的解释》第 30 条规定赔偿权利人举证证明其住所地或者经常居住地城镇居民人均可支配收入或者农村居民人均纯收入高于受诉法院所在地标准的，残疾赔偿金或者死亡赔偿金可以按照其住所地或者经常居住地的相关标准计算。二原告的经常居住地为库庄镇政府附近的万邦燃气店内且其生活主要来源于经营万邦燃具店，故应以城镇标准计算。

编委会建议：

诉讼费条款属于加重被保险人责任，免除保险人责任的无效条款，再者该条款是被保险人与保险人的约定，不宜由受害的第三人承担。所以此类案件应当由保险人承担为宜。

法律依据：

《诉讼费用交纳办法》第 29 条规定：诉讼费用由败诉方负担，胜诉方自愿承担的除外

保险法第 19 条："采用保险人提供的格式条款订立的保险合同中的下列条款无效：免除保险人依法应承担的义务或者加重投保人、被保险人责任的；排除投保人、被保险人或者受益人依法享有的权利的。

（撰稿人：武志强　编辑人：王五周）

保险合同限制释义的注释条款应无效

【案件疑难点】
　　人寿保险合同中对重大疾病范围限制释义的注释条款是否有效力

【案件索引】
　　一审：河南省许昌市魏都区人民法院（2013）魏民二金初字第7号民事判决书
　　二审：河南省许昌市中级人民法院（2014）许民终字第194号民事判决书

【基本案情】
　　原告：万某
　　被告：人寿公司
　　1999年6月10日，万某父亲万某甲与被告签订了重大疾病终身保险合同。合同约定基本保险金额10000元；保险责任自1999年6月11日至终身；年交保险费394元，交费期20年，被保险人为本案原告。保险条款第4条第1款第1项约定被保险人在本合同生效（或复效）之日起180日后初次发生、并经本公司指定或认可的医疗机构确诊患重大疾病（无论一种或多种）时，本公司按基本保额的两倍给付重大疾病保险金，本合同的重大疾病保险金给付责任即行终止。保险条款第20条释义中，将脑中风解释为重大疾病。对脑中风注释为"指因脑血管的突发病变导致脑血管出血，栓塞、梗塞致永久性神经机能障碍者。所谓永久性神经机能障碍，是指事故发生六个月后，经脑神经专科医生认定仍遗留下列残障之一者：①植物人状态。②一肢以上机能完全丧失。③两肢以上运动或感觉障碍而无法自理日常生活者。所谓无法自理日常生活，是指食物摄取、大小便始末、穿脱衣服、起居、步行、入浴等，皆不能自己为之，经常需要他人加以扶助之状态。④丧失言语或咀嚼机能。言语机能的丧失是指因脑部言语中枢神经的损伤而患失语症。咀嚼机能的丧失是指由于牙齿以外的原因所引起的机能障碍，以致不能做咀嚼运动，除流质食物以外不能摄取食物之状态"。

2006年3月2日，本案原被告签订了康宁终身保险合同。合同约定的保险金额为40000元，保险期间终身，交费期满日为2026年3月1日，标准保费3160元。保险条款第4条第1款第1项约定，被保险人在本合同生效(或复效)之日起180日后初次发生、并经本公司指定或认可的医疗机构确诊患重大疾病(无论一种或多种)时，本公司按基本保额的两倍给付重大疾病保险金，本合同的重大疾病保险金给付责任即行终止。保险条款第23条将脑中风解释为重大疾病，但对脑中风的注释与1999年万某甲与被告签订的保险合同中对脑中风的注释一致。

2013年1月24日至2013年2月8日，原告万某患右桥脑梗死、高血压病3级(极高危)到许昌市中心医院住院治疗。据此原告万某要求被告依据保险合同支付重大疾病保险金10.5万元。

被告人寿公司辩称：原告所患疾病不符合双方保险合同约定的重大疾病条件，保险公司拒赔合法，请求驳回原告诉讼请求。

庭审中，原被告均认可万某所患右桥脑梗死属于脑中风疾病。

【案件裁判思路及裁判结果】

许昌市魏都区人民法院审理后认为：采用保险人提供的格式条款订立的保险合同，对合同条款有两种以上解释的，人民法院应当作出有利于被保险人和受益人的解释。原告万某所患右桥脑梗死疾病是脑中风疾病的一种，1999年万某甲与被告所签重大疾病终身保险合同和2006年原被告所签康宁终身保险合同均以投保脑中风为给付保险金条件。在这两份保险合同中，以脑中风后遗症解释脑中风疾病，显然不符合常人对脑中风的理解。原告万某要求被告依据这两份保险合同约定支付保险金的主张成立，应予支持。依据《中华人民共和国保险法》第23条、第30条规定，判决如下：

一、被告人寿公司于本判决生效后 30 日内给付原告万某保险金 100000 元；

二、驳回原告万某其他诉讼请求。

人寿公司上诉称：根据保险条款的约定，万某患病并未达到约定的给付条件，故拒付保险金合法有据，请求改判驳回万某的诉讼请求。

万某辩称：原判正确，请求维持。

许昌市中级人民法院审理后判决驳回上诉，维持原判。

【案件评析】

保险公司对重大疾病范围缩小的格式合同条款不经解释和说明应当不产生效力。

在 1999 年万某甲与被告人寿公司签订的保险合同第 4 条保险责任条款中和 2006 年万某与被告人寿公司签订的保险合同第 4 条保险责任条款中，被告人寿公司均向万某承诺，其患有重大疾病时按照基本保额的两倍给付万某重大疾病保险金。但被告并没有在该保险责任条款中对重大疾病作具体解释，而是在 1999 年万某甲与被告签订的保险合同条款第 20 条释义中和 2006 年万某与被告签订的保险合同条款第 23 条释义中将重大疾病限定为十种，即重大疾病是指下列疾病或手术之一：冠心病（心肌梗塞）；冠状动脉旁路手术；脑中风等。在这两份保险合同中，保险公司以注释的形式对这十种重大疾病均进行了注释，这些注释对每一种重大疾病进行了限缩解释。该限定和限缩解释远小于常人所理解的重大疾病的范围，是对两份保险合同承保的重大疾病范围的缩小，即对保险人免责范围的扩大。所以 1999 年万某甲与被告签订的保险合同条款第 20 条释义及释义中的注释和 2006 年万某与被告签订的保险合同条款第 23 条释义及释义中的注释，是对两份保险合同第 4 条"保险责任"范围的缩小，是对两份保险合同第 5 条"责任免除"范围的扩大。由于提供格式合同的被告没有将解释和注释的内容列明于第 4 条"保险责任"项下及第 5 条"责任免除"项下，则更应当就该限责的具体内容及法律后果向投保人作特别解释和说明。投保单"声明与授权"中，虽然万某签名了，但并不能证明被告对上述限责的合同条款履行了提示和说明义务。故万某甲与被告签订的 1999 年保险合同第 20 条及万某与被告签订的 2006 年保险合同第 23 条不产生效力。被告应当按两份保险合同第 4 条的约定履行保险义务。

（撰稿人：王　启　编辑人：王五周）

保险卡未激活保险公司是否
应当给付保险金

【案件疑难点】

　　自助保险卡未激活，保险公司是否应承担责任

【案件索引】

　　一审：河南省长葛市人民法院（2012）长民初字第 01681 号民事判决书

　　二审：河南省许昌市中级人民法院（2013）许民一终字第 276 号民事调解书

【基本案情】

　　原告：杨某

　　被告：张某

　　被告：阳光公司

　　2011 年 9 月份，长葛鼎丰公司负责人将 1300 元保费交给被告张某，并提供了包括原告在内的 13 个公司员工的身份证号码，要求被告张某代为办理保险。张某找到被告阳光公司负责人薛某，向其交付了保费，并提供了身份证号码等信息，要求阳光公司将 13 张保险卡激活。后张某从阳光公司处领到了 13 张保险卡，其中含本案所涉的卡号为 8234171108000000×××× 的阳光全家福保险卡，卡上的密码区当时已刮开，张某被告知 13 张保险卡已激活。张某将该 13 张保险卡交付长葛鼎丰公司负责人。2012 年 5 月 5 日，原告因从高处摔伤入住长葛市人民医院住院治疗，共住院 12 天，支付住院费用 11831.52 元，门诊费用 1285.30 元。其中通过新农合补助了 3838.22 元。

本案所涉阳光全家福保险卡并未实际激活。阳光全家福保险卡正面载明：本卡仅限河南地区销售，具体保险责任及注意事项请详细阅读本卡所附手册；背面载明：激活有效期至：2012 年 9 月 30 日，投保激活方式：网络激活，登录阳光保险集团网站 www.sinosig.com，点击"网上激活"页面，输入账号、密码验证码进入投保页面，填写相关投保资料，提交等信息，但是该保险卡没有明确激活的义务主体。阳光全家福保险卡服务手册保险期间中载明：本卡保险期间为一年，保险责任自投保人在 www.sinosig.com 网站上激活后得到保单号码的第五日零时起生效，至约定的终止日二十四时止；保障明细中载明：4 类职业，意外医疗保险金额 4800 元，免赔额 100 元，赔付比例 90%，意外津贴保险金额 40 元/天，累计 180 天为限等字样。为此，原告请求判令被告依合同约定支付保险理赔款 6600 元，赔偿误工费、护理费、营养费、伙食补助费等 2160 元。

被告张某辩称：自己作为保险业务员不应当承担责任。

被告阳光公司辩称：该卡并未激活，保险合同并未成立也未生效，故不应当承担责任。

【案件裁判思路及裁判结果】

长葛市人民法院审理后认为：本案中保险合同虽已成立但并未生效。被告阳光公司将保险卡交付给投保人时，保险卡密码覆盖区域已经刮开，且保险公司明确告知张某保险卡已经激活，投保人有理由相信保险卡已经激活，但保险卡却没有实际激活，缔约过失显而易见，被告阳光公司应当对原告造成的损失承担损害赔偿责任；被告张某并无违背诚实信用原则之行为，在本案中不承担责任。被告阳光公司应向原告赔付保险金 5280 元。依照《中华人民共和国合同法》第 42 条，《中华人民共和国保险法》第 5 条、第 13 条、第 39 条之规定，判决如下：

一、被告阳光公司于本判决生效之日起十日内赔付原告杨某保险金 5280 元。

二、驳回原告杨某的其他诉讼请求。

一审判决后，被告阳光公司不服，向许昌市中级人民法院提起上诉。二审中，经法院主持调解，当事人自愿达成如下协议：

一、阳光公司于 2013 年 10 月 15 日一次性支付杨某人民币 4500 元(肆仟伍佰元),逾期不支付的,双方当事人按照长葛市人民法院 (2012)长民初字第 01681 号民事判决执行;

二、张某不承担本案赔偿责任;

三、双方当事人就本案无其他纠纷;

四、一审案件受理费 50 元、二审案件受理费 50 元减半收取 25 元,共计 75 元由阳光公司承担。

五、本协议经双方当事人签名确认后立即发生法律效力。

【案件评析】

一、本案所涉保险合同是否成立、生效

我国保险法规定,投保人提出保险要求,经保险人同意承保,保险合同成立。依法成立的保险合同,自成立时生效,投保人和保险人可以对合同的效力约定附条件或者附期限。本案中,长葛鼎丰公司负责人作为投保人通过被告张某将 1300 元保费及包括原告在内的 13 个公司员工的身份证号码等信息,交付被告阳光公司时,应当视为投保人已提出了保险要求,而被告阳光公司收到保费时,应当视为其已同意承保,故本案的保险合同成立。但阳光全家福保险卡服务手册保险期间中载明:本卡保险期间为一年,保险责任自投保人在 www. sinosig. com 网站上激活后得到保单号码的第五日零时起生效。但卡上没有载明激活卡的义务主体,经本案各方当事人确认,本案所涉的阳光全家福保险卡确实未实际激活,故本案中保险合同虽已成立但并未生效。

二、被告应承担何种责任

我国保险法规定,当事人行使权利、履行义务应当遵循诚实信用原则。合同法规定,当事人在订立合同过程中有违背诚实信用原则的行为,给对方造成损失的,应当承担损害赔偿责任。亦即缔约过失责任。本案中,被告张某要求被告阳光公司将 13 张保险卡激活,后张某领到了包含本案所涉保险卡在内的 13 张保险卡，卡上的密码区当时已刮开，并被告知 13 张保险卡已激活，此时张某及投保人基于被告阳光公司的专业背景，在卡上密码区已刮开的情形下，有理由相信该保险卡已激活，阳光公司有明显的缔约过失责任，应当对造成的损失承担损害赔偿责任。被告张某无违背诚实信用原则之行为，在本案中不应承担责任。

（撰稿人：赵明辉　编辑人：王五周）

保证人还款后可以向债务人
以及共同保证人追偿

【案件疑难点】
　　保证人承担责任后如何行使追偿权

【案件索引】
河南省禹州市人民法院(2013)禹民一初字第 836 号民事判决书

【基本案情】
原告：郑某
被告：尹某
被告：靳某

　　2012 年 8 月，被告尹某向王某借款 100000 元，并约定了利息，并由原告郑某、被告靳某担保。被告尹某在拿到该借款且在支付部分利息后，不再接电话。2012 年 12 月 1 日，原告郑某替被告尹某偿还王某 100000 元。2013 年 3 月 25 日，原告郑某起诉至本院，请求依法判令二被告偿还 100000 元。

　　被告尹某、靳某缺席没有答辩，也未向法院提供证据。

【案件裁判思路及裁判结果】

　　禹州市人民法院审理后认为：本案事实清楚，被告尹某借王某款100000 元以及原告郑某、被告靳某作为担保人，有被告尹某、原告郑某、被告靳某为王某出具的借条为证；郑某替尹某偿还 100000 元有王某为其出具证明为证。原告替被告尹某承担 100000 元债务，其在承担保证责任后，有权依照法律规定，对被告尹某行使追偿权。原告郑某、被告靳某在给被告尹某作担保时没有约定担保份额和方式，依照法律规定，二人为连带担保，担保份额内部应为平均分担，故原

18

告郑某请求保证人即被告靳某承担还款责任应予支持，数额为50000元。

依照《中华人民共和国合同法》第60条、第196条，《中华人民共和国担保法》第6条、第12条、第19条，《中华人民共和国民事诉讼法》第144条，《最高人民法院关于适用〈中华人民共和国担保法〉若干问题的解释》第20条之规定，判决如下：

一、限被告尹某于本判决生效后3日内支付原告郑某100000元，被告靳某于本判决生效后3日内连带清偿100000元中的50000元。

二、驳回原告郑某的其他诉讼请求。

【案件评析】

保证人追偿权又称"保证人求偿权"，是指保证人在履行保证债务后，得请求主债务人偿还的权利。《中华人民共和国担保法》第31条规定："保证人承担保证责任后有权向债务人追偿。"《民法通则》第89条也规定："保证人履行债务后，有权向债务人追偿。"

《担保法》第12条规定："同一债务有两个以上保证人的，保证人应当按照保证合同约定的保证份额，承担保证责任。没有约定保证份额的，保证人承担连带责任，债权人可以要求任何一个保证人承担全部保证责任，保证人都负有担保全部债权实现的义务。已经承担保证责任的保证人，有权向债务人追偿，或者要求承担连带责任的其他保证人清偿其应当承担的份额。"

《担保法》第19条规定："当事人对保证方式没有约定或者约定不明确的，按照连带责任保证承担保证责任。"

最高人民法院法释〔2002〕37号《关于已承担保证责任的保证人向其他保证人行使追偿权问题的批复》规定："根据担保法第十二条的规定，承担连带责任保证的保证人一人或数人承担保证责任后，有权要求其他保证人清偿应当承担的份额，不受债权人是否在保证责任期间内向未承担保证责任的保证人主张保证责任的影响。"

《最高人民法院关于适用〈中华人民共和国担保法〉若干问题的解释》第19条："两个以上保证人对同一债务同时或者分别提供保证时，各保证人与债权人没有约定保证份额的，应当认定为连带共同保证。"

《最高人民法院关于适用〈中华人民共和国担保法〉若干问题的解释》第 20 条第 2 款："连带共同保证的保证人承担保证责任后，向债务人不能追偿的部分，由各连带保证人按其内部约定的比例分担。没有约定的，平均分担。"

本案中由于郑某、被告靳某没有约定保证类型，所以应为连带保证。同时二者没有约定保证的份额，所以应平均分担份额。因此，原告郑某可以向被告尹某追偿 100000 元，向保证人靳某追偿 50000 元，靳某在 50000 元范围内与尹某承担连带责任。

（撰稿人：胡俊生　编辑人：吴　涛）

暴雨致汽车发动机受损保险公司不免责

【案件疑难点】
　　暴雨导致汽车发动机受损是否属于机动车损失保险的保险范围

【案件索引】
　　一审：河南省许昌市魏都区人民法院（2014）魏民二初字第170号民事判决书

【基本案情】
　　原告：正通公司
　　被告：人寿公司
　　2012年11月10日，原告正通公司为车辆豫KJ8×××（凯迪拉克SRX3.0L越野车）在被告人寿公司投保了机动车损失保险，保险期间为自2012年11月11日零时起至2013年11月10日24时止，机动车损失保险的保险金额为430000元，且有不计免赔率特约。其中，家庭自用汽车损失保险条款第4条第（5）项约定："保险期间内，被保险人或其允许的合法驾驶人在使用被保险机动车过程中，因下列原因造成被保险机动车的损失，保险人依照本保险合同的约定负责赔偿：……（5）暴雨……"；第7条第（10）项约定："被保险机动车的下列损失和费用，保险人不负责赔偿：……（10）发动机进水后导致的发动机损失……"，该条款在该保险条款中以加粗加黑字样区别于普通条款出现。
　　2013年7月22日，驾驶员张某驾驶原告的豫KJ8×××号车辆在暴雨中行至许昌市建安路府西路路口以东153米处时发动机进水，在道路积水处熄火，车辆损坏。当日，被告人寿公司出险，后在机动

21

车辆商业保险赔款计算书中对上述事实予以确认。事故发生后，原告将事故车辆豫 KJ8×××送至河南新凯迪汽车销售有限公司进行维修，经结算，支付维修费用共计 194400 元，其中，维修配件项目汽油发动机组件花费 62400 元。

被告对本次事故中原告的车辆损失作出损失情况确认书，将车辆损失数额确定为 132000 元，发动机损失部分未在损失情况确认书中予以确认。2014 年 4 月 9 日，被告就本案事故中原告的车辆损失进行实际理赔，向原告赔付保险金 132000 元，对发动机部分维修费 62400 元未予赔付。

据此，原告要求被告人寿公司赔偿原告车辆损失保险金 62400 元。

另，凯迪拉克 SRX 车型，该车型车辆有自我保护功能，进水后车辆电瓶上方 300A 启动保险丝会损坏，车辆启动系统不起作用，车辆无法二次启动。

被告人寿公司辩称：原告的车辆是因涉水行驶导致发动机进水后造成发动机损坏，该项损坏不属于机动车损失保险的赔付范围，依法不应当支持；根据双方签订的保险合同约定，诉讼费用不应当由被告负担。

【案件裁判思路及裁判结果】

许昌市魏都区人民法院审理后认为：原、被告签订的保险合同系双方真实意思表示，合法有效。原告正通公司投保的车辆在保险期间内发生的车辆损失，属被告机动车损失保险承保范围的，被告应当承担保险责任。本案中，家庭自用汽车损失保险条款中第 6 条第 (10)项的规定系免除保险人责任的格式条款，根据《保险法》第 17 条的规定，应当向投保人作出提示和明确说明。被告在家庭自用汽车损失保险条款中虽然以黑体加粗的形式对该条款履行了提示义务，但是未举证证明已经对该条款向投保人履行了说明义务，应当承担举证不能的不利后果，因此，该格式条款不产生效力。原告正通公司投保的车辆在保险期间内系因暴雨涉水造成的汽车发动机损失，属于家庭自用汽车损失条款中第 4 条第 (5)项规定的情形，属于被告机动车车辆损失险的承保范围，故原告关于要求被告支付发动机损失部分的保险赔偿款 62400 元的诉讼请求，未超出机动车损失保险的责任限额，且合法有据，本院予以支持。被告关于原告主张的发动机损失不属于机动车损失保险赔付范围，不予理赔的辩称，没有事实及法律依据，本院不予支持；被告关于根据双方签订的保险合同约定，诉讼费用不应当由被告负担的辩称，没有法律依据，本院不予支持。根据《中华人民共和国保险法》第 14 条、第 17 条、第 23 条，《中华人民共和国民事诉讼法》第 64 条第 1 款之规定，判决如下：

被告人寿公司于本判决生效后五日内向原告正通公司支付车辆损失保险赔偿金 62400 元。

【案件评析】

本案主要涉及暴雨导致汽车发动机受损是否属于机动车损失保险的保险范围及保险公司是否应当承担保险责任的问题

保险活动作为一种商事活动，在公平原则的基础上尊重当事人的意思自治，保险公司可以与投保人对保险范围作出明确约定。本案中，机动车损失保险条款第 4 条第(5)项明确约定了保险范围：保险期间内，被保险人或其允许的合法驾驶人在使用被保险机动车过程中，因暴雨造成被保险机动车的损失，保险人依照本保险合同的约定负责赔偿，即由暴雨所引起的被保险机动车损失属于保险人的保险范围。此外，该保险条款的第 7 条第(10)项又对除外情形作出了明确约定：因发动机进水后导致的发动机损失，保险人不负责赔偿。通过上述两个条款，对暴雨所导致的机动车损失，哪些属于机动车损失保险的承保范围，哪些不应当由保险人承担保险责任的界限作出了较为明确的约定。

但是，该保险条款中第 7 条第(10)项系免责条款，根据《保险法》第 17 条的规定：对保险合同中免除保险人责任的条款，保险人在订立保险合同时应当在投保单、保险单或者其他保险凭证上作出足以引起投保人注意的提示，并对该条款的内容以书面或者口头形式向投保人作出明确说明；未作提示或者明确说明的，该条款不产生效力。保险公司对履行提示、说明义务的情况负举证责任，若无证据证明已对投保人作出了提示和明确说明，则应承担举证不能的不利后果，该免责条款无效。免责条款不发生效力，则因暴雨所导致的发动机所受损失属于保险范围，保险公司应当承担保险责任。

（撰稿人：肖莞千　编辑人：王五周）

被吊销营业执照公司对工伤
职工应当赔偿

【案件疑难点】
　　公司的股东即实际负责人与职工签订工伤赔偿协议是否有效
　　股东和公司是否应连带赔偿工伤保险金

【案件索引】
　　一审：河南省许昌市魏都区人民法院(2012)魏半民初字第165号民事判决书
　　二审：河南省许昌市中级人民法院(2013)许民三终字第255号民事调解书

【基本案情】
　　原告：高某
　　被告：信立公司
　　被告：徐某

　　2005年3月27日10时许，原告高某在被告许昌信立公司上班期间，操作冲床时因设备出现故障，致使左食指、拇指挤压损伤。2006年2月10日，被告许昌信立公司就高某因工作致伤向许昌市劳动和社会保障局申请工伤认定。2006年2月16日，该局作出豫(许)工伤认字【2006】10号河南省工伤认定通知书，认定被告许昌信立公司职工高某所受伤害为工伤。原告伤情经许昌市劳动鉴定委员会认定，其伤残程度为九级。

　　2012年2月，被告徐某作为甲方，与原告高某(乙方)就高某上述在许昌信立公司工作期间被机器挤伤手指一事达成协议，双方约定：1. 甲方一次性补偿乙方医疗补助金、伤残补助金、住院伙食补助费等共计30000元整(不包括已支付的医疗费用);. 2. 上述款项于2012年4月30日前支付; 3. 甲方应给乙方提供劳动条件,并缴纳社会保险金(三金); 4. 本协议一式两份,甲乙双方各执一份,自双方签字后生效。双方均在协议上签字。该协议履行期届满,被告未按照约定履行义务。2012年6月5日,原告向许昌市劳动仲裁委员会提交劳动仲裁申请。许昌市劳动人事争议仲裁委员会作出许劳仲字【2012】72号不予受理通知书,以原告的仲裁申请不符合劳动人事争议仲裁时限规定,决定不予受理。另查,被告许昌信立公司于2003年3月5日成立,股东分别为赵某、徐某、郭某,该公司2007年3月被吊销营业执照,现处于吊销状态,至今股东未组织清算。被告徐某系该公司实际负责人,且其在被告许昌信立公司的原厂址上重新成立其他有限公司。

原告诉请被告许昌信立公司、被告徐某按照与原告达成的协议履行赔偿义务,两被告既未提交答辩状,也未到庭参加诉讼。

【案件裁判思路及裁判结果】

许昌市魏都区人民法院审理后认为:原告在被告许昌信立公司工作期间因工受伤被鉴定为9级伤残,其依法应享有被告许昌信立公司支付的工伤待遇赔偿。在被告许昌信立公司被吊销营业执照后,因其股东未对公司及时进行组织清算,违反了公司法和司法解释的相关规定,故被告许昌信立公司的股东赵某、徐某、郭某应对公司的债务承担连带清偿责任,即对原告的工伤赔偿金承担连带赔偿义务。被告徐某作为承担连带赔偿义务的股东和公司实际负责人,于2012年2月就原告工伤赔偿事宜与原告所达成的和解协议,系双方真实意思表示,内容合法有效,故被告徐某应与被告许昌信立公司按照协议约定连带赔偿原告各项工伤保险待遇30000元整。原告的诉讼请求,合法有据,依照《中华人民共和国公司法》第20条、第184条,《中华人民共和国合同法》第107条、第109条及《中华人民共和国民事诉讼法》第144条之规定,判决如下:

本判决生效后五日内,信立公司、徐某连带支付高某一次性医疗补助金、一次性伤残补助金、住院伙食补助费等共计30000元。

徐某上诉称:一审法院适用法律错误,请求撤销原判,依法改判驳回原告的诉讼请求。

被上诉人高某辩称：一审判决适当，请求驳回上诉，维持原判。

二审中，经许昌市中级人民法院主持调解，双方当事人达成如下赔偿协议：

一、徐某于调解书生效之日起一次性支付高某一次性医疗补助金、一次性伤残补助金、一次性伤残就业补助金、住院伙食补助费等共计30000元。至此，高某与徐某、信立公司之间的工伤纠纷已经全部解决完毕。

二、徐某若不按此约定履行义务，逾期将按原判决执行。

【案件评析】

一、本案中徐某与高某签订的赔偿协议的性质应如何认定

本案中的信立公司系有限公司，徐某作为该公司的实际负责人与高某因工伤赔偿签订的协议书，应视为职务行为，该后果及责任应由信立公司承担。依据法律规定，因信立公司未给高某办理工伤保险，在原告高某发生工伤后，由信立公司按照《工伤保险条例》规定的工伤保险待遇项目和标准支付赔偿费用。该协议虽然未加盖公司印章，但应视为信立公司支付给原告高某的各项工伤保险待遇赔偿金。原告就该部分赔偿与被告协商后签订的协议系其真实意思表示，内容合法有效，应依法得到法律保护和支持。

二、被告徐某是否应当对被告信立公司的上述债务承担连带赔偿责任

《公司法》第20条规定："公司股东应当遵守法律、行政法规和公司章程，依法行使股东权利，不得滥用股东权利损害公司或者其他股东的利益；不得滥用公司法人独立地位和股东有限责任损害公司债权人的利益……公司股东滥用公司法人独立地位和股东有限责任，逃避债务，严重损害公司债权人利益的，应当对公司债务承担连带责

任。"第184条之规定："公司因依法被吊销营业执照而解散的，应当在解散事由出现之日起十五日内成立清算组，开始清算。有限责任公司的清算组由股东组成。"依据上述公司法及相关司法解释的精神，被告信立公司的股东应在公司被吊销营业执照后及时履行清算义务，该义务为法定义务，股东不履行该义务或怠于履行清算义务的，导致公司财产流失或下落不明，严重侵害公司债权人利益的，应当对公司的债务承担连带赔偿义务。本案中被告徐某作为公司的股东之一，应当与公司一起对原告高某的赔偿义务承担连带清偿的义务。故原告请求被告信立公司与被告徐某共同赔偿其30000元的工伤保险待遇赔偿金合法有据，理由正当，应予支持。

（撰稿人：李艳喜　编辑人：唐战立）

戴红帽企业投资人如何保护自己的权利

【案件疑难点】

自然人能否收购集体所有制企业？工商注册企业性质与实际不符应如何认定企业所有制性质

股东是否可以作为被注销企业的权利承受人

被告罗家沟煤业公司向同一法院提起另一诉讼，请求确认本案《煤矿资源整合协议》无效，本案诉讼是否应当中止审理

【案件索引】

一审：河南省许昌市中级人民法院（2013）许民二初字第 2 号民事判决书

二审：河南省高级人民法院（2013）豫法民二终字第 129 号民事判决书

【基本案情】

原告：田某

被告：罗家沟煤业公司

2003 年 12 月 15 日，原告田某与鸿畅镇人民政府签订合同书一份，该合同约定，根据市政府企业改制要求，鸿畅镇政府于 2003 年 12 月 15 日起将镇办二矿以 40 万元的价格交予原告田某，该镇办二矿的所有权、经营权由原告田某负责。该协议签订后，双方按协议履行了各自的义务。2009 年 3 月 30 日被告罗家沟煤业公司作为甲方，镇办二矿作为乙方，签订《煤矿资源整合协议》一份，协议约定：乙方同意将镇办二矿的采矿权、探矿权自愿整合转让给甲方，整合后甲方付给乙方整合补偿费 900 万元（税后）。协议签订后，镇办二矿如约履行了协议，罗家沟煤业公司在支付 410 万元后，拒不支付剩余的

490 万元。镇办二矿于 2009 年 7 月 23 日被河南省工商行政管理局核准注销。镇办二矿曾于 2010 年诉至许昌市中级人民法院，因镇办二矿已被注销，该院裁定驳回了镇办二矿的起诉。后原告田某以镇办二矿实际股东名义再次诉至该院，请求依法判令被告立即支付原告 490 万元及逾期付款违约金。

被告罗家沟煤业公司辩称，镇办二矿是集体所有制企业，不属于个人，原告田某只是该矿法定代表人，不是所有权人；罗家沟煤业公司已另行在许昌中院起诉田某，要求法院确认罗家沟煤业公司与田某于 2009 年 3 月 30 日签订的煤矿资源整合协议无效，本案应当中止审理。

【案件裁判思路及裁判结果】

许昌市中级人民法院审理后认为，镇办二矿的工商注销登记显示，经济性质是集体，主管部门（出资人）是禹州市鸿畅镇人民政府，鸿畅镇人民政府将该镇办二矿的所有权及经营权转让给原告田某，故原告田某成为该矿实际出资人。对于 2009 年 3 月 30 日的整合协议，虽该整合协议的签订方乙方是镇办二矿，但镇办二矿已办理注销登记，原告田某作为该镇办二矿的实际出资人，有权向被告罗家沟煤业公司要求支付"整合补偿费"，且被告罗家沟煤业公司已按该整合协议给付原告田某 410 万元，故原告田某与本案有直接的利害关系，具有本案原告主体资格。在本案的诉讼过程中，被告罗家沟煤业公司以本案原告田某为被告提起确认《煤矿资源整合协议》无效之诉，但该案因本案的审理而中止，本案不存在中止审理情形。故判决：一、被告禹州市鸿畅镇罗家沟煤业有限公司于本判决生效之日起十日内支付原告田某 490 万元及违约金等。二、驳回原告田某的其他诉讼请求。

罗家沟煤业公司不服，向河南省高级人民法院提起上诉。河南省高级人民法院审理后认为，在 2009 年 3 月 30 日田某与罗家沟煤业公司就该镇办二矿签订了《煤矿资源整合协议》后，镇办二矿已经被工商管理部门注销，田某作为镇办二矿的实际出资人及所有人，有权向罗家沟煤业公司主张权利。本案不存在中止审理情形，故驳回上诉，维持原判。

【案件评析】

一、田某作为自然人，收购集体所有制企业后的企业性质

1996 年 12 月 27 日出台的《集体企业单位清产核资产权界定暂行办法》第 8 条规定，各类企业、单位或法人、自然人对集体企业的投资及其收益形成的所有者权益，其产权归投资的企业、单位或法人、自然人所有。

上述法律规定，肯定了自然人可以购得集体企业的产权而成为产权人。本案中，田某和鸿畅镇政府根据市政府企业改制要求，将镇办二矿通过合法的协议，以 40 万元的价格交予田某，产权应归其所有，所以田某收购集体所有制企业后成为该企业的独资投资人，该企业已经不是集体企业而变成私人企业。

二、工商注册企业性质与实际不符应如何认定？在《煤矿资源整合协议》合同纠纷中，田某并非合同书上的当事人，是否可以作为本合同纠纷的原告

随着经济体制改革的不断深化，企业的经济形式、经营方式也多种多样，整体出售是集体企业改制为私营企业的一种形式。不少地方性法规或者规范性文件对此作出了明确规定。比如，山东省工商局等部门联合制定的《关于进一步做好改制为私营企业审批登记工作促进经济结构调整优化的意见》，对将"整体出售"作为企业改制的一种形式予以鼓励。《中华人民共和国城镇集体所有制企业条例》、《集体企业单位清产核资产权界定暂行办法》都肯定了自然人可以投资集体企业，企业产权可以归自然人所有。镇办二矿产权转让给田某首先是合法的，转让后企业性质当然要相应发生变化，虽然没有到登记机关办理企业性质变更登记手续，但真实投资人是田某，这并不影响镇办二矿的企业性质由集体变为私营。另外，最高人民法院《关于贯彻〈中华人民共和国民法通则〉若干问题的意见》第 49 条规定："个人合伙

或个体工商户，虽经工商行政管理部门错误登记为集体所有制企业，但实际为个人合伙或个体工商户的应按个人合伙或个体工商户对待。"本案虽不属错误登记，但也是登记与事实不符。根据上述相关规定精神，在企业性质和工商登记不符的情况下，应以企业实际性质认定。

《煤矿资源整合协议》的当事人虽然名义上是镇办二矿和罗家沟煤业公司，但根据上述案情得知，早在2003年，镇办二矿已被田某购买，转换成了私有企业，虽然没办理变更登记，但镇办二矿是田某的，这是不争的事实。《煤矿资源整合协议》是否有效，是否能够得到全面的履行与田某有直接利害关系。《民事诉讼法》第119条第1款第1项规定：原告是与本案有直接利害关系的公民、法人和其他组织。所以，田某作为本案原告的资格在法律上没有任何异议。

三、被告罗家沟煤业公司向同一法院提起另一诉讼，请求确认本案《煤矿资源整合协议》无效，本案诉讼是否应当中止审理？

实践中，经常出现案件正在审理中，被告又以本案原告为被告提起另一具有牵连关系的诉讼，被告再以此为理由要求中止诉讼，这个有牵连应该理解为《民事诉讼法》第150条第5项规定：本案必须以另一案的审理结果为依据，而另一案尚未审结的。

在本案的审理过程中，被告罗家沟煤业公司以本案原告田某为被告提起确认《煤矿资源整合协议》无效之诉，并以此为理由，要求本案中止审理，而本案原告田某诉称的就是要求被告罗家沟煤业公司履行双方签订的《煤矿资源整合协议》，对原告田某诉讼请求的审理势必对《煤矿资源整合协议》的有效性进行审查，这本是在一个诉讼中要解决的问题，不需要提起另一个诉讼。如果本案中止审理，客观上造成原告田某的合法权利不能及时得到保护，浪费了审判资源，造成程序的重复，所以本案诉讼不应当中止审理。

（撰稿人：孟　坦　编辑人：李红伟）

被挂靠运输企业应当为挂靠人运输合同违约承担责任

【案件疑难点】

　　车辆在运输过程中发生货损，被挂靠单位是否应承担赔偿责任

【案件索引】

　　一审：河南省许昌县人民法院(2013)许灵民初字第 80 号民事判决书

【基本案情】

　　原告：陈某

　　被告：席某

　　被告：大杨公司

　　2013 年 1 月 30 日，原告与被告席某签订运输协议，约定被告席某于 2013 年 2 月 2 日将原告交付的货物运到目的地。发车前原告给付被告 8000 元，剩余 6000 元于卸车前结清。2013 年 2 月 1 日，被告席某驾驶晋 M81×××货车在永登高速 252KM+50M 处，发生单方交通事故，事故中该车所载货物蔬菜损失。经河南万信价格评估有限公司鉴定，原告所受损失数额为 140080 元。

　　另查明，晋 M81×××系被告席某从运城市大秦公司以分期付款的形式购买，该车的登记车主为被告大杨公司。被告席某将该车抵押给一汽车金融有限公司，并从该公司贷款 163800 元，被告大杨公司系其共同借款人及抵押人，出卖方运城市大秦公司为保证人。

　　据此，原告要求被告赔偿各项损失 152280 元，两被告应承担连带赔偿责任。

被告大杨公司辩称：被告大杨公司只是晋M81×××号货车的登记车主，不是实际经营者和车辆管理人，登记期间，答辩人既不支配该车营运，也未取得任何利益。原告以挂靠为由要求答辩人承担责任没有事实和法律依据，请求驳回原告的诉讼请求。

被告席某未答辩。

【案件裁判思路及裁判结果】

许昌县人民法院审理后认为：本案中，原、被告签订了运输协议，系运输合同关系。承运人应当在约定期间或者合理期间内将货物安全运输到约定地点。承运人对运输过程中货物的毁损、灭失承担损害赔偿责任。在运输过程中，被告席某驾驶晋M81×××号货车发生单方交通事故，造成被运输的货物发生损毁，席某应承担损害赔偿责任。关于被告大杨公司应否承担连带责任的问题，大杨公司作为晋M81×××货车的登记车主，对登记在其名下营运的车辆负有安全监管义务，本案被告大杨公司未尽到相应的职责，致使承运的货物在运输过程中发生事故毁损，应对损失承担连带赔偿责任。经核算，被告应赔偿原告的各项损失数额分别为：货物损失140080元、运费8000元，共计148080元。根据《中华人民共和国合同法》第290条、第311条、第312条，《中华人民共和国民事诉讼法》第64条、第144条及相关司法解释之规定，判决如下：

一、被告席某于本判决生效之日起十日内赔偿原告陈某各项损失共计148080元；

二、被告大杨公司对上述款项承担连带赔偿责任；

三、驳回原告陈某其他诉讼请求。

【案件评析】

挂靠经营是指"挂靠者"（个体运输业户、自然人）为了交通营运过程中的方便，将车辆登记为某个具有运输经营权资质的"被挂靠者"（另外一个经济实体、企业法人）名下，"挂靠者"向"被挂靠"单位支付一定的管理费用，对外以"被挂靠者"的名义从事经营活动。由于个体车主在购买车辆后无运输资格，必须要将车辆挂靠于有运输资格的运输企业才可合法营运，使得机动车挂靠成为时下运输行业普遍存在的一种现象。但是，在运输过程中如发生货损，如果发货单位与实际车辆所有人协商不成,如何承担赔偿责任的问题,一直困扰着相关人员,并且随着时间的推移,处理方式、责任承担也不尽相同。

车辆所有权是要式法律行为,即以车辆行驶证上载明车主为法定车主。交通法规规定的由车辆所有权人承担赔偿责任,既包括法定车主(入户注册登记的车主),也包括实际车主(机动车的实际支配人),故实际车主(挂靠人)应当对其造成的交通事故承担赔偿责任。

《最高人民法院关于适用〈中华人民共和国民事诉讼法〉若干问题的意见》第43条规定:"个体工商户、个人合伙或私营企业挂靠集体企业并以集体企业的名义从事生产经营活动的,在诉讼中,该个体工商户、个人合伙或私营企业与其挂靠的集体企业为共同诉讼人。"

最高人民法院2001年11月8日"关于实际车主肇事后其挂靠单位应否承担责任的复函"([2001]民一他字第23号),内容是"本案的被挂靠单位湖北洋丰股份有限公司从挂靠车辆的运营中取得了利益,因此应承担适当的民事责任"。挂靠单位应在收取的管理费限额内承担连带赔偿责任。

2012年12月21日起施行的《最高人民法院关于审理道路交通事故损害赔偿案件适用法律若干问题的解释》对挂靠单位和被挂靠人对外承担责任又重新作了调整。该《解释》第3条规定:"以挂靠形式从事道路运输经营活动的机动车发生交通事故造成损害,属于该机动车一方责任,当事人请求由挂靠人和被挂靠人承担连带责任的,人民法院应予支持。"由此规定可以看出,挂靠单位应当成为共同诉讼人,共同承担连带责任。

《合同法》第122条规定:"因当事人一方的违约行为,侵害对方人身、财产权益的,受害人有权选择依照合同法要求承担违约责任或者依照其他法律要求承担侵权责任。"因法律关系不同,也就是说,当事人可择其一进行诉讼。

本案中,当事人选择违约责任进行诉讼,依照《合同法》第290条、第311条、第312条,法院判决被告承担连带赔偿责任是正确的。

(撰稿人:孙胜利 李 璐 编辑人:吴 涛)

彩礼应属女方及其父母共有

【案件疑难点】
　　女儿要求娘家返还男方所送财产应如何处理

【案件索引】
　　一审：河南省鄢陵县人民法院（2013）鄢民初字第 867 号民事判决书
　　二审：河南省许昌市中级人民法院（2013）许民二终字第 333 号民事调解书

【基本案情】
　　原告：刘某甲
　　被告：刘某乙
　　被告：姚某
　　2013 年农历 2 月，原告刘某甲在与刘某丙订婚过程中，刘某丙前后共给付原告彩礼现金 9 万元，其中 6 万元原告交由其父母刘某乙、姚某保管，二被告承诺原告随用随取。现原告已与刘某丙举行结婚仪式并同居生活，因购车欲从二被告处取回该款未果，遂形成本案诉讼。原告请求二被告立即返回原告的 6 万元彩礼，并承担本案诉讼费。
　　被告刘某乙、姚某辩称：原告的丈夫刘某丙在订婚过程中前后共拿 9 万元彩礼属实，但其中有 7 万元都给了刘某甲，我们只拿了 2 万元，且已全部用于原告出嫁时给其置办嫁妆和酒席，现没有义务返还。此外，我们把原告从小养育这么大，现原告又把其母亲气出病了，原告应将抚养费和医药费拿出来。

【案件裁判思路和裁判结果】

鄢陵县人民法院审理后认为：原告刘某甲将彩礼款 6 万元交由其父母即本案被告刘某乙、姚某保管，双方形成保管合同法律关系，应受法律保护。二被告拒绝原告领取所保管的 6 万元现金之行为，显属违约，应依法承担违约责任，原告要求二被告返还其所保管的 6 万元彩礼款之诉讼请求，本院予以支持。二被告称其保管原告彩礼款是 2 万元，并非 6 万元，且该 2 万元已经为了原告出嫁消费，故无义务返还之抗辩理由，无事实根据和法律依据，本院不予采信。二被告要求原告给付其医疗费与抚养费之主张，因与本案不属于同一法律关系，本院不予合并审理。依照《中华人民共和国合同法》第 376 条、第 378 条之规定，判决如下：

被告刘某乙、姚某于本判决生效之日起十日内返还原告刘某甲现金 6 万元。

宣判后，被告刘某乙、姚某向许昌市中级人民法院提起上诉。

经许昌市中级人民法院主持调解，双方达成如下调解协议：

一、双方在本次调解中达成相互谅解。

二、上诉人刘某乙、姚某自本协议签订之日起五日内给付被上诉人刘某甲 25000 元，一、二审诉讼费谁预交，谁负担。

【案件评析】

彩礼到底是给谁的，法律并没有明确规定，应当依据习俗而定。一方面，实践中，给付彩礼的问题，并不单纯是男女双方之间的事情，而是涉及两个家庭之间的往来。就给付人而言，既可以是婚姻关系当事人本人，也可以是其亲属所为的给付。就接受彩礼方而言，既包括女方本人接受，也包括其亲属接受。另一方面，从法院受理的返还彩礼的案件来看，绝大多数案件，男方在起诉返还彩礼的时候，不仅起诉了女方，往往还起诉女方的父母，法院在判决返还彩礼时，不但判决女方返还，一般还判决女方的父母与女方一起共同返还。结合以上两点，我们认为，男方给付的彩礼，一般应当是给付女方及其父母的，也就是说彩礼应当是女方和父母共同所有。只有当有证据表明男方给付彩礼是给付女方一人时，才能认为彩礼归女方一人所有。本案中，彩礼应当是女方和其父母共同所有，一审认为双方构成保管合同关系是不适当的，二审对该案进行了调解，双方达成调解协议，取得了法律效果和社会效果的统一。

（撰稿人：吴　涛　编辑人：唐战立）

残疾赔偿金应当包含被扶养人生活费

【案件疑难点】

残疾赔偿金计算时应否包含被扶养人生活费

【案件索引】

一审：河南省长葛市人民法院（2013）长民初字第 497 号民事判决书

【基本案情】

原告：何某甲、何某乙、何某丙、何某丁、雷某

被告：谢某

被告在长葛市古桥乡夹岗村经营一家木料加工厂（未办理工商登记），原告何某甲于 2012 年 10 月份（农历）开始在被告处打工，从事木料加工工作。2012 年 11 月 26 日，原告何某甲在从事木料加工时，在未关闭电源的情况下不听他人劝阻去拿飘落处于运转中锯条上的绳子致其右手受伤。原告何某甲受伤后，被送至长葛卫生职专附属医院住院治疗（2012 年 11 月 26 日入院，2012 年 11 月 29 日出院）。经诊断，原告何某甲为右手外伤，住院期间共花费 1352.71 元，上述医疗费已由被告支付。许昌安民法医临床司法鉴定所出具的司法鉴定意见书鉴定原告何某甲为十级伤残，原告何某甲为此支付鉴定费 700 元。何某丁（66 周岁）为原告何某甲之父，雷某（65 周岁）为何某甲之母，何某乙（7 周岁）为何某甲之子，何某丙（5 周岁）为何某甲之女。因与被告就赔偿事宜协商未果，五原告起诉要求被告赔偿原告误工费、护理费、营养费、住院伙食补助费、残疾赔偿金、精神损害抚慰金、被扶养人生活费等各项费用共计 50106.19 元。

被告谢某辩称：自己与原告何某甲之间不是雇用关系，而是承揽

关系，原告对其所受伤害造成的损失应自行承担责任。即便原、被告间是雇用关系，按照《中华人民共和国侵权责任法》第16条之规定，被告并不需要支付原告何某甲父母、子女被扶养人生活费，因为被扶养人生活费已经被残疾赔偿金所包含。

【案件裁判思路及裁判结果】

长葛市人民法院审理后认为，个人之间形成劳务关系，提供劳务一方因劳务自己受到损害的，根据双方各自的过错承担相应的责任。本案中，原告何某甲在被告处受被告指示从事木料加工工作，由被告提供原木及机器设备，原告所从事的工作具有持续性，构成被告经营活动的组成部分，原告何某甲提供劳务，被告接受其劳务并支付报酬，双方形成劳务合同关系。原告何某甲在被告处工作时右手受伤，被告作为接受劳务一方未采取足够的安全防护、保障措施，其对于损害的发生存在过错，应承担相应的责任。原告作为一个完全民事行为能力人，在未切断电源且经他人劝阻后，仍伸手去拿飘落到处于运转中锯条上的绳子，其应预料到自己可能会因此受伤，但轻信可以避免而导致右手受伤的后果，故对其右手受伤存在过于自信的重大过失。本案以被告承担60%责任、原告何某甲承担40%责任为宜。五原告享有的赔偿项目及数额为：原告何某甲误工费9315.2元、护理费170元、住院伙食补助费60元、营养费30元、残疾赔偿金15049.88元；原告何某甲精神损害抚慰金酌定为3000元；原告何某乙的被扶养人生活费2767.68元；原告何某丙的被扶养人生活费3774.11元；原告何某丁的被扶养人生活费1761.25元；原告雷某的被扶养人生活费1887.05元；鉴定费700元；以上费用共计38515.17元。依照《中华人民共和国侵权责任法》第16条、第22条、第35条，《最高人民法院关于审理人身损害赔偿案件适用法律若干问题的解释》第17条、第18条、第19条、第20条、第21条、第23条、第24条、第25条、第28条之规定，判决如下：

一、被告谢某于本判决生效之日起七日内赔偿原告何某甲、何某乙、何某丙、何某丁、雷某误工费、护理费、住院伙食补助费、营养费、残疾赔偿金、精神损害抚慰金共计23109.1元（38515.17×60%）。

二、驳回原告何某甲、何某乙、何某丙、何某丁、雷某的其他诉讼请求。

【案件评析】

《中华人民共和国侵权责任法》第 16 条规定的残疾赔偿金应理解为《最高人民法院关于审理人身损害赔偿案件适用法律若干问题的解释》第 17 条规定的残疾赔偿金与被扶养人生活费之和。

《中华人民共和国侵权责任法》第 16 条规定："侵害他人造成人身损害的，应当赔偿医疗费、护理费、交通费等为治疗和康复支出的合理费用，以及因误工减少的收入。造成残疾的，还应当赔偿残疾生活辅助具费和残疾赔偿金。造成死亡的，还应当赔偿丧葬费和死亡赔偿金。"此条规定的是人身损害赔偿范围，与《最高人民法院关于审理人身损害赔偿案件适用法律若干问题的解释》第 17 条第 2 款相比，《中华人民共和国侵权责任法》看似取消了被抚养人生活费这一赔偿项目，似可认为自《中华人民共和国侵权责任法》实施后，受害人构成残疾的，赔偿义务人无须再赔偿被扶养人生活费，实践中有的法院也确实认为残疾赔偿金已经涵盖了被扶养人生活费，所以对当事人主张的被扶养人生活费不再予以支持。但在《中华人民共和国侵权责任法》正式实施的前一天，即 2010 年 6 月 30 日，最高人民法院发布了《最高人民法院关于〈适用中华人民共和国侵权责任法〉若干问题的通知》，该文件第 4 条规定了受害人残疾后，如有被抚养人的，应当依据《最高人民法院关于审理人身损害赔偿案件适用法律若干问题的解释》第 28 条的规定将被抚养人生活费计入残疾赔偿金。

按照文件第 4 条的规定：要计算残疾赔偿金时，先将狭义上的残疾赔偿金和被扶养人生活费分开计算，之后再相加统括在广义上的残疾赔偿金之中，这样才能更好地保护赔偿权利人。相加计算更符合法理，同时又不违反上位法。故本案在判决中，法院未再列被抚养人生活费这一项，而是依照《最高人民法院关于审理人身损害赔偿案件适用法律若干问题的解释》计算出来后，与残疾赔偿金相加后统称为"残疾赔偿金"体现在判决的判项上。

（撰稿人：马红杰　编辑人：吴　涛）

场地提供方应对暑期班学生溺亡担责

【案件疑难点】

　　学生在辅导期间溺水身亡，作为提供辅导场地的学校应否承担责任

【案件索引】

一审：河南省许昌市魏都区人民法院(2012)魏民一园初字第8号民事判决书

二审：河南省许昌市中级人民法院(2012)许民三终字第232号民事判决书

【基本案情】

原告：徐某、陈某

被告：某学院

被告：许昌市某管委会

徐甲系原告徐某、陈某的儿子，出生于2000年3月7日。2011年7月6日，二原告为其子徐甲在被告某学院校内举办的大学生辅导班报名参加暑假辅导学习，该辅导班的上课地址在被告某学院东校区，辅导班中午提供午餐。2011年7月23日上午放学后，徐甲与甄某、张某到其居住的徐湾家中玩耍，大约12时许，徐甲与甄某在送张某回家时路过东湖游园，三人在此停留并在湖边戏水。后徐甲和甄某下至水中玩耍，二人在湖内溺水死亡。因徐甲的死亡，造成的损失有死亡赔偿金318605.2元、丧葬费15151.5元。事发后，被告许昌市某管委会以政府救助的形式于2011年9月29日向二原告支付溺水救助款60000元。另查，二原告系非农业家庭户口。被告某学院在诉讼中没有指明在其校内举办的大学生辅导班的创办者。

据此，原告徐某、陈某请求二被告赔偿 353756.7 元，诉讼费由二被告承担。

被告某学院辩称：1. 被告与原告之间根本不具有任何法律关系，其不是本案适格被告；2. 应追加辅导班创办者作为本案被告或第三人参加诉讼，某学院与本案受害人的死亡之间没有关系，不应承担赔偿责任；3. 辅导班办班人对徐甲的死亡也不应承担责任，其不负责接送学生。

被告某管委会辩称：我方不是东湖游园施工单位和管理单位，事发后已经给原告合理补偿，本案原告存在过错，管委会不应承担赔偿责任。

【案件裁判思路和裁判结果】

魏都区人民法院审理后认为：二原告的儿子徐甲在被告某学院校内举办的大学生辅导班学习期间不幸溺水死亡，但徐甲的死亡时间是在上午放学后的中午时分，被告某学院不能指明该辅导班的创办者，存在管理上的过错，其对徐甲的死亡应当承担与其过错相适应的民事责任。结合本案案情，某学院以承担二原告损失的 10% 为宜。因徐甲的死亡，造成的损失有死亡赔偿金 318605.2 元、丧葬费 15151.5 元，原告请求的精神损害抚慰金 20000 元没有超过法定标准，精神损害抚慰金以原告的请求为准。事发后，被告许昌市某管委会已向二原告支付溺水救助款 60000 元，扣除该款后，二原告的损失共计 293756.7 元。故被告某学院应赔偿二原告损失 29375.67 元。因二原告没有证据证明被告许昌市某管委会是东湖游园的施工单位和管理单位，被告许昌市某管委会不应承担本案纠纷的赔偿责任。二原告对徐甲没有尽到监护责任和安全教育义务，其余损失应由其自担。依照《中华人民共和国民法通则》第 106 条，《最高人民法院关于审理人身损害赔偿案件适用法律若干问题的解释》第 2 条、第 17 条第 3 款、第 18 条、第 27 条、第 29 条及《中华人民共和国民事诉讼法》第 64 条的规定，判决如下：

一、本判决生效后十日内，被告某学院赔偿原告徐某、陈某死亡赔偿金、丧葬费、精神损害抚慰金共计 29375.67 元；

二、驳回原告徐某、陈某对被告许昌市某管委会的诉讼请求；

三、驳回原告徐某、陈某的其他诉讼请求。

如未按本判决指定的期间履行义务，则依照《中华人民共和国民事诉讼法》第 229 条之规定加倍支付迟延履行期间的债务利息。

宣判后，被告某学院向河南省许昌市中级人民法院提起上诉。

许昌市中级人民法院审理后认为：关于某学院对受害人的死亡是否存在管理过错的问题。本案中，上诉人某学院作为高等教育机构，对于暑假期间不得为中小学生开办任何形式的辅导班的规定，其应当是明知。但上诉人却为受害人甄某、徐甲参加的辅导班提供教学场地，其行为本身存在过错；辅导班对学生疏于管理其本身亦有过错；作为受害人甄某、徐甲的监护人对未成年人监护不力，本身也存在过错。上述原因竞合，造成了受害人甄某、徐甲溺水死亡。根据《中华人民共和国侵权责任法》第 12 条的规定，本院衡平各方过错程度，认为原判让上诉人承担 10% 的责任并无不当。综上所述，原判论理不当，已予纠正。但原审判决主文并无不当，应予维持。依据《中华人民共和国民事诉讼法》第 153 条第 1 款第 1 项之规定，判决如下：

驳回上诉，维持原判。

【案件评析】

本案审理的难点在于某学院既非辅导班的举办方，也非东湖游园的管理方，对于学生的溺亡是否要承担赔偿责任

《中华人民共和国侵权责任法》第 12 条规定："二人以上分别实施侵权行为造成同一损害，能够确定责任大小的，各自承担相应的责任；难以确定责任大小的，平均承担赔偿责任。"该条规定了无意思联络数人侵权在累积（竞合）因果关系的情形下如何承担责任。

无意思联络的数人侵权，是指二人以上没有共同的意思联络，但其行为相互结合造成他人人身或财产损害，损害结果同一不可分的侵权行为，是多数人侵权的一种类型。根据数人行为与损害结果之间的因果关系形式，又可分为：共同危险行为（侵权责任法第 10 条）、并发侵权行为（侵权责任法第 11 条）和竞合侵权行为。其中竞合侵权行为的构成要件为：1. 数人无意思联络，即二人以上没有共同故意，也没有共同认识意义上的共同过失；2. 分别实施侵权行为；3. 造成同一损害后果；4. 数个侵权行为是损害结果发生的共同原因或者竞合原因。

本案属于无意思联络的数人侵权中原因竞合的情形，即数个原因间接结合发生同一损害结果，也就是所谓的"多因一果"，其构成要件为：第一，各行为人的行为均为作为行为。第二，各行为人的行为相互间接结合。第三，各行为人没有共同的意思联络，且各行为人主观上非属故意侵权或者故意犯罪。本案中，某学院明知暑假期间不得为中小学生开办任何形式的辅导班的规定，却为辅导班提供教学场地，其行为本身存在过错；辅导班对学生疏于管理，在学生回家时未及时通知其家人，其本身亦有过错；作为受害人甄某、徐甲的监护人对未成年人疏于安全教育监护不力，上述原因间接结合，导致本案受害人甄某、徐甲溺水死亡事故的发生。故对本案损害的发生，某学院、辅导班的开办者、受害人的监护人都应当承担责任。但是因为该损害并非数人共同积极加害，故其责任承担与共同侵权不同，即不承担连带责任，而是根据行为人的过错大小或者数行为致损害结果发生的原因力比例分别承担相应的民事责任。本案中法院根据案情酌定某学院承担10%的责任是适当的。

（撰稿人：吴　涛　编辑人：唐战立）

大堰倒塌损毁房屋谁负责

【案件疑难点】
　　修建的大堰对他人的房屋造成毁损，是否应当基于管理人、所有人责任承担侵权责任

【案件索引】

一审：河南省禹州市人民法院（2013）禹民一初字第 1305 号民事判决书

【基本案情】

原告（反诉被告）：王某甲

被告（反诉原告）：王某乙

被告（反诉原告）：楚某

被告：大涧村委会

原告王某甲与被告王某乙、楚某两家系南北向邻居。原告王某甲先建平房两处六间（每三间为一处）位于斜坡下，房屋系砖混结构东西走向，坐北朝南，地势低；被告王某乙、楚某后建房屋位于斜坡上，房屋居北地势高。2011 年 9 月，由于被告王某乙、楚某在斜坡上建造的大堰发生坍塌，造成原告王某甲西边中间房屋后墙被砸塌、厨房后墙被砸塌、东边房屋外墙被砸造成损坏的事实，同时也造成了被告王某乙、楚某房屋南院墙及地基、院子地坪损坏的事实，致使原告王某甲房屋无法居住。由于协商不成，原告王某甲请求依法判令三被告立即将原告的房屋恢复原状。

被告（反诉原告）王某乙、楚某辩称，原告（反诉被告）王某甲诉称不属实。高堰不是王某乙、楚某夫妇所垒，是自然形成的，高堰滑坡是王某甲故意挖掉高堰下的自然土方造成的，应驳回王某甲的诉讼

请求。

被告王某乙、楚某反诉称，由于王某甲故意挖掉其房屋后墙与大堰中间的自然土方，导致大堰滑坡坍塌，造成反诉人的院子地坪、院墙及院墙根基塌陷，请求判决王某甲恢复原状。

原告(反诉被告)王某甲辩称，反诉人反诉状中所述的理由与事实不符，应驳回反诉人的请求。

被告大涧村委会辩称，原告所述与事实不符，大堰是自然形成的，村委会对原告所受损失没有过错，不应承担责任。

【案件裁判思路及裁判结果】

禹州市人民法院审理后认为：宅基地使用权人依法对集体分配的宅基地享有占有和使用的权利，有权依法利用该地建造住宅及附属设施。原告王某甲在自己合法的宅基地上建造的房屋，应当受法律保护。本案中，原告王某甲的部分房屋被坍塌大堰损坏，被告王某乙、楚某作为该坍塌大堰的管理人、所有人，应当依法承担侵权赔偿责任。但原告王某甲要求被告大涧村委会将其受损房屋恢复原状的诉讼请求，因其未提供有力证据证明，对此不予支持。而被告王某乙、楚某主张其大堰的坍塌系原告故意挖掉其房屋后墙与大堰中间的自然土方而导致的，因未提供有力的证据证明，故对被告王某乙、楚某的反诉请求不予支持。依照《中华人民共和国民事诉讼法》第64条、《中华人民共和国侵权责任法》第85条、《中华人民共和国物权法》第152条之规定，判决如下：

一、被告(反诉原告)王某乙、楚某于本判决生效后十日内将原告(反诉被告)王某甲西边中间房屋后墙、厨房后墙、东边房屋外墙恢复原状；

二、驳回原告(反诉被告)王某甲的其他诉讼请求；

三、驳回被告(反诉原告)王某乙、楚某的诉讼请求。

【案件评析】

被告王某乙、楚某作为大堰的所有人、建造人，对于该大堰坍塌造成的原告王某甲的房屋损害应该承担侵权责任

《中华人民共和国侵权责任法》第86条规定："建筑物、构筑物或者其他设施倒塌造成他人损害的，由建设单位与施工单位承担连带责任。建设单位、施工单位赔偿后，有其他责任人的，有权向其他责任人追偿。因其他责任人的原因，建筑物、构筑物或者其他设施倒塌造成他人损害的，由其他责任人承担侵权责任。"

本案中，大堰是由被告王某乙、楚某建造的，被告王某乙、楚某作为其所有人、建造人，对于因该大堰坍塌对王某甲房屋造成的损害，应当承担侵权责任，应当将因此而毁损的房屋恢复原状。

（撰稿人：胡伟霞　袁丹丹　编辑人：唐战立）

房产抵押无登记不影响抵押合同有效性

【案件疑难点】

　　未办理抵押权登记的房产抵押效力如何

　　未办理抵押权登记的抵押人承担什么责任

【案件索引】

　　一审：河南省禹州市人民法院（2013）禹民二初字第 195 号民事判决书

　　二审：河南省许昌市中级人民法院（2014）许民二终字第 40 号民事判决书

　　再审：河南省许昌市中级人民法院（2014）许民再终字第 21 号民事判决书

【基本案情】

　　申请再审人（一审原告、二审上诉人）：安某

　　被申请人（一审被告、二审被上诉人）：王某甲

　　一审被告（二审被上诉人）：刘某

　　一审被告：王某乙

　　2012 年 8 月 29 日，由被告王某甲以其所有的位于禹州市夏都办的房产（房产证号：禹房权证禹州市字第 043117 号）作担保，被告刘某向原告安某借款 10 万元，并给原告出具借条一份，内容为："借条，今借安某现金拾万元整（100000 元），我愿用房产证抵押（房产证号：019876，房屋所有人：王某甲，房屋坐落夏都办荟萃路中段路东），建筑面积 88.80m²，立字为据，承担一切后果。房屋所有人王某甲，借款人刘某，2012.8.29。"因被告一直未还，原告起诉要求二被告偿还 100000 元及利息。

王某甲所有的位于禹州市夏都办荟萃路中段路东房产，房产证号禹房权证禹州市字第 043117 号，此证系补证，原证号 019876。

【案件裁判思路和裁判结果】

禹州市人民法院审理后认为，债务应当清偿。被告刘某借原告安某现金 100000 元，有其书写的借据为凭，足以认定原告安某与被告刘某之间民间借贷关系成立、合法有效。故原告要求被告刘某偿还借款 100000 元予以支持。原告请求被告王某乙与刘某（二者系夫妻关系）共同偿还，因其未提供被告刘某与王某乙夫妻关系的证据，故原告的该诉讼请求，该院不予支持。被告王某乙辩称其只是在身份证复印件上签名，而未在借据上签名，不应承担还款责任的理由，该院予以采信。原告请求的利息，因原、被告未约定利息，视为不支付利息，但可从原告起诉之日起（2013 年 3 月 25 日），按银行同期同类贷款利率计息。被告王某甲在刘某借原告款时用其位于禹州市夏都办荟萃路中段路东的房产一处作抵押，但未办理抵押物登记，故该抵押无效。被告刘某辩称该借款为赌债，未提供证据，该院不予采信。据此，该院判决：一、限被告刘某于本判决生效后十日内偿还原告安某借款 100000 元。（从 2013 年 3 月 25 日起，按银行同期同类贷款利率支付原告利息至本判决确定的还款之日止）。二、驳回原告对王某乙、王某甲的诉讼请求。

安某上诉称：王某甲以其自有房屋抵押系其真实意思表示，并向债权人支付了房产证，依法应属有效抵押合同。请求撤销一审判决书的第二项，改判王某甲以其抵押的房产（房产证号 019876）对刘某的债务承担担保责任。

王某甲、刘某辩称：本案应当属物权担保的范围，该抵押的房产因没有依法办理抵押登记而不产生法律效力；被上诉人王某甲是在受欺骗的情况下签字，属于无效。请求驳回上诉，维持原判。

许昌市中级人民法院审理后，判决驳回上诉，维持原判。

安某申请再审称：一、二审判决抵押无效或未生效，直接剥夺了申请人依据有效抵押合同要求抵押人王某甲履行合同义务的权利，使债权人权利处于难以得到有效保护的境地，请求依法改判。

王某甲辩称：一审、二审判决我不承担担保责任于法有据，于实有凭。

许昌市中级人民法院再审后认为，依法成立的合同，对当事人具有法律约束力，当事人应当按照约定履行自己的义务。被申请人刘某借申请再审人安某现金 100000 元，有借条为证且本人认可，足以认定，刘某未偿还借款，引发本案纠纷，应当承担还款责任。本案再审焦点为抵押效力问题，由于未办理抵押登记，依照《物权法》相关规定，抵押权不发生效力，安某作为债权人不能对抵押的房产主张优先受偿权。但未办理抵押登记，不影响合同效力。被申请人王某甲在借条中承诺以房产抵押，并将房产证交给了安某，其虽辩称是被刘某所骗在借条上签字，但不能提供证据予以证明，且王某甲作为完全民事行为能力人，应当清楚自己在借条中签字所引发的法律后果，故王某甲以自己的房产为刘某债务作担保的意思表示真实明确，应当承担相应法律责任，即在房产价值范围内对刘某所负债务承担连带清偿责任。一、二审判决王某甲不承担责任，适用法律错误，应予纠正。据此，判决如下：一、撤销本院（2014）许民二终字第 40 号民事判决；二、维持禹州市人民法院（2013）禹民二初字第 195 号民事判决第一项及第二项中关于驳回原告对王某乙的诉讼请求部分；三、变更禹州市人民法院（2013）禹民二初字第 195 号民事判决第二项中关于驳回原告对王某甲的诉讼请求部分为：王某甲在其所有的位于禹州市夏都办荟萃路中段路东房产（房产证号禹房权证禹州市字第 043117 号）价值范围内承担连带清偿责任。

【案件评析】

一、关于效力认定问题，主要适用的法律依据有

1.《担保法》第 41 条规定："当事人以本法第 42 条规定的财产抵押的，应当办理抵押物登记，抵押合同自登记之日起生效。"第 42 条第（2）项："以城市房地产或者乡（镇）、村企业的厂房等建筑物抵押的。"依照该法，房屋所有权抵押合同不登记的，不生效。

2.《物权法》第 9 条规定"不动产物权的设立、变更、转让和消灭，经依法登记，发生效力；未经登记，不发生效力，但法律另有规定的除外。"第 15 条规定"当事人之间订立有关设立、变更、转让和

消灭不动产物权的合同，除法律另有规定或者合同另有约定外，自合同成立时生效；未办理物权登记的，不影响合同效力。"第187条规定："以本法第一百八十条第一款第一项至第三项规定的财产或者第五项规定的正在建造的建筑物抵押的，应当办理抵押登记。抵押权自登记时设立。"第180条第（1）项："建筑物和其他土地附着物。"依照该法，不动产物权未经登记，不发生效力，但不影响合同效力。

同时，《物权法》第178条规定："担保法与本法的规定不一致的，适用本法。"故本案应适用《物权法》之相关规定，抵押权未经登记，不发生效力，但王某甲以自己所有的房屋为刘某所负债务提供抵押意思表示真实，合同合法有效。

二、关于责任如何承担的问题，应该将物权和债权区别开来

根据上述效力认定的分析，不动产抵押未办理登记的，抵押权不发生效力。抵押权本身是一种物权及优先受偿权，其不发生效力也就是说，权利人不能对抵押物直接享有优先受偿权。适用在本案中，如果权利人主张对房屋享有优先受偿权的，法院不予支持。

未办理物权登记的，不影响合同效力，而合同的效力应当根据合同自身予以判断。故权利人虽不能享有优先受偿权，但可以提出债权主张。主要分为以下几种：

1. 要求抵押人协助办理抵押权登记。

2. 根据未办理登记的过错责任程度，要求抵押人赔偿因抵押权不生效所产生的损失。

3. 要求抵押人根据其意思表示内容，承担合同上的担保义务。

回到本案，王某甲以自己房屋为刘某对安某的债务提供担保，意思表示明确，合同依法有效，王某甲应当履行自己的合同义务。虽然本案抵押因未办理登记而不发生效力，但并不影响合同效力。安某要求刘某和王某甲共同承担还款责任，是一种债权请求权，王某甲应当受自己真实意思表示约束，在房屋价值范围内承担连带还款责任。

（撰稿人：马　龙　编辑人：李红伟）

房屋登记权属不实之产权确认

【案件疑难点】

房屋登记所有权人与实际所有权人不一致的情况下，如何确立房屋的所有权归属

在房屋出售人持有房管部门颁发的房屋所有权证未被撤销的情况下，买房人能否径行提起民事确权之诉

房屋确权之诉是否受诉讼时效规定的限制

【案件索引】

一审：河南省许昌市魏都区人民法院（2011）魏民二初字第 201 号民事判决书

二审：河南省许昌市中级人民法院（2012）许民三终字第 175 号民事判决书

【基本案情】

原告：党某

原告：孙甲

被告：孙乙

原告党某、孙甲系夫妻关系。1984 年，二原告与被告孙乙口头协商，被告将位于河南省许昌市向阳路 85 号的土地使用权转让于二原告，二原告在此处建造房屋数间。1996 年，二原告以被告的名义办理了房产证，证号为 16791。之后，二原告又在此房产上进行了添建。二原告在上述房产自 1984 年起一直居住至今。因原告要求被告协助办理该房产的过户手续遭被告拒绝，故形成本案诉讼。二原告请求确认该房屋所有权归原告所有；被告协助办理该房屋产权过户登记手续。

被告辩称：被告是向阳路 85 号的土地使用权的合法使用人，被告孙乙并未将上述土地使用权转让给原告。且涉案房屋系被告出资所建，由于被告和原告孙甲是亲姐妹关系，二原告只是帮助建房。房产所有权归被告孙乙所有；涉案房产登记在被告名下，原告若不服许昌市房管局房产登记的行政行为，可以依法提起行政诉讼，原告提起民事诉讼程序不当。提起民事诉讼的诉讼时效期间为两年，最长诉讼时效为二十年，超过诉讼时效期间提起民事诉讼，法律不予保护。

【案件裁判思路和裁判结果】

许昌市魏都区人民法院审理后认为，因合法建造等事实行为设立物权的，自事实行为成就时发生效力。因物权的归属、内容发生争议的，利害关系人可以请求确认权利。位于许昌市向阳路新村 85 号房产证号为 16791 的房产虽登记在被告名下，但二原告提供的证据能够充分证明上述房产系其合法建造，系该房产的实际所有权人。二原告要求确认上述房产所有权归其所有及要求被告协助办理房产登记变更手续的请求合法，应予支持。依照《中华人民共和国物权法》第 30 条、第 32 条、第 33 条、第 35 条之规定，判决如下：

一、位于许昌市向阳路新村 85 号房产证号 16791 的房屋所有权归原告党某、孙甲所有；

二、被告孙乙于本判决生效后十日内协助原告党某、孙甲办理上述房屋的过户手续。

宣判后，被告孙乙不服，提出上诉。

许昌市中级人民法院审理后认为，房产证作为由政府颁发的证明房屋所有权的证书，具有公示的效力，作为证明房屋所有权的证据的一种，其证明效力大于其他证据。但房产证并非是证明房屋所有权的唯一证据，在有其他证据足以推翻房产证的情况下，人民法院应当根据查明的事实，依法确认房屋的真正所有权人。据此判决驳回上诉，维持原判。

【案例评析】

本案系房屋确权案例。原、被告对涉案房屋所有权的归属存在争议：二原告以被告将土地使用权转让给二原告，二原告出资建造房屋为由主张对房屋享有所有权；被告则以该房屋登记在其名下为由抗辩原告的主张。如何确权，我们认为正确认识并妥善处理以下三个问题是处理本案的关键：1. 如何看待被告房产证的证据效力问题；2. 涉案房产登记在被告名下，原告未经行政诉讼能否直接提起民事诉讼请求确权问题；3. 原告起诉是否超过诉讼时效问题。

一、关于被告房产证的证据效力问题

房屋作为不动产，其物权的设立、变更和消灭，以登记为必要。房屋一经行政主管部门登记并向申请人颁发房屋所有权证书，即产生对外公示公信的效力，使得善意的第三人有充分的理由相信房屋登记的所有权人对登记在其名下的房屋享有所有权，从而放心大胆地与之交易。但是，房屋所有权证所具有的这种物权效力，仅具有推定的效力，即在无相反的证据推翻登记物权状况的情况下，推定登记的权利人对房屋拥有所有权。但是，如果有充分的证据证明登记的所权人并非真正的权利人，在不涉及善意第三人合法权益保护的前提下，人民法院可以根据查明的事实，否定房屋登记行政主管部门确定的房屋归属。本案争议的房屋虽然登记在被告的名下，但二原告提供的证据充分证明了被告将土地使用权转让给二原告，以及二原告在上面投资建造房屋的事实。因此，本案争议房屋的所有权应归二原告所有。

二、关于原告未经行政诉讼能否直接提起民事诉讼请求确权问题

本案被告持有行政机关为其颁发的争议房屋的所有权证，原告未经行政诉讼能否直接提起民事诉讼请求确认争议房屋的权利归属？诉权由当事人行使，提不提起行政诉讼，决定权在原告，法院不应把自己的主观愿望强加于人。退一步讲，即便原告提起了行政诉讼，本案民事诉讼也应当正常审理。主要理由是：1. 被告所持有的房屋所有证，系行政主管部门根据申请人的申请，依照法定的条件和程序，对当事人所提交材料进行审查后，对符合房屋权属登记条件的当事人颁发房屋所有权凭证，以认可和证明房屋当时的权属关系和表现状况。

鉴于行政机关颁证程序的非讼性和行政机关对申请材料的非实质性审查等特点，行政机关的颁证行为本身并不能产生具体的权利义务关系，当事人对房屋是否享有权利，还要通过一定的实体法律关系来判断。2. 当事人提起行政诉诉讼，并不能够从根本上解决纠纷。我们知道，即便原告提起行政诉讼并胜诉，法院撤销了被告所持有的房屋所有证，但本案所涉房屋的所有权归属问题仍未解决，当事人仍需通过法律途径来确认。鉴于此，最高人民法院《关于审理房屋登记案件若干问题的规定》（法释〔2010〕14 号）第 8 条规定："当事人以作为房屋登记行为基础的买卖、共有、赠与、抵押、婚姻、继承等民事法律关系无效或者应当撤销为由，对房屋登记行为提起行政诉讼的，人民法院应当告知当事人先行解决民事争议，民事争议处理期间不计算在行政诉讼起诉期限内；已经受理的，裁定中止诉讼。"因此，无论是从减少当事人诉累的角度考量，还是从根本上解决当事人纠纷的角度出发，本案民事诉讼都应该继续审理，原告完全可以不经行政诉讼径行提起民事诉讼请求法院进行确权。

三、关于原告提起诉讼是否超诉讼时效的问题

诉讼时效，是指权利不行使的事实状态在法定期限内持续存在，即发生权利人丧失权利的法律效果的制度。设立诉讼时效制度的目的，一方面是对债权人的督促，督促债权人及时行使权利，避免"权利睡眠"和证据灭失，避免当事人之间的法律关系长期处于不确定状态；另一方面又是对债务人的保护。当债权人超过诉讼时效主张权利，债务人又据此提出抗辩时，人民法院应依法作出不利于债权人的裁判结果，以维护债务人的正当利益。根据民法理论，诉讼时效仅适用债权请求权，不适用物上请求权。所谓物上请求权，也称物权的请求权，是指当物权的圆满状态受到妨害或有被妨害之虞时，物权人为了排除或预防妨害，请求对方为一定行为或不为一定行为的权利。只要权利人发现其权利受到了侵害或受到妨害，就有权利行使物上请求权。所以，一般情况下，物权请求权不应受诉讼时效的限制。本案原告的诉讼请求为确认涉案房产归其所有，并要求被告协助办理房屋产

权过户手续，其行使的权利为确认物权请求权及排除妨害的物权请求权，并不适用诉讼时效的相关法律规定。因此，也就不存在原告起诉是否超期问题。

（撰稿人：陈建伟　王磊华　编辑人：李红伟）

房屋租赁合同无解除权人不得解除合同

【案件疑难点】

　　无合同解除权的一方当事人发出解除合同的通知，是否发生合同解除的法律后果

【案件索引】

　　一审：河南省许昌市魏都区人民法院（2012）魏民二初字第 246 号民事判决书

【基本案情】

　　原告：尹某

　　被告：郑州民生银行

　　被告：许昌民生银行

　　2010 年 1 月，原告尹某作为出租方即甲方，被告郑州民生银行作为承租方即乙方，双方签订房屋租赁合同一份。合同约定，原告尹某自愿将自己位于许昌市东城区"建业帕拉帝奥" 2 号楼 23 号，共 2 层 1 间的商铺出租给乙方使用；租赁期限自 2010 年 1 月 20 日至 2019 年 1 月 19 日；甲方保证在 2010 年 1 月 20 日前交房，自交房之日起，乙方享有 3 个月的筹备免租期，以便进行装修和筹备开业，免租期限为 2010 年 1 月 20 日至 2010 年 4 月 19 日，免租期满之日开始计算租金。租金标准（含税租金），2010 年 1 月 20 日至 2013 年 1 月 19 日期间，按每月 36 元/㎡交纳，每月租金为人民币 6903 元，年租金共计人民币 82836 元；2013 年 1 月 20 日至 2016 年 1 月 19 日期间，按每月 39 元/㎡交纳，每月租金为人民币 7478 元，年租金共计人民币 89736 元；2016 年 1 月 20 日至 2019 年 1 月 19 日期间，按每月 43 元/㎡交纳，每月租金为人民币 8245 元，年租金共计人民币 98940 元；

支付方式，租金以 6 个月为周期支付，在合同生效后，第一次租金的期间为 2010 年 4 月 20 日至 2010 年 6 月 30 日，交付时间为 2010 年 2 月 5 日前，以后租金于下一交付周期起始日的 15 日内支付，逾期按下一周期的总租金每天千分之三收取违约金。甲方应提前向乙方提供正式的房屋租赁发票，在乙方没有收到发票前，有权延期支付应付的租金款项。该情况下乙方延期支付租金不属于违约行为。乙方以转账方式支付租金，在转账支付租金之日视为乙方按合同要求履行了付款义务。第 9 条第 4 款约定，乙方有下列情形之一的，甲方有权单方解除合同，收回房屋，乙方应赔偿损失：1. 不按照约定支付租金、水电等费用达一个月的。2. 擅自改变该房屋用途的。3. 擅自拆改变动或损坏房屋墙体等主体结构的。4. 擅自将房屋转租给第三人的。5. 利用该房屋从事违法活动的；乙方如有本协议第 9 条第 4 款约定的情形之一的，除甲方可以解除协议外，乙方还应按月租金的 20％ 向甲方支付违约金。给甲方造成损失的，还应赔偿损失；双方在合同中还约定了其他事项和附件。该合同有原告尹某的签字和被告郑州民生银行加盖的印章。合同签订后，原告按照合同约定将该房屋交给被告郑州民生银行使用。

2010 年，经中国民生银行和河南省银监局批准，被告郑州民生银行筹建了第三人许昌民生银行，第三人许昌民生银行为被告郑州民生银行下设的分行，隶属于被告郑州民生银行管理。第三人许昌民生银行设立和开业后，使用的房屋一部分属于原告尹某的商铺。

其后，原告向被告郑州民生银行提供了开具日期为 2011 年 2 月 10 日的租赁费发票两张，分别为 2010 年 4 月 20 日至 2010 年 12 月 31 日的租金和 2011 年 1 月至 2011 年 6 月的租金，被告郑州民生银行于 2011 年 2 月 18 日向原告支付了上述两笔租金共计 98943 元。2011 年 7 月 1 日以后的租金，因原告未开具发票，被告郑州民生银行也未支付。

2012 年 3 月 2 日，原告委托北京市和景律师事务所向被告郑州民生银行发出了律师函，并通过公证送达。内容为："2010 年 1 月，尹某与贵行签订了租期为九年的《房屋租赁合同》，将其本人位于许昌市东城区"建业帕拉帝奥"商铺租给贵行使用。合同签订后，尹某依约履行了自己的义务，但目前查明贵行未经尹某同意，擅自将承租的房屋租给第三方，严重侵害了尹某的合法权益，并且贵行至今仍拖欠尹某房屋租金 52692.90 元未予支付。贵行未按照合同的约定擅自转租和支付租金的行为，已经违反了有关法律法规的相关规定及双方合同之约定，严重侵犯了尹某的合法权益。为此，特根据《中华人民共和国合同法》第 93 条、第 94 条，《商品房屋租赁管理办法》第 11 条的规定郑重通知贵行：1. 自即日起，解除 2010 年 1 月与贵行签订的《房屋租赁合同》，贵行自收到此函之日起十日内将租赁房屋返还尹某；2. 贵行自收到此函之日起五日内，支付房屋租金 52692.90 元；3. 赔偿贵行因违约给尹某造成的经济损失。被告郑州民生银行收到该函后，于 2012 年 3 月 13 日给北京市和景律师事务所和原告尹某等 5 人复函一份，主要内容为："一、我行租赁五出租人的房产用于设立民生银行经营网点——许昌分行，五出租人对此是明知的、认可的，根本不存在我行擅自转租的情形⋯⋯二、依据《房屋租赁合同》第 4 条第 2 款'支付方式'的约定：出租人应提前向我行提供正式的房屋租赁发票，在我行没有收到发票前，有权延期支付应付的租金款项，该情况下我行延期支付行为不属于违约行为⋯⋯三、我行拥有合法使用租赁房屋的权利，对于五出租人采取堵门等非法方式阻碍我行正常经营的恶劣行为，我行保留依法追究五出租人赔偿责任的权利"。被告郑州民生银行收到解除合同的通知后，未请求人民法院或者仲裁机构确认解除合同的效力。

为此原告诉请至法院请求被告返还房屋，支付房租及违约金，房屋占用费等。被告答辩同回复律师函内容。

【案件裁判思路和裁判结果】

许昌市魏都区人民法院审理后认为：原、被告签订的合同是当事人的真实意思表示，内容不违反法律、行政法规的强制性规定，为有效合同。双方均应按照合同约定全面履行自己的合同义务。

关于被告郑州民生银行未支付房租是否构成违约的问题。双方在合同中约定原告应提前向被告郑州民生银行提供正式的房屋租赁发票，在被告郑州民生银行没有收到发票前，有权延期支付应付的租金款项，该情况下被告郑州民生银行延期支付租金不属于违约行为。本案中，由于原告怠于提供尚欠租金的发票，导致被告郑州民生银行没有支付到期的租金。按合同约定，被告郑州民生银行延期支付租金不属于违约行为。

关于被告郑州民生银行是否存在转租行为的问题。本案第三人许昌民生银行为被告郑州民生银行的二级分行，隶属于被告郑州民生银行管理，被告郑州民生银行将涉案房屋供自己下属分行使用，并非转租，故原告诉称被告郑州民生银行存在转租行为的理由不能成立。

关于原、被告之间的租赁合同是否已经解除的问题。《最高人民法院关于适用〈中华人民共和国合同法〉若干问题的解释（二）》第24条规定："当事人对合同法第96条、第99条规定的合同解除或者债务抵消虽有异议，但在约定的异议期限届满后才提出异议并向人民法院起诉的，人民法院不予支持；当事人没有约定异议期间，在解除合同或者债务抵消通知到达之日起三个月以后才向人民法院起诉的，人民法院不予支持。"由此可知，《最高人民法院关于适用〈中华人民共和国合同法〉若干问题的解释（二）》的适用具有前提条件，即当事人对合同法第96条规定的合同解除有异议时。而合同法第96条规定的是法定解除和约定解除事由。本案中，被告并不存在任何的违约行为。原告不具备法定解除权和约定解除权，《最高人民法院关于适用〈中华人民共和国合同法〉若干问题的解释（二）》第24条的规定并不符合本案的具体情形。原告向被告郑州民生银行发出解除合同的通知不能产生双方之间合同已经解除的法律后果，原、被告之间的房屋租赁合同并未解除，双方仍应按照合同约定履行各自的合同义务。依照《中华人民共和国合同法》第60条、第226条之规定，判决如下：

一、被告中国民生银行股份有限公司郑州分行在收到原告尹某提供的正式发票之日起十日内按照合同约定向原告尹某支付2011年7月1日起至本判决确定之日止的租金；

二、驳回原告尹某的其他诉讼请求。

【案件评析】

本案是合同解除法律适用方面的案例。关于合同解除方面的法律主要有以下规定：

《合同法》第96条："当事人一方依照本法第93条第2款、第94

条的规定主张解除合同的，应当通知对方。合同自通知到达对方时解除。对方有异议的，可以请求人民法院或者仲裁机构确认解除合同的效力。法律、行政法规规定解除合同应当办理批准、登记等手续的，依照其规定。"此为合同解除的法律规定。

《合同法》第93条第2款："当事人可以约定一方解除合同的条件。解除合同的条件成就时，解除权人可以解除合同。"此为合同约定解除的法律规定。

《合同法》第94条："有下列情形之一的，当事人可以解除合同：（一）因不可抗力致使不能实现合同目的；（二）在履行期限届满之前，当事人一方明确表示或者以自己的行为表明不履行主要债务；（三）当事人一方迟延履行主要债务，经催告后在合理期限内仍未履行；（四）当事人一方迟延履行债务或者有其他违约行为致使不能实现合同目的；（五）法律规定的其他情形。"此为合同法定解除的法律规定。

《合同法》司法解释（二）第24条："当事人对合同法第九十六条、第九十九条规定的合同解除或者债务抵消虽有异议，但在约定的异议期限届满后才提出异议并向人民法院起诉的，人民法院不予支持；当事人没有约定异议期间，在解除合同或者债务抵消通知到达之日起三个月以后才向人民法院起诉的，人民法院不予支持。"此为合同解除异议期的法律规定。

通过上述法律规定可知，本案的最主要争议焦点在于：无合同解除权的一方发出解除通知后，对方未在约定或者法定期限内提起诉讼，是否发生合同解除的法律后果。

从文义解释的角度来看，《最高人民法院关于适用〈中华人民共和国合同法〉若干问题的解释（二）》的适用具有前提条件，即当事人对合同法第96条规定的合同解除有异议时。而合同法第96条规定的是法定解除和约定解除事由。如果发出解除通知方没有合同解除权，就不涉及解除权解除这一合同类型，也就不存在合同法第96条的异议。

从社会效果来看，如果无合同解除权的一方发出解除通知，对方未在法定或约定期限内提起诉讼即发生合同解除的法律效果，则有可能导致违约方通过发出"解除通知"的方式来规避违约责任的承担，有违诚实信用的基本原则。这在债的抵消领域的负面影响更为明显。根据《合同法》司法解释（二）的法律规定，抵消的异议同样会有此效果，此种情况下没有抵消权的债权人随意行使"抵消权"的话，债权人若在三个月内未起诉，自己享有的债权就被抵消了，这不仅消灭了既定的债务，而且以凭空创设的债权来抵消既定债务，明显不公平。

综上，法院认定原告不具有合同法定和约定解除权，其解除合同的通知不具备合同解除的法律后果，从而依法作出上述判决。

（撰稿人：王磊华　编辑人：唐战立）

公司未经股东会决议为股东担保有效

【案件疑难点】

公司法人未经股东会或者股东大会决议，而以公司名义为公司股东提供担保的行为是否无效

【案件索引】

一审：河南省长葛市人民法院(2012)长民二初字第 03436 号民事判决书

二审：河南省许昌市中级人民法院(2013)许民一终字第 246 号民事判决书

【基本案情】

原告：河南宏业

被告：李某某

原告河南宏业 2009 年 6 月 19 日注册成立，公司股东苏某甲、苏某乙，法定代表人苏某甲占公司 90% 的股份。2012 年 4 月 13 日，苏某甲向被告李某某出具借据一张，主要内容为：今借到李某某 185 万元，4 月 13 日已交付，月息 1.5%，从 4 月份开始分 4 个月按比例还款，2012 年 7 月底还清本息，担保人承担连带担保责任。借款人：苏某甲，担保人处加盖有原告河南宏业印章。后原告河南宏业以其对该笔借款不知情，苏某甲作为公司股东擅自为自己的借款提供担保应属无效为由起诉到法院，要求确认原告河南宏业与被告李某某签订的担保合同无效。

被告李某某辩称：苏某甲为公司法定代表人，即使超越权限签订了担保合同，除相对人知道或者应当知道其超越权限以外，其代表行为也是有效的。

【案件裁判思路和裁判结果】

长葛市人民法院审理后认为：《中华人民共和国公司法》第16条第2款规定"公司为公司股东或者实际控制人提供担保的，必须经股东会或者股东大会决议"，据此规定，公司为本公司股东提供担保的决策主体是法定的，只能由股东会或者股东大会决议。本案中，苏某甲为原告河南宏业股东，2012年4月13日，苏某甲为其个人借款在担保人处加盖原告公司印章，该担保无证据证明经原告公司股东会或者股东大会决议，依法应认定该担保无效。依照《中华人民共和国合同法》第52条第(5)项、《中华人民共和国公司法》第16条第2款之规定，判决：

确认原告河南宏业与被告李某某之间的担保合同条款无效。

李某某上诉称：原审法院认定合同无效适用法律错误，请求依法改判。

河南宏业辩称：李某某上诉理由不能成立，要求驳回上诉，维持原判。

许昌市中级人民法院审理后认为：《中华人民共和国公司法》第16条第2款规定"公司为公司股东或者实际控制人提供担保的，必须经股东会或者股东大会决议"，是否违反此条款就确认合同无效的问题；1. 该条款并未明确规定公司违反上述规定导致担保合同无效；2. 该条款系公司内部的决议程序，不得约束第三人；3. 该条款并非效力性强制性的规定，该条款属于指导公司正确运作即公司权力行使的法律规范，该规范约束力仅限于公司行为，该规定的立法目的在于协调公司执行机构和股东之间的利益关系，属管理性规范；4. 依据该条款认定担保合同无效，不利于维护合同的稳定和交易的安全。

《合同法》第52条规定："有下列情形之一的合同无效：……(五)违反法律、行政法规的强制性规定。"最高人民法院关于适用《中华人民共和国合同法》若干问题的解释(二)第14条明确规定：合同法第52条第(5)项规定的"强制性规定"，是指效力性强制性规定。《公司法》却未明确规定公司未经股东会或者股东大会决议为公司股东或者实际控制人提供担保的行为将导致合同无效或不成立，本案合同继续履行并不损害国家利益和社会公共利益，故公司违反此款提供担保不属于违反《合同法》第 52 条第(5)项规定的情形。因此不能依据违反此条款而确认合同无效。依照《中华人民共和国民事诉讼法》第 170 条第 1 款第(1)、(2)项之规定，判决如下：

一、撤销河南省长葛市人民法院(2012)长民初字 03436 号民事判决；

二、改判驳回被上诉人河南宏业的诉讼请求。

【案件评析】

公司法人未经股东会或者股东大会决议，而以公司名义为公司股东提供担保的行为有效。

审理本案的关键在于区分《公司法》第 16 条第 2 款规定是属于管理性规范还是效力性规范。

《最高人民法院关于适用〈中华人民共和国合同法〉若干问题的解释(二)》第 14 条规定，合同法第 52 条第(5)项规定的"强制性规定"，是指效力性强制性规定。但是，却没有明确何为效力性强制性规定。在此，我们可以借鉴最高人民法院副院长奚晓明法官于 2007 年 5 月 30 日在全国民商事审判工作会议上的讲话中确定的判断标准：强制性规定包括管理性规范和效力性规范。管理性规范是指法律及行政法规未明确规定违反此类规范将导致合同无效的规范。此类规范旨在管理和处罚违反规定的行为，但并不否认该行为在民商法上的效力。效力性规定是指法律及行政法规明确规定违反该类规定将导致合同无效的规范，或者虽未明确规定违反之后将导致合同无效，但若使合同继续有效将损害国家利益和社会公共利益的规范。此类规范不仅旨在处罚违反之行为，而且意在否定其在民商法上的效力。因此，只有违反了效力性的强行性规范的，才应当认定合同无效。

一审法院裁判确认原告河南宏业与被告李某某之间的担保合同条款无效，在法律适用问题上严格按照《公司法》第 16 条第 2 款规定，没有正确理解、识别和适用合同法第 52 条第(5)项中的"违反法律、行政法规的强制性规定"，没有深入区分《公司法》第 16 条第 2 款规定是效力性强制规定还是管理性强制规定，欠缺从保证借款合同的效力维护和市场交易安全和稳定的考虑，导致一审判决错误。

二审法院在审理本案时充分认识合同法立法本意，秉着鼓励交易是合同法的重要精神，谨慎地认定合同是否有效。对效力性规范和管理性规范进行区分，深入分析得出《公司法》第 16 条第 2 款是管理性规范，本案保证借款合同中违反此条款并不将导致合同无效，最终撤销一审判决。

"公司为公司股东或者实际控制人提供担保的，必须经股东会或者股东大会决议"，该规定的立法目的在于协调公司权力或执行机构和股东之间的利益关系，该条款并未明确规定公司违反上述规定导致担保合同无效，该条款并非效力性强制性的规定，属管理性规范。故公司违反此款提供担保不属于违反《合同法》第 52 条第（5）项规定的情形。因此不能依据违反此条款而确认合同无效。

此外，结合本案实际情况，河南宏业系有限公司，有股东苏某甲、苏某乙两名，苏某甲作为该公司法定代表人，占公司 90% 的股份，苏某自己的决定在股东会也已经超过半数，可以决定股东会决议的结果，苏某甲向李某某出具借据时在担保人处加盖河南宏业的公章，对李某某来说足以相信系代表担保单位的行为，河南宏业也未提交证据证明苏某甲与李某某系恶意串通。作为合同相对人的李某某对审查此担保是否经过股东会或者股东大会决议，决议程序是否合法，公司是否提供虚假的通过决议的文件，在现实中由于种种原因往往是缺乏这种能力和权力的。

（撰稿人：武燕子　编辑人：唐战立）

一人公司股东死亡不影响公司
独立承担债务

【案件疑难点】

一人公司法定代表人去世后，如何参加诉讼？债务如何承担

一人公司人格混同举证责任如何分配

【案件索引】

一审：河南省长葛市人民法院（2012）长民二初字第 168 号判决书

【基本案情】

原告：通用公司

原告：广源公司

被告：纱龙公司

（原）法定代表人：武某甲（已故）

被告：袁某，系武某甲之妻

被告：武某乙，系武某甲之长子

被告：张某，系武某甲之母

被告：武某丙，系武某甲之子

2011 年 2 月 11 日，被告纱龙公司向许昌银行股份有限公司借款200 万元，并约定借款月利率 10.1‰，借款期限至 2012 年 2 月 10日；原告广源公司、通用公司为被告纱龙公司的该笔借款承担连带保证责任。后武某甲因病死亡，许昌银行股份有限公司即提起诉讼，2012 年 1 月 31 日，通用公司代纱龙公司偿还借款本金 100 万元，广源公司代纱龙公司偿还借款本息 1027606.67 元，2012 年 5 月 31 日，广源公司另支付诉讼费用 16400 元。通用公司、广源公司向纱龙公司

追要上述款项未果，遂诉至本院。法院在受理后审理发现，纱龙公司系武某甲出资经营的一人有限公司，法定代表人武某甲于 2012 年 1 月 6 日死亡，造成法定代表人缺位，该公司的工商登记未予变更，其诉讼权利无法行使，诉讼义务也无法承受，经合议庭评议后决定应待武某甲的继承人继承股权后有新的股东确定法定代表人登记后继续案件审理，法院遂于 2012 年 6 月 4 日裁定本案中止审理。原告于 2013 年 3 月 4 日申请追加武某甲的法定继承人袁某、武某乙、武某丙、张某为本案共同被告。

据此，原告通用公司、广源公司请求判决被告偿还原告通用公司、广源公司代偿的银行借款和利息 2027606.67 元、诉讼费、保全费 16400 元。

被告纱龙公司、袁某、武某乙、武某丙、张某辩称：1. 原告通用公司、广源公司代被告纱龙公司偿还借款本金 200 万元属实，但其代偿的利息不清楚；2. 我方愿意私下调解解决。

【案件裁判思路和裁判结果】

长葛市人民法院审理后认为：本案中纱龙公司系武某甲一人出资经营的一人有限公司，一人公司的自然人股东死亡并不意味着公司就要进行解散，该公司仍然存续。武某甲因病死亡造成被告纱龙公司法定代表人缺位，并不影响公司对外承担民事责任。诉讼中被告张某缺席，被告在诉讼中表示尚未继承武某甲及被告纱龙公司的财产，原告通用公司、广源公司无证据能够证实被告袁某、武某乙、武某丙、张某已继承武某甲及被告纱龙公司的财产，故被告纱龙公司对原告通用公司、广源公司的债务仍应由被告纱龙公司偿还。二原告要求袁某、武某乙、武某丙、张某偿还该笔债务的诉讼请求不应支持。依照《中华人民共和国民事诉讼法》第 64 条、第 144 条，《中华人民共和国担保法》第 31 条之规定，判决：

一、被告纱龙公司应于本判决生效后十日内偿还原告通用公司、广源公司 2044006.67 元；

二、驳回原告通用公司、广源公司的其他诉讼请求。

【案件评析】

一人有限责任公司是指由一名股东（自然人或法人）持有公司的

全部出资的有限责任公司，具有独立的法人人格，是能以自己名义享有民事权利，承担民事义务的企业组织。

本案中，作为一人公司股东死亡后，公司债务仍应由公司承担。《中华人民共和国公司法》第3条规定，"公司以其全部财产对公司的债务承担责任"，其中，一人公司的自然人股东死亡或法人股东终止，并不意味着该一人公司就要解散，该公司仍然存续。因为公司是企业法人，即使是一人公司，它也有自己独立的法人财产，享有法人财产权，并以其全部财产对公司的债务承担责任。

有限责任公司的股东承担责任是有限的。公司法规定："有限责任公司的股东以其认缴的出资额为限对公司承担责任。"即一人有限公司在债务上是以股东认缴的出资额为限承担"有限责任"，超过了认缴出资额的限度，股东个人并不必对公司债务承担连带责任。况且一人有限责任公司股东对公司债务承担连带责任也是有前提的，《中华人民共和国公司法》第64条规定："一人有限责任公司的股东不能证明公司财产独立于股东自己财产的，应当对公司债务承担连带责任。"换言之，如果其能证明将个人财产与公司财产分得很清楚，两者没有混在一起使用，则不需要承担连带责任。

一人公司的股东死亡后，直接起诉股东的继承人，需要分清两个法律关系。一方面是公司与外部的债权债务关系，由股东以其认缴的出资额为限对公司承担责任；另一方面是继承关系，由死亡股东的继承人对其出资进行继承，继承人继承股权后，成为公司新的股东，但仍应以出资额为限对公司承担责任。

作为本案原告的二公司，应该在向纱龙公司主张权利的同时，还可向继承了遗产的继承人主张权利，不过，必须在有证据证明继承人继承了股东的出资的前提下。民诉法第64条规定，当事人对自己提出的主张，有责任提供证据。

另外，根据继承法的规定，继承人只在其继承的遗产范围内承担责任。超过遗产实际价值部分，继承人自愿清偿的不在此限。继承人放弃继承的，对被继承人依法应当缴纳的税款和债务可不负偿还责任。所以要求继承人承担公司责任，需要同时符合民诉法、公司法和继承法的规定时才能主张。

　　编委会建议：本案判决结果正确，但是由于该案件债务是公司债务，即使投资人的继承人继承了股权，在没有证据证明该笔债务应当由投资人承担的情况下，也应当由公司承担债务，不可以由公司股东承担公司债务。

（撰稿人：陈玉娇　编辑人：韩玉芬）

怎样患病才合保险赔偿标准

【案件疑难点】

保险合同约定的理赔标准属于限制保险人责任应无效

【案件索引】

一审：河南省许昌市魏都区人民法院（2012）魏半民初字第 266 号民事判决书

【基本案情】

原告：刘某

被告：长城人寿

2011 年 4 月 27 日刘某与长城人寿签订长城鸿盛两全保险（分红型）及长城附加鸿盛提前给付重大疾病保险，2011 年 4 月 29 日为生效日。该保险合同主要约定：被保险人刘某，保险金额为 20000 元，保险期间至刘某 70 岁，交费期间 20 年，每年保险费 698 元。长城附加鸿盛提前给付重大疾病保险条款保险责任约定：……重大疾病保险金，被保险人在本附加险合同有效期内经专科医生明确诊断初次发生本附加险合同约定的重大疾病（在本附加险合同生效日之前已患的有关疾病或症状除外），且确诊 15 天后仍生存，按保险单载明的基本保险金额向重大疾病保险金受益人给付"重大疾病保险金"，本附加险合同终止，主险合同也同时终止……本合同约定的重大疾病为：……严重原发性肺动脉高压，指不明原因的肺动脉压力持续性增高，进行性发展而导致的慢性疾病，已造成永久不可逆性的体力活动受限，达到美国纽约心脏病学会心功能状态分级 IV 级，且静息状态下肺动脉平均压超 30mmHg。2011 年 4 月 29 日刘某与长城人寿又签订长城鸿盛两全保险（分红型）及长城附加鸿盛提前给付重大疾病保险各一份，2011年5月4日为生效日，基本保险金额60000元。保险合同内容同上。

刘某2012年6月感到身体不适，于2012年6月20日到中国医学科学院阜外心血管病医院，被明确诊断为：先天性心脏病，房间隔缺损（Ⅱ孔中央型），肺动脉高压（重度），心脏扩大，心功能Ⅱ级（NYHA分级）。后刘某到长城人寿进行理赔，长城人寿于2012年11月1日作出理赔结论通知书，以投保人、被保险人投保前未如实告知，根据《保险法》第16条规定，不承担保险责任，解除了上述保险合同，并不退还保费，保险责任终止。刘某随后向本院提起诉讼。

被告长城人寿辩称：刘某在投保前6个月曾因肛萎、混合痔等疾病住院治疗，同时伴有心律失常、心房肥大等症状，而刘某在投保书中的告知事项栏中，均填写了"否"。另外，刘某在投保时还故意隐瞒了发现心脏杂音14年、9年吸烟史事实，违反了《保险法》的规定，故意不履行如实告知义务。根据《人身保险合同》中对于严重原发性肺动脉高压的释义，只有同时具备美国纽约心脏病学会心功能状态分级（NYHA分级）Ⅳ级和静息状态下肺动脉平均压超过30mmHg两个条件，才能达到保险条款中约定的理赔标准。而刘某在住院期间的病案材料显示：心功能Ⅱ级（HYHA分级），并未到美国纽约心脏病学会心功能状态分级（HYHA分级）Ⅳ级标准。因此，刘某所患疾病并未达到《人身保险合同》中约定的理赔标准。请法院依法驳回刘某的诉讼请求。

【案件裁判思路及裁判结果】

许昌市魏都区人民法院审理后认为：刘某与长城人寿于2011年4月27日与2011年4月29日签订的长城鸿盛两全保险（分红型）及长城附加鸿盛提前给付重大疾病保险合同合法有效。长城人寿辩称投保人刘某未履行如实告知义务不予支付保险金，未提供充分证据予以证明。长城人寿在保险合同中对"严重原发性肺动脉高压"所作的说明仅在一定范围内作出约定性规定，并没有涵盖"严重原发性肺动脉高压"发病的其他生理现象，该说明缩小了"严重原发性肺动脉高压"赔付范围，对投保人来说，显然不公平。医院诊断刘某的心功能状态分级Ⅱ级虽与保险合同对重大疾病"严重原发性肺动脉高压"的说明中的心功能状态分级 IV 级不相一致，但刘某的病情经中国医学科学院阜外心血管病医院已明确诊断为"肺动脉高压(重度)"，按照通常的理解，应当与保险合同约定的重大疾病"严重原发性肺动脉高压"疾病特征相一致。因此，长城人寿辩称刘某所患疾病不符合理赔标准，不应支付保险金的理由，不予采纳。长城人寿不按合同约定向刘某履行支付保险金义务，应承担违约责任。按照保险条款约定和《中华人民共和国保险法》第 23 条的规定，保险人未及时支付保险金，应当赔偿被保险人因此受到的损失，故刘某请求赔偿损失，应与支持。依照《中华人民共和国合同法》第 107 条及《中华人民共和国保险法》第 23 条、第 30 条的规定，判决如下：

本判决生效后十日内，被告长城人寿支付原告刘某保险金 80000 元并赔偿损失，损失按照中国人民银行同期同类贷款利率从 2012 年 11 月 2 日计算至本判决确定的给付之日。

【案件评析】

本案中涉及的一个主要问题是刘某所患"肺动脉高压(重度)"是否符合保险合同约定的"严重原发性肺动脉高压"。合同条款中解释称"严重原发性肺动脉高压是指不明原因的肺动脉压力持续性增高，进行性发展而导致的慢性疾病，已造成永久不可逆性的体力活动受限，达到美国纽约心脏病学会心功能状态分级 IV 级，且静息状态下肺动脉平均压超 30mmHg"。刘某的病情经中国医学科学院阜外医院诊断为：先天性心脏病，房间膈缺损(II 孔中央型)，肺动脉高压(重度)，心脏扩大，心功能 II 级(NYHA 分级)。通过查阅资料，肺动脉高压分为轻度、中度和重度，刘某的病症肺动脉高压(重度)在同类病症中属于最为严重的程度。病例中显示原告肺动脉的平均压为 54mmHg，远超出合同中 30mmHg 的标准。保险合同约定投保人患严重原发性肺动脉高压造成永久不可逆性的体力活动受限，达到美国纽约心脏病学会心功能状态分级 IV 级。刘某的病症经诊断为心功能 II 级(NYHA 分级)。由于合同约定和医院诊断对心功能状态的分级标准不一致，长城人寿也未能提供关于两种心功能分级标准间换算的相关资料，所以长城人寿辩称刘某病症不符合双方合同约定的"严重原发性肺动脉高压"的理由不足。保险法第 30 条规定："采用保险人提供的格式条款订立的保险合同，保险人与投保人、被保险人或者受益人对合同条款有争议的，应当按照通常理解予以解释。对合同条款有两种以上解释的，人民法院或者仲裁机构应当作出有利于被保险人和受益人的解释。"按照通常理解，刘某所患的病症符合合同规定的"严重原发性肺动脉高压"，长城人寿应履行支付保险金的义务。

长城人寿拒赔的另一个理由是刘某未履行如实告知义务。在实践中，保险公司的保险销售人员往往为了增加业绩，对保险产品的保障用途和投资作用着重介绍，而对投保告知书的内容向被保险人仅进行简单解释或者不解释，导致被保险人不能对投保告知书的内容准确理解，不了解免责情形。在保险销售人员未能详尽解释并告知法律后果的情况下，被保险人自述的健康情况和客观事实不一致，关键是被保险人也没有刻意隐瞒真实情况，所以不属于未履行如实告知义务。长城人寿未能提供其工作人员已经向刘某针对投保告知书进行了详尽解释的证据，其以被保险人未履行如实告知义务作为其拒赔的答辩理由，不能成立。

（撰稿人：戴延伟　沈永祥　编辑人：唐战立）

电信运营商发垃圾短信应承担侵权责任

【案件疑难点】

电信运营商发送垃圾短信，应当承担违约责任还是侵权责任

请求一分钱精神损害赔偿是否适当

要求电信运营商在市级电视台或报刊公开赔礼道歉的诉求是否适当

【案件索引】

一审：河南省襄城县人民法院（2012）襄民初字第 466 号民事判决书

二审：河南省许昌市中级人民法院（2012）许民三终字第 347 号民事判决书

【基本案情】

原告：司某

被告：移动公司

2011 年 4 月 15 日被告移动公司 10086 号台从上午 8 点 20 分向原告的手机上连续不停地发送短信近 500 条，使原告的手机不能正常通话，给原告的正常通信及生活带来严重不便。其间原告多次向 10086 人工服务台及被告处投诉，但被告员工说其不属于被告的责任。原告曾向 0371—12300 投诉，得到的答复是被告愿意送原告一份礼品，但原告不同意。据此，原告请求判令被告立即在市级电视台或报刊公开向原告赔礼道歉并赔偿精神损失人民币 1 分。诉讼费和证据保全的公证费由被告全部承担。

被告移动公司缺席未答辩。

【裁判思路及裁判结果】

襄城县人民法院审理后认为：原告是被告的客户，按时按标准向被告付费，被告理应为原告提供符合标准的服务，但被告10086服务台却在2011年4月15日当天往原告手机号码发送信息共计451条，有公证书为凭，该行为影响了原告手机的正常使用，给原告生活的确带来了不便。被告作为电信服务行业这种垄断行业，更应加强对自己服务系统监督的力度，避免因失误给客户带来不必要的麻烦，被告理应对自己系统的失误承担相应的民事责任。恢复名誉、消除影响的范围一般应与侵权所造成不良影响的范围相当，考虑到被告的行为给原告带来的损害后果程度，被告应向原告书面赔礼道歉，原告要求被告在市级电视台或报刊公开赔礼道歉的诉讼请求本院不予支持，原告要求被告赔偿精神损失人民币1分的诉讼请求符合法律规定，该请求予以支持。原告为诉讼所付出的成本即公证费600元及本案的案件受理费由被告承担。根据《中华人民共和国民法通则》第134条及《中华人民共和国侵权责任法》第3条、第36条第1款之规定，判决如下：

一、被告移动公司于本判决生效后三日内书面向原告司某赔礼道歉（内容须经本院审查），逾期本院将在许昌市市级报刊刊登本院生效判决书主文，相关费用由被告承担。

二、被告移动公司于本判决生效后三日内赔偿原告司某精神损失人民币1分。

三、被告移动公司于本判决生效后三日内支付原告司某公证费600元。

四、驳回原告司某其他诉讼请求。

移动公司上诉称：上诉人与被上诉人之间仅构成电信服务合同法律关系，被上诉人以上诉人侵权进行诉讼不符合法律规定，请求改判驳回被上诉人的诉讼请求。

许昌市中级人民法院审理后认为：本案存在电信合同违约责任与侵权责任竞合，受害人选择侵权进行诉讼，不违反法律规定。判决：驳回上诉，维持原判。

【案件评析】

一、运营商向用户发送垃圾短信造成的侵权，属于运营商直接侵权，并构成违约行为与侵权行为之间的竞合

因为用户要花费大量的时间阅读并删除这些短信，同时也会造成用户手机的有形磨损和可能不该支付的费用支出。运营商依据自己的便利而滥发短信的行为，损害了用户利益，侵犯了用户的生活安宁权。而且，手机用户与运营商达成入网协议时，二者之间就形成了合同关系，运营商向用户发送的各种垃圾短信，违背了与手机用户约定提供良好服务的义务，构成违约。在责任竞合的情况下，侵权责任和违约责任之间在责任价值、损害赔偿的范围、责任承担的形式等方面存在着重大区别。其中，违约责任对损害赔偿主要限于财产损失，不包括对人身伤害和精神损害的赔偿责任。而侵权责任损害赔偿的范围不仅包括财产损失，还包括人身伤害和精神损害的赔偿；不仅包括直接损失，还包括间接损失的赔偿。因此，适用不同的责任将对债权人的利益保护产生不同的影响。责任竞合又称请求权竞合，根据《合同法》第122条的规定："因当事人一方的违约行为，侵害对方人身、财产权益的，受损害方有权选择依照本法要求其承担违约责任或依照其他法律要求其承担侵权责任。"原告作为消费者，有权选择其一提起诉讼，本案原告选择了侵权损害赔偿之诉。

二、判决赔偿精神抚慰金1分钱适当

《侵权责任法》第22条规定："侵害他人人身权益，造成他人严重精神损害的，被侵权人可以请求精神损害赔偿。"根据该条的规定，精神损害赔偿的范围是侵害他人人身权益。人身权益包括生命权、健康权、姓名权、名誉权、肖像权、隐私权、监护权等。

结合本案，运营商一天时间内向司某手机发送近500条短信的行为侵犯的人身权益有：(1)通信自由权；(2)隐私权；(3)安宁权。

尽管近500条手机垃圾短信没有造成短信接收人财产上的损害，但却造成了接收人的精神损害，也就是人格利益的损害或者人格权的损害。

其次，"严重精神损害"是构成精神损害赔偿的法定条件，偶尔的痛苦或是不高兴不能认定是严重的精神损害。侵害生活安宁权达到何种程度，很难在法律上有一个明确的规定，结合本案，如果是单个的垃圾短信息在客观上给用户带来的干扰一般并不足以构成"严重精神损害"，最多是一种造成生活些许不便的行为。但在本案中，运营商向同一个手机用户发送大量的短信息广告，以致影响了司某手机的正常使用，且生活安宁受到极大干扰，判令运营商赔偿精神抚慰金是适当的。

三、赔礼道歉应与侵害结果相一致

依照社会大众最朴素的理解和认识，所谓赔礼道歉，是指在社会交往过程中对他人利益造成妨碍或损害后，体认到自己行为的不当，向对方表示歉意进而请求对方原谅的一种情感表达行为。《侵权责任法》延续了《民法通则》的规定，将赔礼道歉作为侵权责任承担方式之一种。在司法实践中，请求赔礼道歉的具体方式更为多样，如要求当庭赔礼道歉、书面赔礼道歉、公开赔礼道歉、登报道歉等。至于在具体案件中，应采用何种形式进行赔礼道歉，应给予法官自由裁量权。结合本案，考虑到移动公司的行为给司某带来的损害后果、名誉影响等程度，在侵权造成影响的范围内公开，即侵权人与被侵权人之间书面道歉比较适宜。赔礼道歉功能的发挥在于道歉者的真诚，不必均向社会公开，反之，公开道歉如同罪犯"刺字游行"一般，不仅不能让道歉者产生内疚，反而形成抵触情绪。

（撰稿人：张双召　编辑人：李红伟）

农妇55岁主张误工费也应当支持

【案件疑难点】
　　农村居民误工费计算标准

【案件索引】
　　一审：河南省襄城县人民法院（2014）襄民初字第 34 号民事判决书

【基本案情】
　　原告：王某

　　被告：方某

　　被告：正通公司

　　被告：华安公司

　　2013 年 4 月 8 日 14 时许分，被告方某驾驶豫 KWJ×××号小型轿车自北向南行驶至襄城县麦岭镇西坡方村北段处与骑电动车的原告相撞，造成两车不同程度损坏、原告受伤的交通事故。经襄城县公安交警大队认定，被告方某负该交通事故的全部责任。原告多处受伤，经鉴定原告伤情构成七级伤残。经查被告方某驾驶豫 KWJ×××号小型轿车在被告华安公司投有交强险和商业第三者责任险，豫 KWJ×××号小型轿车车主为被告正通公司。为维护原告的合法权益，特向法院提起诉讼，请求人民法院依法判令：1. 被告赔偿原告医疗费、二次手术费、营养费、住院伙食补助费、误工费、护理费、伤残赔偿金、伤残鉴定费、精神抚慰金、财产损失费、鉴定费、交通费等合计221967. 61 元。2. 诉讼费由被告承担。

　　被告正通公司辩称：肇事车辆豫 KWJ×××号车辆系在我公司购买的分期付款车辆，实际车主是李某。我公司不是实际车主，对事故不存在过错，我公司不应承担赔偿责任。

被告方某辩称：我借用的是李某的车辆，该车辆在被告保险公司投有交强险和商业险，且不计免赔。在此事故中，我共垫付了 67268 元，该款应由保险公司直接赔付给我。

被告华安公司缺席未答辩。

【案件裁判思路及裁判结果】

被告方某驾驶豫 KWJ×××号小型轿车与骑电动车的原告相撞，造成两车不同程度损坏、原告受伤的交通事故。被告方某对该起事故负全部责任，原告王某无责任。该事实有襄城县公安交通警察大队作出的事故认定书为凭，事实清楚，证据确凿，足以认定。现原告要求被告赔偿医疗费、护理费等各种费用，理由正当，应予支持。豫 KWJ×××号小型轿车行车证登记所有人虽是被告正通公司，但该车辆实际车主为案外人李某，被告方某系借用李某的车辆，依据《中华人民共和国侵权责任法》第 49 条之规定：因租赁、借用等情形机动车所有人与使用人不是同一人时，发生交通事故属于该机动车一方责任的，由保险公司在机动车强制保险责任限额范围内予以赔偿。不足部分，由机动车使用人承担赔偿责任；机动车所有人对损害的发生有过错的，承担相应的赔偿责任。故被告方某应对原告承担相应的赔偿责任，被告正通公司不承担赔偿责任。豫 KWJ×××号小型轿车在被告华安公司投有交强险，根据《机动车交通事故责任强制保险条例》第 21 条："被保险机动车发生道路交通事故造成本车人员、被保险人以外的受害人人身伤亡、财产损失的，由保险公司依法在机动车交通事故责任强制保险责任限额范围内予以赔偿。"故被告华安公司应在交强险范围内对原告承担赔偿责任。同时豫 KWJ×××号小型轿车在被告华安公司投有第三者责任保险，根据《中华人民共和国保险法》第 65 条："保险人对责任保险的被保险人给第三者造成的损害，可以依照法律的规定或者合同的约定，直接向该第三者赔偿保险金"的规定，被告华安公司应在第三者责任保险限额内对原告承担赔偿责任。原告的损失共有：1. 医疗费 11000.09 元。被告方某垫支的医疗费 67268 元已予以扣除，该部分垫支款由被告方某与被告华安公司另行解决。2. 误工费，原告系农村户口，虽已满 55 周岁，但其仍需下地务农，故本院支持其误工费，误工时间计算至定残前一天，计210天，按照农、林、牧、渔业20732元/年计算，误工费应为：210天×56.8元/天＝11928元，原告要求误工费11760元，以原告请求为准。3. 护理费，原告住院94天，需二人护理。按照居民服务业和其他服务业25379元/年计算，护理费应为：94天×69.53元/天×2人＝13071.64元。原告要求护理费27580元，超过部分本院不予支持。4. 住院伙食补助费，按照国家机关一般工作人员出差伙食补助标准每天30元计算，应为：94天×30元/天＝2820元。原告要求住院伙食补助费5910元，过高部分本院不予支持。5. 营养费，按每天10元计算应为：94天×10元/天＝940元。原告要求营养费1970元，过高部分本院不予支持。6. 残疾赔偿金，原告七级伤残，按照农村居民人均纯收入7524.94元/年计算应为：7524.94元/年×20年×40%＝60199.52元。7. 二次手术费10000元。8. 伤残鉴定费1200元，车损鉴定费140元，合计1340元。9. 精神抚慰金，考虑到原告的伤残等级及被告的过错责任，本院酌定精神抚慰金20000元。10. 交通费，本院酌定200元。11. 车损2940元。综上原告的各项损失合计为134271.25元。被告华安公司应在交强险医疗费用赔偿限额内赔偿原告医疗费10000元；在伤残赔偿限额内赔偿原告误工费11760元、护理费13071.64元、残疾赔偿金60199.52元、精神抚慰金20000元、交通费200元；在财产损失赔偿限额内赔偿原告车损2000元，以上共计117231.16元。被告华安公司应在第三者责任险中赔偿原告医疗费1000.09元，住院伙食补助费2820元，营养费940元，二次手术费10000元，鉴定费1340元，车损940元，以上合计17040.09元。被告华安公司未到庭参加诉讼系其放弃抗辩权，但并不影响案件的正常审理。判决：

一、被告财险公司于本判决生效后三日内在交强险赔偿限额内赔偿原告王某各项损失117231.16元；在第三者责任险赔偿限额内赔偿原告王某各项损失17040.09元，以上共计134271.25元。

二、驳回原告王某其他诉讼请求。

一审判决后，双方当事人均服判息诉，现判决内容已全部履行完毕。

【案件评析】

一、超过法定退休年龄的人是否应当支持误工费问题

本案中原告系农村户口，女性，发生交通事故时已满 55 周岁，应当支持其误工费，不支持误工费不符合目前的社会实际情况。现今社会，老龄人比例越来越大，人们的寿命也越来越长，农村五六十岁的人还是社会的主要劳动力，尤其在农村，农民又没有退休金，下地劳作的基本上都是老年人，年轻人都外出务工，老年人在家既要看孩子，还要下地干活。故考虑到这一大趋势，认为应当支持原告误工费。只要受害人发生交通事故前身体健康，未满 70 周岁，无论原告是否能提供误工证明，法院都应支持其相应的误工费，这样才比较公平。

二、关于误工费多少的认定问题

在机动车交通事故责任纠纷案件的审判实践中，原告一般都会主张误工费，但多数原告提供不出误工证明或提交的误工方面的证明达不到法律规定的证据要求。法官如何认定误工费多少，才能平衡原告与保险公司之间的利益，是法官面临的又一难题。实践中一般这样做：能提供较为全面系统的误工证明的，法院一般采纳；不能提供误工证明的，是农村户口的，按照农村居民平均收入标准计算误工费，只要受害人符合一般劳动力的条件，即使提交不出误工证明，也应该支持其误工费的请求。

（撰稿人：彭　洋　安静珂　编辑人：王五周）

驾驶人交通违法扣 12 分不属无证驾驶

【案件疑难点】

　　因交通违法行为被扣分达 12 分是否属无证驾驶

【案件索引】

　　一审：河南省鄢陵县人民法院(2013)鄢民二初字第 66 号民事判决书

　　二审：河南省许昌市中级人民法院(2013)许民二终字第 289 号民事判决书

【基本案情】

　　原告(被上诉人)：潘某

　　原告(被上诉人)：万里公司

　　被告(上诉人)：人财公司

　　2011 年 8 月 21 日，原告潘某与原告万里公司签订车辆分期付款买卖合同，合同约定，潘某以分期付款的方式，从万里公司购买"解放"牌拖车(车牌号为：豫 K50×××)及"豫畅"牌挂车(车牌号为：豫 K6×××挂)各一辆，保险费由原告潘某缴纳，在发生保险事故后，万里公司应当协助潘某办理理赔事宜。同年 8 月 29 日，原告万里公司以被保险人的名义，分别为上述车辆在被告人财公司处购买了机动车交通事故责任强制保险，保险期间自 2011 年 8 月 30 日至 2012 年 8 月 29 日，责任限额均为死亡伤残为 110000 元，医疗费用为 10000 元，财产损失 2000 元。2012 年 7 月 28 日 13 时 50 分，原告潘某驾驶上述车辆，在陕西省咸阳市平陵路天龙科技园前发生交通事故，事故造成受害人南西明死亡、电动车受损，另一受害人宇某的两轮摩托车受损及潘某驾驶的车辆受损。该事故经咸阳市交警支队秦都

84

大队出具的道路交通事故认定书认定，潘某负事故的全部责任。该事故发生后，经秦都区法院主持调解，潘某赔偿宇某车辆损失 3419 元，赔偿南西明的家属张淑芳各项损失共计 268000 元，并均已履行完毕。二原告依照保险合同向被告申请理赔时，被告拒绝理赔。为此，现二原告诉至鄢陵县人民法院，要求被告给付保险金 240286.5 元。

被告人财公司辩称：原告潘某驾照被扣 12 分，属无证驾驶情形，依法人财公司不应承担理赔责任。

【案件裁判思路及裁判结果】

原审法院认为，原告潘某系车辆的实际车主，并按照其与万里公司所签订的买卖合同约定，缴纳保险费，虽依照买卖合同及保险合同所显示，万里公司是保险合同的被保险人，但依照二原告之间买卖合同的约定，保险费由原告潘某缴纳，出现保险事故时，万里公司只是协助潘某办理理赔事宜，且在该事故中，潘某将赔偿金支付给受害方，故潘某有权要求被告人财公司给付保险金。被告人财公司辩称，潘某的驾驶证已被扣 12 分，属无证驾驶，保险公司不应理赔。因无证驾驶是指未取得驾驶证，或驾驶证被吊销的情况。潘某的驾驶证在一个计分周期内，因交通违法行为被扣 12 分，但并非未取得驾驶资格，亦未被吊销，故潘某并非无证驾驶，对被告人财公司的该辩称，该院不予采纳。受害人南西明的户口性质为"家庭户"（其身份证号码为：61042119681218××××），且本人长期在城镇工作，故对其收入按城镇居民计算符合本案的实际情况。依照南西明家庭户籍资料所显示，南西明母亲没有其他子女，被告人财公司对此提出异议，认为南西明家庭户籍资料不能证明南西明母亲仅有南西明一个扶养人，但未提供相应证据，对此异议不予采纳。被告人财公司认为，精神抚慰金不属理赔范围，但其并未提供相应的事实和法律依据，对被告人财公司的该项辩称不予采信。原告要求被告人财鄢陵支公司承担责任，没有提供相应证据，不予支持。被告人财公司应给付原告潘某的保险金包括：南西明的死亡赔偿金 220000 元（110000 元×2），医疗费 2400.6 元，南西明及宇某的车辆损失共计 4000 元，上述损失共计 226400.6 元。遂依法判决：一、被告中国人民财产保险股份有限公司许昌市分公司于本判决生效之日起五日内给付原告潘某保险金

226400.6 元；二、驳回原告许昌万里运输集团有限公司及原告潘某的其他诉讼请求。

在一审判决后，被告不服，向许昌市中级人民法院提出上诉。上诉人人财公司诉称，一审判决上诉人赔偿被上诉人潘某保险金226400.6 元适用法律错误。发生交通事故时，被上诉人潘某的驾驶证已被扣满 12 分，根据法律规定潘某在被扣满 12 分后不得驾驶机动车，因此潘某属于无证驾驶人员。同时司法解释规定："驾驶人未取得驾驶资格或者未取得相应驾驶资格的"保险公司在赔偿受害人后享有向侵权人追偿的权利，而本案的被上诉人潘某是侵权人，在无证驾驶的情形下赔偿完受害人后，已丧失向保险公司要求赔偿的权利。总之，请求撤销原判发回重审或改判上诉人不承担赔偿责任。

被上诉人万里公司辩称，上诉人的上诉请求没有任何事实和法律依据，一审判决认定事实清楚，适用法律正确，审判程序合法，请求驳回上诉，维持原判。

许昌中院二审认为，依法成立的合同受法律保护。万里公司在人财公司投保了机动车强制保险，投保车辆在保险期间发生了保险事故，造成了第三者死亡及财产损失，保险公司应当按照约定理赔。人财公司诉称司机潘某驾照被扣满 12 分，是无证驾驶，保险公司不应当理赔。因无证驾驶是指未取得机动车驾驶证，或者机动车驾驶证超过有效期，或者与所持机动车驾驶证载明的准驾车型不符，或者机动车驾驶证被吊销、被暂扣、被扣留、扣押期间驾驶机动车。本案中，虽然事故发生时被上诉人潘某持有的机动车驾驶证在一个记分周期内因交通违法行为被记分达 12 分，但其驾驶证未被交通部门扣留，并非是无证驾驶。故，上诉人关于被上诉人潘某属于无证驾驶，保险公司不应当理赔的主张不能成立，本院不予支持。综上，上诉人的上诉理由不能成立，本院不予采纳。原审判决认定事实清楚，适用法律正确，审判程序合法。依照《中华人民共和国民事诉讼法》第 170 条第 1 款第(1)项之规定，判决如下：驳回上诉，维持原判。

【案件评析】

本案的核心问题是：发生交通事故时，被上诉人潘某驾驶证已被扣满 12 分，潘某是否属于无证驾驶人员。在其赔偿完受害人后，是否已丧失向保险公司要求赔偿的权利。

一、从行政处罚的角度分析

《机动车驾驶证申领和使用规定》第 47 条规定：机动车驾驶人在一个记分周期内累积记分达到 12 分的，应当在 15 日内到机动车驾驶证核发地或者违法行为地公安机关交通管理部门接受为期 7 日的道路交通安全法律、法规和相关知识的教育。机动车驾驶人接受教育后，车辆管理所应当在 20 日内对其进行科目一考试。机动车驾驶人在一个记分周期内两次以上达到 12 分的，车辆管理所还应当在科目一考试合格后 10 日内对其进行科目三考试。

《道路交通安全法》第 24 条规定：公安机关交通管理部门对机动车驾驶人违反道路交通安全法律、法规的行为，除依法给予行政处罚外，实行累积记分制度。公安机关交通管理部门对累积记分达到规定分值的机动车驾驶人，扣留机动车驾驶证，对其进行道路交通安全法律、法规教育，重新考试；考试合格的，发还其机动车驾驶证。对遵守道路交通安全法律、法规，在一年内无累积记分的机动车驾驶人，可以延长机动车驾驶证的审验期。具体办法由国务院公安部门规定。

从相关规定来看，累计积分制度是公安交通管理部门对机动车驾驶人违反道路交通安全法律、法规的行为的一种管理措施，在行政处罚的同时，予以扣分。在累计扣分达 12 分时，应当在 15 日内到机动车驾驶证核发地或者违法行为地公安机关交通管理部门接受为期 7 日的道路交通安全法律、法规和相关知识的教育。但在驾驶人依法未接受相关教育时，驾驶证并不必然产生吊销的法律后果。而无证驾驶是指未取得机动车驾驶证，或者机动车驾驶证超过有效期，或者与所持机动车驾驶证载明的准驾车型不符，或者机动车驾驶证被吊销、被暂扣、被扣留、扣押期间驾驶机动车。也就是说，驾驶人累计扣分达 12 分，还未接受教育的情况下，以及公安交通管理部门未依法扣留驾驶证的情况下驾驶人持有的驾驶证还是合法的。

二、从保险合同约定分析

保险合同是保险公司与投保人约定双方权利义务关系的协议，在符合法律规定的情况下，对双方当事人具有约束力，双方应当按合同约定履行义务。投保人在履行赔偿义务后，有权依据保险合同的约定请求保险公司支付赔偿金。现实中保险合同一般约定驾驶人无证驾驶造成交通事故是保险公司的免责事由，但本案中，驾驶人并非属于无证驾驶，本案的情形也不属于合同约定的类型，即保险公司也无权依据合同约定免除赔偿责任。

（撰稿人：崔　君　编辑人：王五周）

困难父亲无法定义务供养成年大学生

【案件疑难点】

　　成年子女是否有权请求父母支付高等教育费用

【案件索引】

　　一审：河南省禹州市人民法院(2012)禹民一初字第 2511 号民事判决书

【基本案情】

　　原告：胡某甲

　　委托代理人：白某(系原告胡某甲之母)

　　被告：胡某乙(系原告胡某甲之父)

　　胡某甲出生于 1992 年 4 月 3 日，父母离婚后，随母亲生活，被告从未履行责任，禹民初字第 236 号民事判决书判决被告每月支付抚育费 156 元至其 18 岁为止。2012 年，原告被郑州大学(软件学院)录取。因学费过高，原告向被告讨要教育费用，被告拒付。原告遂向法院起诉要求法院判决被告支付其大学期间学费、生活费的一半，合计每年 15000 元，于每年开学之前支付。

　　被告胡某乙辩称：胡某甲年满 18 周岁，高中毕业，其已尽到所有抚养义务。大学期间的学费和生活费其无义务供给，这于法无据。但被告已给他学费生活费 5000 元，原告应撤回诉讼。被告是市卫生监督所的职工，在职期间每月工资仅 2137 元，因心脏病手术后心功能三级在家休养，加上还有一个 9 岁的儿子需要抚养，给他 5000 元已尽了最大努力。请求法院依法驳回原告的诉讼请求，责令原告向被告道歉并尽定期探望的义务。

【案件裁判思路及裁判结果】

禹州市人民法院审理后认为：依照《中华人民共和国婚姻法》第21条："父母对子女有抚养教育的义务；父母不履行抚养义务时，未成年的或不能独立生活的子女，有要求父母付给抚养费的权利。"《最高人民法院关于适用〈中华人民共和国婚姻法〉若干问题的解释(一)》第20条："婚姻法第21条规定的'不能独立生活的子女'，是指尚在校接受高中及其以下学历教育，或者丧失或未完全丧失劳动能力等非因主观原因而无法维持正常生活的成年子女"；本案原告已年满18周岁，不属于我国婚姻法规定可以请求父母给付抚养费的范围。因此，原告要求被告给付抚养费的请求，依法不予支持。判决如下：驳回原告胡某甲的诉讼请求。

【案件评析】

一、《婚姻法》及其解释中有关抚养费范围的规定

《最高人民法院关于适用〈中华人民共和国婚姻法〉若干问题的解释(一)》第21条规定："抚养费"，包括子女生活费、教育费、医疗费等费用。故未成年子女成长所必需的费用都属抚养费的内容，那种只承担生活费和学费的看法是错误的，且婚姻法第37条规定，一方抚养的子女，另一方应负担必要的生活费和教育费的一部分或全部。根据该条的规定，子女的教育费用应当属于抚养费的范围，父母应当给予。但是该条规定的抚养费仅限于未成年子女，对于成年子女则没有规定父母给予的义务。本案中，胡某甲在起诉其父要求给付学费、生活费时，已经年满了18周岁，属于成年人，因此，父母没有了法定的抚养义务，并没有支付抚养费的法定义务。

二、成年子女请求父母支付高等教育费用的处理

新《婚姻法》第21条规定，"父母对子女有抚养教育的义务；父母不履行抚养义务时，未成年的或不能独立生活的子女，有要求父母付给抚养费的权利"。从该规定中可以看出，对于成年子女父母是否

有给付抚养费的义务，首先应当确定该成年子女是否属于"不能独立生活的子女"的范围。《最高人民法院关于适用〈中华人民共和国婚姻法〉若干问题的解释（一）》第20条：婚姻法第21条规定的"不能独立生活的子女"，是指尚在校接受高中及其以下学历教育，或者丧失或未完全丧失劳动能力等非因主观原因而无法维持正常生活的成年子女。

从该司法解释中可以看出，该条是针对成年子女作出的专门规定，但是此处的"成年子女"有严格的限定，从这条可以总结出我国抚养费的给付范围是成年子女在接受高中及其以下学历教育的教育费用和必要费用、丧失劳动能力的成年子女的维持正常生活的费用、未完全丧失劳动能力的成年子女维持正常生活的费用。也就是说，包括本科在内的高等教育被排除在教育费用之外，而父母对成年子女的抚养，也不再是一种法定义务，而是一种可以由父母选择行使与否、与子女达成教育费协议所产生的约定义务。在我国，传统亲权观念较为浓厚，很多父母在子女成年以后甚至独立生活之后仍然会对子女给予一定的经济帮助，但是这种帮助是基于父母与子女两者之间的身份关系，在父母有经济能力的前提下所进行的，而且是父母自愿提供的行为。因此，对于成年子女请求父母支付高等教育费用的问题，不应当"一刀切"地看待，在父母经济状况较为良好，而且又自愿提供费用的情况下，子女和父母可以就该项费用达成协议。但是在父母没有经济能力进行帮助，或者是父母不愿进行帮助的情况下，能够独立生活的成年子女无权请求强制父母给予经济上的帮助，这种经济上的帮助是一种道德意义上的帮助，并非父母的法定义务。本案中，原告胡某甲已经年满20周岁，不仅不属于未成年人，而且也不属于"不能独立生活的"的成年人，其父胡某乙在经济上亦不宽裕，新组成的家庭中尚有未成年子女需要抚养，而且其本人在意愿上并不自愿提供帮助，因此，胡某甲的诉讼请求得不到法院的支持。

（撰稿人：袁丹丹　编辑人：吴　涛）

离婚纠纷中无明确产权不动产
不得判决分配

【案件疑难点】
　　夫妻共同财产中的不动产无产权证，离婚时能否进行分配

【案件索引】
　　一审：河南省襄城县人民法院（2013）襄民初字第 14044 号民事判决书

【基本案情】
　　原告：张某甲

　　被告：张某乙

　　原、被告于 1992 年 6 月 18 日登记结婚，1994 年 8 月 4 日生一子取名张某丙，现读高中。其后双方感情出现裂痕。被告张某乙于 2010 年向本院起诉要求与张某甲离婚。本院判决不准离婚。双方有位于平顶山市卫东区东安路金景花园小区的共有房屋一套；共同存款 16 万元；欠湛北乡信用社 14 万元贷款本金及利息的共同债务。平顶山市湛北乡政府对面建造门面房两层共八间，该座门面房没有办理土地使用证和房屋所有权证。

　　2013 年 9 月 12 日，原告张某甲向本院起诉，要求与被告张某乙离婚，并分割以上财产。

　　被告辩称，同意和原告离婚，平顶山市卫东区房屋已抵账转让给案外人白梅兰，不能再作为夫妻共同财产进行分割。存款已经还给银行，如果原告要求被告分担所欠湛北乡信用社 14 万元贷款本金及利息的共同债务，被告要求分割位于湛北乡的 8 间门面房。

【案件裁判思路及裁判结果】

襄城县人民法院审理后认为：夫妻之间应互谅互让，相互关心，相互信任，以建立和睦的家庭关系。原、被告之间遇到矛盾不能妥善处理，原告要求离婚，被告同意离婚，经本院主持调解，双方已无和好可能，其夫妻感情确已破裂，应准许原、被告离婚。

关于原告请求的分割位于平顶山市卫东区东安路金景花园小区的共有房屋一套的问题，因被告张某乙称该房屋已抵账转让给案外人白梅兰，原告张某甲对被告张某乙与白梅兰以房屋抵账的事实不予认可，原、被告关于该套房屋的争议涉及案外人，原、被告可就该套房屋另行解决。

关于被告主张的分割位于湛北乡政府对面的两层八间门面房的问题，依据最高人民法院关于适用《中华人民共和国婚姻法》若干问题的解释(二)第 21 条之规定，因该座门面房未办理房屋所有权证，尚未取得完全所有权，待取得完全所有权后，原、被告可另行解决。

关于原、被告共同生活期间所欠的襄城县农村信用合作联社的借款本金 14 万元及利息，该借款事实被告张某乙也认可系夫妻共同债务，已经本院判决，故该笔借款的承担可在执行程序中依法予以解决。

关于原告主张的平均分割双方的共同存款，尚余 16 万元，应视为夫妻共同财产。鉴于其子随被告张某乙生活且自 2010 年至今一直在高中学习，依照《中华人民共和国婚姻法》若干问题的解释（一）第 20 条之规定：婚姻法第二十一条规定的"不能独立生活的子女"是指尚在校接受高中及其以下学历教育，或者丧失或未完全丧失劳动能力等非主观原因而无法维持正常生活的成年子女。故对上述时间的生活消费酌定 3 万元，剩余 13 万元按夫妻共同财产予以分割，被告应支付原告 6.5 万元。

综上，依据《中华人民共和国婚姻法》第 32 条、第 41 条、判决如下：

一、准予原告张某甲与被告张某乙离婚。

二、被告张某乙于本判决生效后十日内向原告张某甲支付现金 6.5 万元。

如果未按本判决指定的期间履行给付金钱义务，应当依照《中华人民共和国民事诉讼法》第253条之规定，加倍支付迟延履行期间的债务利息。

【案件评析】

夫妻共同财产中的不动产无产权证，离婚时不能进行分配。

本案中，原、被告均认可位于湛北乡政府对面的两层八间门面房系双方婚后共同所建，是否能认定夫妻共同财产进行分配。我们认为即便双方均认可系婚后共同财产，但该门面房未办理房屋所有权证，也不能进行分配。因为，没有房屋产权证，可能存在系家庭共同所有的情形，也可能存在进行转让等情形。因此，应依据最高人民法院关于适用《中华人民共和国婚姻法》若干问题的解释（二）第21条之规定：离婚时双方尚未取得所有权或者尚未取得完全所有权的房屋有争议且协商不成的，人民法院不宜判决房屋所有权的归属，应当根据实际情况判决由当事人使用。当事人就前款规定的房屋取得完全所有权后，有争议的，可另行向人民法院提起诉讼。因该座门面房未办理房屋所有权证，尚未取得完全所有权，待取得完全所有权后，原、被告可另行解决。

（撰稿人：彭　洋　岳豪远　编辑人：唐战立）

利害关系人做见证人的代书遗嘱无效

【案件疑难点】

已经送养出去的子女能否继承遗产

委托书是否可作为代书遗嘱

继承人先于被继承人死亡，遗产如何继承

【案件索引】

一审：河南省禹州市人民法院（2012）禹民一初字第 4322 号民事判决书

二审：河南省许昌市中级人民法院（2013）许民二终字第 163 号民事判决书

再审：河南省许昌市中级人民法院（2014）许民申字第 16 号民事裁定

【基本案情】

原告：王某、王某甲、王某乙、吴某、王某丙、王某丁、王某戊

被告：王某己、王某庚

王某辛和前妻生育四个子女王某壬、王某、王某丙、吴某。王某辛前妻去世后，因家庭困难，吴某送人收养。后王某辛与程某结婚，王某壬、王某、王某丙随其生活。王某辛与程某生育四个子女王某己、王某庚、王某丁、王某戊。1992 年建成楼房三层，其中一层 8 间门面房。王某辛于 2000 年农历 1 月 28 日去世。后程某在其娘家，由其侄子程某甲执笔书写"委托书"一份，内容为：我程某特委托我娘家侄程某甲、程某乙为我的遗嘱委托人。1. 我百年以后，我的一切财产、房产由王某己、王某庚继承。2. 等我百年以后，由王某庚、王某己给我爹娘、哥嫂各立一座碑。立遗嘱人程某指印（程某甲代签

95

名），委托人程某甲、程某乙指印（程某甲代签名）。日期2001年4月2日，农历2001年3月初9日。程某于2002年11月28日去世。一楼8间门面房2005年至2011年9月的房租由王某负责收取，并在王某壬、王某、王某己、王某庚四人中分配。王某己、王某庚自认2011年10月至2014年9月房租96万元，由王某己和王某庚家收取。王某壬于2011年7月4日去世，去世前订立"协议书"，其遗产由其女儿王某甲、王某乙继承。经河南博达房地产评估咨询有限公司鉴定，提交的豫博房估字（2012）第A090号房地产估价报告，该楼房总价值5039055元，具体价值明细表和测绘图（附后）。原告王某、王某甲、王某乙为鉴定支出费用41221元。

原告王某、王某甲、王某乙于2011年10月11日向法院起诉，要求对王某辛、程某遗留房产进行分割继承，对2011年以来2年房租64万元及遗产存款分得应得份额。法院审查后，依法通知吴某、王某丙、王某丁、王某戊作为原告参加诉讼。

原告吴某诉称，我在1岁时，母亲病故，奶奶年迈，家庭困难，父亲在没办法照顾的情况下，把我托人抚养。但父亲从没有忘记我，在小妹5岁时，父亲就领我到他身边，我们经常往来，父亲生日我到现场，父亲有病我去看望，父亲病故我参加了葬礼，母亲迁坟我到了现场。1992年3月15日盖楼房我参与出资，楼房全部镀锌管全部是我一人提供。我应得到父亲房屋遗产中属于我的那份房产和财产。

原告王某丙、王某丁、王某戊诉称，我们依照法律规定继承父母的遗产。

被告王某己、王某庚辩称，被告和王某及王某甲、王某乙之父王某壬系同父异母兄弟，父亲王某辛去世后，王某、王某壬对母亲很少过问。2002年11月28日母亲病故，原被告和睦相处，大家都没有提及分割父母留下的房产一事，房产也由王某庚管理，2009年因王某庚去了北京，才临时委托王某管理。王某辛去世，遗产继承开始，应按《中华人民共和国继承法》有关规定以及程某生前所立遗嘱进行分割。

【案件裁判思路及裁判结果】

禹州市人民法院认为，王某辛与程某结婚后，王某壬、王某、王某丙随其生活，形成抚养关系，可以作为程某的继承人继承程某的财产。吴某自幼送人收养，已形成事实上的收养关系，其后对其父亲的看望和帮助，不影响收养关系的成立，吴某不能继承生父王某辛的遗产。对遗产的分配，本照着有利于生活、减少矛盾、不影响遗产的使用功能的原则，对遗产进行分割。依照我国继承法的规定，本案被继承人王某辛、程某的第一顺序继承人共七人，应当均等分配被继承人的遗产。经鉴定遗产价值5039055元，每人719865元。原告王某、王某甲、王某乙请求对房屋进行分配，不影响房屋的使用功能，应予支持。考虑到王某丙与原告王某、王某甲、王某乙的关系，相对集中分配的要求予以支持。考虑到二楼是框架结构，王某庚进行了添附，并实际使用的情况，进行适当划分。关于房租的分配问题。原告王某、王某甲、王某乙要求对王某己、王某庚已收取占有的2011年10月至2013年9月的房租64万元进行分配，对被告并无不利，考虑到2013年10月至2014年9月的租赁合同尚未履行的实际情况，本院予以支持。王某己、王某庚应按七等份将自己收取的租金支付给其他继承人。判决：

一、一楼门面房从西到东按测绘平面图标号依次由王某乙、王某甲分得101铺、102铺、王某分得103铺、王某丙分得104铺、王某丁分得105铺、王某戊分得106铺、王某己分得107铺、王某庚分得108铺。

二、二楼以楼梯西边向南作直线，202号和203号东归王某庚所有，201号和203号西归王某己所有。

三、三楼依测绘平面图标号，从西向东依次为王某甲、王某乙分得315、314、301号；王某分得313、302、303号；王某丙分得312、311号；王某丁分得310、309、305号；王某戊分得306、307、308号。

四、上述一、二、三项价值折抵后，王某甲、王某乙支付王某丙110641元，王某庚支付王某丙60663元；王某己支付王某丁106797元，支付王某戊18181元，支付王某14414元；王某庚支付王某

129260 元。内外楼梯、三楼厕所(304 号)及测绘公用部分共用。

五、王某己、王某庚支付王某、王某丙、王某戊、王某丁房租每人 91428.57 元,支付王某乙、王某甲房租 91428.57 元。

六、以上各项于本判决生效后十五日内交割完毕。

本案受理费 50800 元,财产保全费 2720 元,鉴定费 41221 元,共计 94741 元。原告王某、王某甲、王某乙承担 25148.84 元,王某丙承担 12574.42 元,王某戊承担 12574.42 元,王某丁承担 12574.42 元,王某己承担 15934.42 元,王某庚承担 15934.42 元。原告王某、王某甲、王某乙已预交 63321 元,扣除应当承担的 25148.84 元,下余 38172.16 元,由王某己、王某庚各支付原告王某、王某甲、王某乙 15934.42 元,王某丙支付原告王某、王某甲、王某乙 6303.32 元,其余当事人应承担的诉讼费直接向法院交纳。

一审判决后,二被告上诉称,"委托书"是遗嘱,且合法有效,一审对遗产分配不公。

二审认为,"委托书"形式上属代书遗嘱,但见证人与继承人有利害关系,不符合代书遗嘱的构成要件,为无效遗嘱。本案应适用法定继承。原判认定事实清楚,适用法律正确,判决:

驳回上诉,维持原判。

判决生效后,二被告仍不服,向许昌市中级人民法院申请再审,称一、二审认定遗嘱见证人与继承人有利害关系,不符合本案事实,违反法律规定;对诉争的遗产的装修、添附价值没有从遗产中扣除,认定事实有误,违反了相关法律规定,请求撤销一、二审判决,驳回原告的诉讼请求。

再审认为,代书人、见证人与再审申请人系表兄弟关系,与本案有利害关系,原一、二审不予认定符合相关规定。对于遗产的添附、装修部分,因申请人在一审中对遗产的评估鉴定意见未提出异议,其可与其他继承人协商解决或另案处理。再审申请人的申请不符合法律规定,裁定:

驳回再审申请人王某己、王某庚的再审申请。

【案件评析】

一、案件中继承人界定

首先，继子女与继父母之间的权利义务关系。这取决于他们之间是否具有相互抚养、赡养关系。如果继父母与继子女间形成了扶养、赡养关系，不论是继父母抚养了继子女，还是继子女赡养了继父母，就是有了扶养关系，根据《继承法》第 9 条、第 10 条规定，就能够相互继承遗产了。这里的扶养关系，既包括经济上的扶助，也包括生活上的照顾。如果继父母子女之间没有这种扶养关系，那么他们之间只是单纯的姻亲关系，彼此之间不能相互继承遗产。

其次，养子女与亲生父母之间的权利义务关系。《收养法》第 22 条规定，自收养关系成立之日起，养父母与养子女间的权利义务关系，适用法律关于父母子女关系的规定；养子女与养父母的近亲属间的权利义务关系，适用法律关于子女与父母的近亲属关系的规定。养子女与生父母及其他近亲属间的权利义务关系，因收养关系的成立而消除。因此，在养子女与养父母之间的收养关系没有解除时，养子女与亲生父母之间不存在互相之间的权利义务关系，养子女与生父母之间也就不存在相互的继承与被继承关系。最高人民法院《关于贯彻执行〈中华人民共和国继承法〉若干问题的意见》第 19 条规定，被收养人对养父母尽了赡养义务，同时又对生父母扶养较多的，除可依继承法第 10 条的规定继承养父母的遗产外，还可依继承法第 14 条的规定分得生父母的适当的遗产。本案中，吴某没有提供其对亲生父母扶养的证据，故其不能继承亲生父亲王某辛的遗产。

二、委托书是否可作为代书遗嘱

继承法第 17 条第 3 款规定：代书遗嘱应当有两个以上见证人在场见证，由其中一人代书，注明年、月、日，并由代书人、其他见证人和遗嘱人签名。继承法第 18 条规定：下列人员不能作为遗嘱见证人：……(3)与继承人、受遗赠人有利害关系的人。

就"委托书"的内容来看，确实包括程某处分财产的意思表示，与代书遗嘱最为相似。但是该"委托书"是由程某甲书写并代程某和程某乙签名，违反了我国继承法关于代书遗嘱需要见证人、遗嘱人签名的规定，且该"委托书"给继承人王某己、王某庚设定了给见证人程某甲、程某乙的父母立碑的义务，见证人与继承人的该项义务有利害关系，违反了我国继承法关于与继承人有利害关系的人不能作为遗嘱见证人的规定，该"委托书"不符合代书遗嘱的要件，为无效。"委托书"中涉及程某的财产按照法定继承处理。

三、子女先于父母死亡的，父母遗产怎么继承

对于王某壬的继承。因王某壬是在父亲王某辛去世后，程某去世前死亡的，这之间产生了转继承和代位继承的情况。即王某壬的女儿与先其父去世的王某辛之间的转继承和与后其父去世的程某之间的代位继承。因此作为王某壬的女儿王某甲、王某乙，可在其父亲应继承的遗产范围内直接参与遗产分配。

（撰稿人：张惠君　王俊友　编辑人：唐战立）

两车相遇未碰撞至伤也应当
承担相应赔偿责任

【案件疑难点】
    交通事故中两车未碰撞造成一方伤害的是否要赔偿

【案件索引】
    一审：河南省襄城县人民法院（2012）襄民初字第 18 号民事判决书

    二审：河南省许昌市中级人民法院（2012）许民三终字第 287 号民事判决书

【基本案情】
原告：李某

原告：张某

被告：贺某

被告：襄城县远征驾驶员培训学校

    被告贺某系被告远征驾校教练，2010 年 10 月 21 日 13 时驾驶豫 K7×××学轻型货车在送学员回家途中由南向北行驶至襄城县紫云镇张村与大庙李路口处左转弯时与李某驾驶的电动三轮摩托车由西向东右转弯时相遇，李某驾驶的电动三轮车发生侧翻，造成李某及其女儿张某受伤。事故发生后，二原告被送往襄城县第二人民医院及襄城县人民医院治疗，襄城县公安交警大队委托河南公专司法鉴定中心对两车是否接触进行鉴定，经模拟实验电动车左侧形成的擦划痕迹在高度、角度、位置与皮卡车左侧相关部位不能吻合，2010 年 11 月 10 日河南公专司法鉴定中心出具豫公专司鉴中心［2010］痕鉴第 0081 号鉴定意见书，鉴定意见为：豫 K7×××号学皮卡车与百事发电动三轮车车体上未出现相互接触形成的痕迹。为此，2010 年 11 月 16 日襄城县公安交警大队作出公交证字第[2010]第 01021 号道路交通事故证明书，无法查证该事故事实。许昌泰安法医临床司法鉴定所作出许泰法医所(2011)临鉴字第 165 号伤残评定意见书，鉴定意见为：李某左胸 4 肋骨骨折伤残登记为Ⅹ级、右肩关节功能障碍伤残登记为Ⅹ级、脊柱损伤致四胸椎骨折及椎体滑脱伤残登记为Ⅷ级。

据此，原告李某、张某请求二被告连带赔偿二原告医疗费、误工费、护理费、住院伙食补助费、营养费、残疾赔偿金、精神抚慰金、交通费，共计 163404.49 元，诉讼费由二被告承担。

被告贺某辩称：2010 年 10 月 21 日，我驾驶豫 K7×××号轻型货车在襄城县大庙李出村路口由南向北向张村方向行驶，左转弯后听到响声下车看到一个小女孩，周围的人不让我走，我属于热心救人，原告的伤害跟我没有关系。

被告远征驾校辩称：同意被告贺某的答辩意见，我们是热心救人，原告的损害不排除是由其他原因造成的，远征驾校与原告方的损害没有因果关系，不应承担原告的损害赔偿责任。

【案件裁判思路及裁判结果】

襄城县法院经审理后认为：关于被告的驾驶行为与二原告所受伤害是否具有因果关系。本案在审理过程中，原告申请本院调取了交警部门调处本起事故的处理卷宗。经河南公专司法鉴定中心出具豫公专司鉴中心[2010]痕鉴第 0081 号鉴定意见书，鉴定意见为：豫 K7×××号学皮卡车与百事发电动三轮车车体上未出现相互接触形成的痕迹，由此可得知，行为人对此次交通事故的发生均没有过错，受害人与豫 K7×××号学皮卡车驾驶员贺某在驾驶时的主观心理状态均无故意或过失，其驾驶行为也均无过错，均不具有可归责性，从双方当事人提供的证据看此次事故也不是有过错的第三方当事人引起，依照《中华人民共和国侵权责任法》第 24 条的规定，受害人和行为人对损害的发生都没有过错的，可以根据实际情况，由双方分担责任，据此，此次事故造成的损害，应由双方当事人分担。

根据《中华人民共和国侵权责任法》规定，侵害他人造成人身损害的，应当赔偿医疗费、护理费、交通费等为治疗和康复支出的合理费用，以及因误工减少的收入，造成残疾的，还应当赔偿残疾赔偿金。侵害他人人身权益，造成他人严重精神损害的，被侵权人可以请求精神损害赔偿。原告李某及其女儿张某在事故中受伤，有获得赔偿医疗费、误工费、护理费、营养费、交通费、鉴定费、残疾赔偿金、精神抚慰金等损失的权利，据此原告各项诉请均具有法律依据。上述共计102510.05元。结合本案实际情况，综合双方当事人对家庭、社会的经济负担能力，行为人的情节、损失大小、影响程度，根据诚信、互助的公平理念，本院酌定被告贺某在40000元范围内承担赔偿责任，促使三方当事人在以后的行为时提高注意力以减轻危险的发生。本案被告贺某系远征驾校教练，依照《中华人民共和国侵权责任法》第34条的规定，用人单位的工作人员因执行工作任务造成他人损害的，由用人单位承担侵权责任。被告贺某作为被告远征驾校雇佣教练在此次交通事故中所负责任应由远征驾校承担相应赔偿义务。综上所述，依照《中华人民共和国侵权责任法》第24条、第34条、《最高人民法院关于审理人身损害赔偿案件适用法律若干问题的解释》第17条、第19条、第20条、第21条、第22条、第23条、第24条、第25条、《中华人民共和国民事诉讼法》第64条之规定，判决如下：

一、被告襄城县远征驾驶员培训学校于本判决生效后十日内赔偿原告李某、张某医疗费、误工费、护理费、营养费、交通费、鉴定费、残疾赔偿金等共计40000元。

二、驳回原告李某、张某其他诉讼请求。

一审宣判后，襄城县远征驾驶员培训学校不服，提起上诉。河南省许昌市中级人民法院2012年11月28日作出(2012)许民三终字第287号民事判决，驳回上诉，维持原判。

二审判决书送达后，被告主动履行了判决书项下义务。

【案件评析】

结合本案中的交通事故分析，电动三轮车发生侧翻可能是因两车转弯时均未看到对方，两车相距过近，导致电动三轮车驾驶过于紧张导致侧翻。河南公专司法鉴定中心作出的鉴定意见为：豫K7×××号学皮卡车与百事发电动三轮车车体上未出现相互接触形成的痕迹。交警部门出具事故认定书，认定事故责任无法查清，从庭审情况得知，事发时只有由豫 K7×××号学皮卡车和原告驾驶的电动三轮车，再无其他车辆经过，由此可以排除该事故是有过错的第三方当事人引起，因此，应属于因意外情况造成的损害，双方行为人对此次交通事故的发生均没有过错，受害人与豫 K7×××号学皮卡车驾驶员贺某在驾驶时的主观心理状态均无故意或过失，其驾驶行为也均无过错，均不具有可归责性可以适用公平分担损失原则。综合分析车辆冲撞危险性的大小、危险回避能力、安全注意义务的程度等因素、分配交通事故的损害后果。依照《中华人民共和国侵权责任法》第 24 条的规定，受害人和行为人对损害的发生都没有过错的，可以根据实际情况，由双方分担责任，据此，此次事故造成的损害，应由双方当事人分担。结合本案实际情况，综合双方当事人对家庭、社会的经济负担能力，行为人的情节、损失大小、影响程度，根据诚信、互助的公平理念，酌定被告贺某在 40000 元范围内承担赔偿责任，促使双方当事人在以后的行为时提高注意力以减轻危险的发生。

在审判实践中，充分考虑该原则，是必要的，符合社会公众的一般期待和合理预期。但要注意：1. 适用公平原则不是各打 50 大板，应结合考虑侵权人的经济条件、受害人的经济条件及受害人直接的损失。并且，公平原则的适用侵权责任法采用的是"可以"，而不是"应当"，也就是说，非受害人方自身经济条件非常困难，或受害人的损失显著轻微时，可以考虑由经济条件较好的受害人自行承担损失，这样可以对将来可能出现的类似情况加以指引，避免受害人轻易提起诉讼，为了所谓"公平"而引发更大的"不公平"，违背侵权责任法的维护社会和谐稳定的立法原则。2. 对侵权损害赔偿法律关系的归责原则法律已经明文规定适用过错责任原则、过错推定责任原则、无过错责任原则的不得适用公平责任负担规则。例如对监护人承担的替代责任适用的是过错推定责任原则，对饲养动物(一般动物)侵权责任纠纷适用的是无过错责任原则。只有在法律没有规定适用上述三种归责原则，受害人和行为人都没有过错的前提下的那一部分损害赔偿法律关系才能适用公平责任负担规则。例如义务帮工等情形。

（撰稿人：李　欢　编辑人：唐战立）

轮辋爆炸致修车工伤害谁赔偿

【案件疑难点】

车辆在"道路"行驶与"交通事故"认定

【案件索引】

一审：河南省襄城县人民法院（2011）襄民初字第 172 号民事
判决

【基本案情】

原告：巩某

被告：A 公司

被告：罗某

被告：人寿公司

2011 年 1 月 22 日夜 1 时许，被告罗某驾驶豫 K78×××号福田
牌货车运送沙石，在行驶途中，货车右后轮不明原因摩擦钢板，被告
罗某将车开至襄城县山头店乡寺门村许南路沿线原告巩某开设的汽车
配件零售部门前，将正在睡觉的原告巩某喊醒为其检修车辆，在检修
过程中，原告巩某用风炮拧螺丝把轮胎卸掉，在螺丝最后一颗被风炮
松动后右后车轮爆炸，将原告炸伤。当晚，原告被送往襄城县人民医
院住院治疗，2011 年 3 月 2 日出院。原告的伤情经诊断为：（1）腰椎
体爆裂骨折并不完全截瘫；（2）右胸第 5 肋骨骨折；（3）右侧脚跟部
皮肤裂伤；（4）胸部、双膝部组织损伤，需二级护理。原告于 2011
年 3 月 2 日出院，其间共花医疗费 24826.46 元。经许昌重信法医临
床司法鉴定所司法鉴定，原告巩某右下肢单瘫肌力 IV 级伤残等级评
定为七级伤残，腰 2 椎体爆裂骨折伤残等级评定为九级伤残。

豫 K78×××号福田牌重型自卸货车登记车主为被告 A 公司。

2010 年 5 月 15 日，A 公司与罗某签订分期付款购车合同，合同约定罗某向 A 公司首付车款 86000 元，下余款项自 2010 年 5 月 15 日至 2012 年 5 月 14 日每月等额还款本息为 5713.88 元，罗某在未付清车款本息和垫付的其他税费前，A 公司保留所有权，车辆登记在 A 公司名下。A 公司为豫 K78×××号福田牌重型自卸货车在人寿公司投保有机动车交通事故责任强制保险及保险金额为 50 万元的第三者责任保险，保险期限均为 2010 年 5 月 11 日零时起至 2011 年 5 月 10 日 24 时止。

原告巩某与其妻卢某婚后生育二子，长子巩某甲，生于 1999 年 10 月 1 日，次子巩某乙，生于 2000 年 10 月 4 日。

原告申请对豫 K78×××号福田牌重型自卸货车的右后车轮在检查过程中内轮爆炸的原因进行鉴定，本院委托河南科技咨询司法鉴定中心进行鉴定，鉴定意见为：豫 K78×××号福田牌重型自卸货车右后车轮的内轮辋确实存在爆炸，且崩裂程度严重；豫 K78×××号福田牌重型自卸货车严重超载是导致右后轮辋在检查过程中内轮辋爆炸的根本原因，与其产品质量没有关联。

原告要求三被告赔偿原告医疗费 24826.46 元、住院伙食补助费 1365 元、营养费 390 元、交通费 1000 元、护理费 2397.33 元、伤残赔偿金 160114.24 元、精神抚慰金 50000 元、误工费 25694.46 元、被抚养人生活费 29854 元、鉴定费 17513 元、财产损失 6335 元、二次手术费 24826.46 元，共计 344316.08 元。被告罗某已支付原告巩某 1100 元。

被告 A 公司辩称自己仅仅是所有权保留，不是挂靠，所以不应当赔偿责任。

被告保险公司辩称本案事故不属于道路交通事故，不应当赔偿。

被告罗某辩称自己所开车辆已经投保，应当由保险公司赔偿。

【案件裁判思路及裁判结果】

襄城县人民法院审理后认为：本案事故发生的时间是在车辆行驶至目的地的过程中，应视为车辆在行驶过程中；本案事故的地点是机动车和行人可以自由通行的公路沿线原告汽车配件零售部前，符合道路交通安全法"道路"的范围。检修是为了保证机动车正常行驶的需要，该行为并未脱离"道路"及"行驶过程中"而独立存在，是行驶过程不可分割的整体，该行为发生致使原告受伤的事故属交通事故性质。保险公司辩称本案事故不属于道路交通事故的主张，不予支持。

本案事故的发生根本原因系豫 K78×××号货车严重超载，《道路交通安全法》第 48 条规定，"机动车载物应当符合核定的载重量，严禁超载"。该案中，被告罗某违反机动车载重的相关规定严重超载行驶，将存在严重安全隐患的车辆交给原告，指示其检修，造成原告受伤，被告罗某对该事故的发生负主要责任，应承担 60% 的责任，在对该车检修中，原告操作失当也是该事故另一原因，原告对该事故的发生负次要责任，应承担 40% 的责任。

原告与被告罗某之间存在承揽合同关系，但本案存在合同之诉与侵权之诉的竞合，现原告提起侵权之诉，法院应尊重原告的程序选择权。

原告在该事故中造成的损失有：医疗费 24826.46 元；住院伙食补助费：住院 39 天，每天 30 元共计 1170 元（39×30）；营养费：每天 10 元共计 390 元（39×10）；交通费：根据原告伤情及住院地点本院酌定 500 元；护理费：原告住院 39 天，2011 年河南省城镇居民人均纯收入 18194.80 元/年，城镇居民人均消费性支出为 12336.47 元/年，居民服务业和其他服务业 22438 元/年，按照一人护理计算为 2397.48 元（22438÷365×1×39），精神抚慰金：根据原告的伤残程度及在该事故中的责任，酌定为 20000 元；误工费：原告受伤至伤残评定前共 418 天，25694.46 元（22438÷365×418）；伤残赔偿金：原告为城市户口按城市标准，一处七级伤残、一处九级伤残，计算为 152836.32 元（18194.80×20×42%）；被抚养人生活费：巩某乙 12953.29 元（12336.47×5×42%÷2）、巩某甲 15543.95 元（12336.47×6×42%÷2），共计 28497.24 元。根据《最高人民法院关于适用〈中华人民共和国侵权责任法〉若干问题的通知》[法发（2010）23 号]第 4 条的精神，将被抚养人生活费计入残疾赔偿金，故原告的残疾赔偿金共计 181323.56 元，原告为鉴定事故原因及伤残等级共支出鉴定费 17513 元，以上费用共计 273824.96 元。减去被告罗某已支付的 1100 元，下余 272724.96 元。

被告人寿公司应在交强险医疗费用赔偿限额内赔偿原告医疗费10000元，在交强险死亡伤残赔偿限额内赔偿原告伤残赔偿金110000元。下余152724.96元，因被告罗某负60%的责任为91635元，应由被告人寿公司在第三者责任险赔偿限额内赔偿原告91635元。原告请求的二次手术费用没有发生且没有证据佐证，本院不予支出，待实际发生后另行主张，原告仅依据手机发票、汽车修配清单，而没有提供证据证明该财物损失是在本次事故中发生的，原告请求的财产损失证据不足，本院不予支持。被告A公司系豫K78×××号货车分期付款的销售方，在本次事故中无故意或过失，对该事故不负赔偿责任。判决：被告中国人寿财产保险股份有限公司许昌市中心支公司在交强险医疗费用赔偿限额内赔偿原告巩某医疗费10000元、伤残赔偿金110000元，在第三者责任保险赔偿限额内赔偿原告巩某91635元；驳回原告巩某的其他诉讼请求。

【案件评析】

车辆在检修过程未脱离"道路"及"行驶过程中"而独立存在，是行驶过程不可分割的整体。

《中华人民共和国道路交通安全法》第119条第（1）项规定："道路"，是指公路、城市道路和虽在单位管辖范围但允许社会机动车通行的地方，包括广场、公共停车场等用于公众通行的场所；第（5）项规定："交通事故"，是指车辆在道路上因过错或者意外造成的人身伤亡或者财产损失的事件。本案事故发生的时间是在车辆行驶至目的地的过程中，应视为车辆在行驶过程中；本案事故的地点是机动车和行人可以自由通行的公路沿线原告汽车配件零售部门前，符合道路交通安全法"道路"的范围。本案事实是在车辆行驶过程中因右后轮不明原因发生刮蹭到原告处检修，检修是为了保证机动车正常行驶的需要，该行为并未脱离"道路"及"行驶过程中"而独立存在，是行驶过程不可分割的整体，该行为发生致使原告受伤的事故属交通事故性质。

（撰稿人：彭　洋　牛君玲　编辑人：王五周）

买卖合同中逾期付款履约方
能否主张利息

【案件疑难点】

合同中未约定利息时，利息起算点的界定

合同中对物品约定不明时如何处理

非用于夫妻或家庭共同生活的经营性欠款如何定性

【案件索引】

一审：河南省禹州市人民法院(2013)禹民一初字第1707号民事判决

【基本案情】

原告：联众分校

被告：安某、刘某

2010年12月10日，原告联众分校与被告安某签订一份协议，协议约定甲方联众分校将原职业中专西邻院内的所有房屋转让给乙方开元博爱幼儿园，价格为210000元，乙方于2011年4月30日前付清所有款项，被告安某作为乙方在协议上签名。2011年6月15日，原告联众分校作为甲方与代表乙方开元博爱幼儿园的被告安某签订一份协议，对乙方开元博爱幼儿园及被告安某欠原告联众分校的债务问题达成了协议，协议内容为"(1)乙方于2011年6月25日前先期归还甲方欠款拾贰万元整(120000元)。(2)乙方于2012年2月15日前归还余款柒万元整(70000元)。(3)乙方借用物品、电费、院内树木等一并于2011年6月25日前折价或归还甲方"。原告联众分校负责人王某作为甲方在协议上签字，被告安某作为乙方在协议上签字。

协议签订后，被告仅履行了协议的部分义务，归还了120000元，下余 70000 元及借用的物品不予归还,原告在多次催要未果后,以二被告系夫妻关系,向禹州市人民法院起诉,要求二被告立即归还下欠原告的余款 70000 元及利息,归还原告的空调两台(价值 7300 元)、铁床 17 张(价值 3060 元)或支付相应的价款。

本案诉讼过程中,二被告经法院合法传唤拒不到庭参加诉讼,也未提交书面答辩意见和相关证据。

【案件裁判思路及裁判结果】

禹州市人民法院认为,原告联众分校与被告安某于 2010 年 12 月 10 日签订转让协议,原告联众分校交付房屋后,被告安某未依约履行支付相应价款的义务,导致 2011 年 6 月 15 日双方又签订协议,约定被告安某于 2012 年 2 月 15 日前归还 70000 元,但被告安某仍未按期支付 70000 元,故原告联众分校要求被告安某支付 70000 元的请求,本院予以支持。对于原告联众分校要求被告安某支付利息的请求,鉴于双方对利息未作明确约定,但约定了还款时间即 2012 年 2 月 15 日,故应从逾期还款之日起按中国人民银行同期同类人民币贷款利率计付利息。原告联众分校要求被告安某归还空调两台及铁床 17 张或支付相应价款的请求,因原告未提供充分有效的证据予以证明,本院不予支持。被告刘某与被告安某系夫妻关系,上述债务发生在二被告夫妻关系存续期内,被告刘某未提供证据证明被告安某与原告联众分校之间明确约定上述 70000 元系被告安某个人债务,亦未证明其与被告安某之间对婚姻关系存续期间所得财产,依据《中华人民共和国婚姻法》第 19 条第 3 款的规定进行了约定,故该 70000 元应视为被告安某、刘某的夫妻共同债务,二被告应当共同偿还原告联众分校 70000 元及利息。判决:

一、被告安某、刘某于本判决生效后 10 日内向原告联众分校支付转让款 70000 元及利息(利息按中国人民银行公布的同期同类人民币贷款利率从 2012 年 2 月 16 日起计算至本判决确定还款之日止)。

二、驳回原告联众分校的其他诉讼请求。

现该判决已经发生法律效力。

【案件评析】

一、合同中未约定利息时，利息起算点的界定

《中华人民共和国合同法》第 109 条规定，当事人一方未支付价款或者报酬的，对方可以要求其支付价款或者报酬。第 211 条规定，自然人之间的借款合同对支付利息没有约定或者约定不明确的，视为不支付利息。最高人民法院《关于贯彻执行〈中华人民共和国民法通则〉若干问题的意见》（试行）第 123 条规定：公民之间的无息借款，有约定偿还期限而借款人不按期偿还，或者未约定偿还期限但经出借人催告后，借款人仍不偿还的，出借人要求借款人偿还逾期利息，应当予以准许。本案属于原被告因房屋转让合同中受让人未支付转让款所引起的欠款纠纷，针对债权人要求支付欠款利息，因合同中未约定利息，应视为无利息，但约定了还款时间，在被告逾期未偿还欠款的情况下，原告有权主张从逾期还款之日起计算利息。故针对原告要求支付利息的请求，可按中国人民银行同期同类人民币贷款利率计付逾期利息。

二、合同中对物品约定不明时如何处理

《中华人民共和国合同法》第 12 条规定合同的内容一般包括当事人、标的、数量、质量、价款或报酬、履行期限地点方式等，必须具体明确，在没有明确约定的情况下，能补充的，予以补充，不能补充的，尤其是当事人和标的，应属合同不成立。本案中原告联众分校与被告安某所签协议中只是列明乙方（安某）借用物品、电费、院内树木等一并于 2011 年 6 月 25 日前折价或归还甲方（联众分校），而没有明确约定具体内容，可认为该项约定不成立。现原告联众分校要求被告安某归还空调两台及铁床 17 张或支付相应价款的请求，因原告未提供充分有效的证据证明该项内容有效成立，故对该请求不予支持。

三、非用于夫妻或家庭共同生活的经营性欠款如何定性

夫妻共同债务是指在婚姻关系存续期间，夫妻双方或一方为维持共同生活的需要，或出于为共同生活的目的从事经营活动所引起的债务。既包括生活性债务，又包括经营性债务。所谓生活性债务，是指夫妻关系存续期间，夫妻双方或一方因共同生活的需要而引起的债务，所谓经营性债务，是指夫妻关系存续期间，夫妻一方或双方出于共同生活的目的，从事经营活动所负的债务。最高人民法院《关于贯彻执行〈中华人民共和国民法通则〉若干问题的意见（试行）》第43条规定：在夫妻关系存续期间，一方从事个体经营或者承包经营的，其收入为夫妻共有财产，债务亦应以夫妻共有财产清偿。《最高人民法院关于适用〈中华人民共和国婚姻法〉若干问题的解释（二）》第24条规定，债权人就婚姻关系存续期间夫妻一方以个人名义所负债务主张权利的，应当按夫妻共同债务处理。但夫妻一方能够证明债权人与债务人明确约定为个人债务，或者能够证明属于婚姻法第19条第3款规定情形的除外。本案中，在二被告夫妻关系存续期间，被告安某因开办幼儿园所进行的经营性活动所欠债务，被告刘某未提供证据证明被告安某与原告联众分校之间明确约定系被告安某个人债务，亦未证明其与被告安某之间对婚姻关系存续期间所得财产，依据《中华人民共和国婚姻法》第19条第3款的规定进行了约定，故该欠款应视为二被告的夫妻共同债务，二人应当共同偿还原告。

编委会建议：根据合同法的规定，没有约定违约金的合同履约方可以主张赔偿损失。原告主张利息其实是买卖合同中买方不履行合同给卖方造成的损失，至少有贷款利息的损失，应当支持。

（撰稿人：张惠君　编辑人：唐战立）

免除保险人法定义务条款无效

【案件疑难点】

免除保险人依法应承担的义务条款无效

【案件索引】

一审：河南省长葛市人民法院（2014）长民二初字第01331号民事调解书。

【基本案情】

原告：牛某

被告：人寿公司

2009年1月，原告牛某向被告人寿公司提出投保申请，被告向原告签发了"康宁终身保险（2007修订版）"保险单，保险单载明原告为被保险人，保险合同生效日期为2009年1月9日，保险期间为终身，后原告按照合同约定定期缴纳保险费，2012年、2013年原告又向被告交纳保险费9450元。2011年12月28日，原告牛某经河南省人民医院诊断为冠状动脉粥样硬化性心脏病和高血压病1级高危组，原告在该医院进行了心电生理及射频消融术，医疗费用为19569.96元。后原告向被告申请理赔，被告以原告所患疾病不属于合同约定的重大疾病为由拒绝理赔。

原告认为自己所患疾病的症状、治疗及支出情况，应当属于普通人所理解的重大疾病，被告以具体手术方式限制重大疾病的范围没有合理依据，被告应按保险合同约定承担保险责任，原告因此诉至法院，请求判令：1. 被告支付重大疾病保险金42000元；2. 被告返还原告缴纳的2012年、2013年保险费9450元；3. 被告承担本案诉讼费。

被告辩称：保险合同合法有效，原被告双方应严格按合同履行，原告提供证据不能证明原告所患疾病属于保险合同约定的重大疾病范围，因此，保险公司不应赔付保险金，也不应退保险费。

【案件裁判思路及裁判结果】

长葛市人民法院认为：原告牛某与被告人寿公司签订的康宁终身保险合同（2007年修订版）合法有效，双方应按照合同约定履行权利义务。原告所患疾病属于保险合同约定的重大疾病范围，保险公司不应以具体手术方式限制重大疾病的范围。并且康宁终身保险条款（2007年修订版）属于格式合同条款，根据合同法规定，采用格式条款订立合同的，提供格式条款的一方应当遵循公平原则确定当事人之间的权利义务，并采取合理的方式提请对方注意免除或限制其责任的条款，按照对方的要求，对该条款予以说明，因此，被告应就免除其责任的条款向原告作出说明，该康宁终身保险条款（2007年修订版）所指的重大疾病共计10种，其中患有冠心病的，只对冠状动脉搭桥术承担保险责任，对其他治疗方式不承担保险责任，对此条款被告应提请原告注意，并对该条款向原告作出说明，本案被告没有提供证据证明其就该条款向原告作出说明，因而，根据有关法律规定，该条款无效。故被告应免除保险责任的辩解没有合理依据，应判决支持原告牛某的诉讼请求。

本案在审理过程中，经长葛市人民法院主持调解，双方当事人自愿达成如下协议：

一、原告牛某与被告中国人寿保险股份有限公司河南省分公司之间的人身保险合同解除。

二、2014年8月10日之前被告中国人寿保险股份有限公司河南省分公司一次性给付原告牛某40000元，其他诉请原告自愿放弃，双方纠纷结清，别无纠葛。

【案件评析】

本案件中保险人提供的合同中明文约定了保险事故是重大疾病，在合同第23条释义"重大疾病"包括十种"疾病或者手术"，这种对保险事故的约定本身也没有问题，问题是在心脏病（心肌梗塞）属于一种保险事故。很容易让人认为所有心脏病都属于重大疾病，但是保险合同第 23 条释义之后又隐藏一个注释，注释的心脏病却仅仅是因冠状动脉阻塞而导致部分心肌坏死，还必须具备另外……三个条件。后边的注释是格式条款，同时也是个实质上的免责条款，通过这个免责条款将心脏病限制在很小的范围。

根据保险法第 19 条规定："采用保险人提供的格式条款订立的保险合同中的下列条款无效：

（1）免除保险人依法应承担的义务或者加重投保人、被保险人责任的；

（2）排除投保人、被保险人或者受益人依法享有的权利的。"

根据保险法第 17 条第 2 款的规定："对保险合同中免除保险人责任的条款，保险人在订立合同时应当在投保单、保险单或者其他保险凭证上作出足以引起投保人注意的提示，并对该条款的内容以书面或者口头形式向投保人作出明确说明；未作提示或者明确说明的，该条款不产生效力。"

该案件中的保险合同第 23 条免除保险人依法应承担的义务，退一步讲也没有履行明确说明的义务，所以该合同第 23 条对心脏病的释义应属无效，本案中保险人对被保险人心脏病应当承担给付保险金的责任。

（撰稿人：武燕子　陈玉娇　编辑人：王五周）

农村二层以下住宅建房建筑工受伤房主无需承担责任

【案件疑难点】

　　农村建房中，如何确定房主的选任责任

【案件索引】

　　一审：河南省许昌县人民法院（2013）许县民一初字第 328 号民事调解书

【基本案情】

　　原告：甄某

　　被告：徐某

　　被告：宋某

　　被告：陈某

　　2011 年 12 月份，被告徐某承包被告宋某的民房建筑。同月 17 日，原告甄某经人介绍到被告徐某承包宋某的民房工地上干活。在干活过程中，因原告脚下的架子塌落，导致原告从架子上摔下受伤。原告受伤后被送往许昌市人民医院住院治疗。入院诊断：1. 右跟骨粉碎性骨折，2. 腰部软组织损伤。原告在该院共住院 18 天，于 2012 年 1 月 4 日出院。住院期间原告共支出医疗费 21153.8 元，出院后支出检查费 240 元。2012 年 10 月 16 日经许昌诚运法医临床司法鉴定所鉴定，原告构成九级伤残。原告有一子甄某甲，2009 年 12 月 19 日出生。原告受伤后被告徐某已向原告支付 1500 元。

　　据此，原告要求被告连带赔偿原告医疗费 21273.8 元，护理费 1145.2 元，误工费 12078.8 元，住院伙食补助费 570 元，营养费 380 元，鉴定费 820 元，交通费 300 元，被扶养人生活费 21588.7 元，残疾赔偿金 72779.2 元,二次手术费 8000 元,精神抚慰金 5000 元,共计 143935.7 元,调解中,原告变更诉讼请求为 90000 元。

被告徐某辩称:原告与被告徐某没有雇佣关系,被告徐某把粉刷的工程发包给被告陈某承包施工,原告受陈某的雇佣进行的施工。原告自身违规操作,将脚手架横梁孔打到窗户边缘上,造成在施工时脚手架横梁脱落,导致脚手架倒塌受伤,原告有重大过错。被告徐某没有过错责任,故不承担赔偿责任,原告应当承担过错责任。原告的诉讼请求金额偏高,请法院依法核定。

被告宋某辩称,原告与被告宋某不存在雇佣关系,不应承担赔偿责任。

被告陈某辩称,原告与被告陈某不存在雇佣关系,本案真正的雇主是被告徐某,原告的损失应有被告徐某承担。

案件开庭后,原告申请撤回对被告宋某的起诉,法院依据原告的申请,依法裁定准许原告撤回对被告宋某的起诉。

【案件裁判思路及裁判结果】

河南省许昌县人民法院审理认为:公民享有生命健康权,公民的合法权益受法律保护。雇员在从事雇佣活动中遭受人身损害,雇主应承担赔偿责任。本案原告甄某作为被告徐某的雇员在从事雇佣活动中遭受人身损害,被告徐某应当承担赔偿责任。原告作为成年人对架子搭在窗户边未在实墙上可能存在塌落的危险性应有一定预见性而未预见,本身对损害的发生已存在一定过错,应适当减轻被告的赔偿责任。经本院核定,原告损失中的:医疗费 21393.8 元,误工费 5986.57 元(21851 元/365 天×100 天),营养费 180 元(10 元/天×18 天),住院伙食补助费 540 元(30 元/天×18 天),护理费 1106.53 元(22438 元/365 天×18 天),残疾赔偿金 72779.2 元【18194.8 元/年×20 年×20%】,被抚养人生活费 19738.35 元(12336.47 元/年×16 年×0.5×20%)、鉴定费 700 元,合计 110451.31 元,由被告徐某承担其中的 77315 元(110451.31 元×70%)。原告要求精神抚慰金,考虑到本案实际情况,本院酌定为 3000 元,由被告徐某承担。其余损失由原告自行承担。对原告要求的过高部分,本院不予支持。因原告在调解中变更诉讼请求,要求赔偿损失 90000 元,其请求不超过被告应承担赔偿责任范围，故对原告这一诉讼请求予以支持。原告要求被告宋某承担赔偿责任，因被告宋某将民房建筑承包给被告徐某，二者之间形成承揽关系，根据相关法律规定，承揽人在完成工作过程中对第三人造成损害或造成自身损害的，定作人不承担赔偿责任。但定作人对定作、指示或者选任有过失的，应当承担相应的法律责任。被告宋某的房屋为农村二层以下民房，《中华人民共和国建筑法》第83条第3款规定：农民自建低层的建筑活动，不适用本法。建设部建质2号《关于加强村镇建设工程质量安全管理的若干意见》"农民自建低层住宅"是指农民自建的两层(含两层)以下的住宅。法律并未对农村自建两层(含两层)房屋的施工方的资质有强制性的规定，故本案不存在被告宋某指示上存在过失问题，原告要求被告宋某承担赔偿责任的诉讼请求本院不予支持。原告与被告陈某之间不存在雇佣关系，故被告陈某不承担赔偿责任。本案在审理过程中，经过多次调解，达成了如下协议：

一、被告徐某同意除已支付给原告的2000元外，于2014年1月17日前再一次性赔偿原告甄某各项损失30400元。如到期不支付则按80000元支付给原告。

二、被告陈某同意于2014年1月17日前一次性补偿原告各项损失2000元。

三、原告自愿放弃其他诉讼请求。

四、原告甄某与被告徐某、被告陈某的本次雇员受害责任纠纷案件经本次调解就此终结，双方互不再究。

案件受理费减半收取400元，由原告承担。

【案件评析】

在农村，家里修房盖屋，是衡量家庭经济是否富裕的标志之一，也是许多农家的头等大事。由于客观条件所限，修房资金限制和安全意识客观评价，致使许多农户在修房盖屋时对施工单位的资质要求不高，也没有要求必须有建筑资质的建筑队承建的可能，由于农村施工队形态各异，由此引发的人身伤亡事故时有发生。农村建房中，如何确定房主的选任责任？

国务院《村庄和集镇规划建设管理条例》第21条规定，在村庄内二层(含二层)以上的住宅建筑施工,必须由取得相应的设计资质证书的单位进行设计,或者选用通用设计、标准设计。

农村个体民房建筑一般技术含量相对较低,职业风险相对较小,民间个体工匠即可参与民间建筑,且民间建筑的承包方和发包方多为个体或个人合伙组织,建筑法第83条规定,农民自建低层建筑活动不适用建筑法的相关规定。

尽管如此,房主作为定作人将建筑劳务指定给特定的建房班来完成,如果他对选任建房施工队(承揽人)有过失的,应承担相应的赔偿责任。尽管目前我国对村镇工匠从业资格的规定存在法律空白,但是根据理性人的标准,定作人应选任能胜任工作的人完成定作任务,具体到建筑活动中,就要求定作人选任那些具有较强的劳动安全意识、安全保障措施合格的建房施工队。

如房屋超高如两层以上未经设计、个体工匠无相应资质、房屋周围环境存在安全隐患未消除或未提示和说明等,造成施工人员(指承揽人或承揽人雇佣的雇工)人身伤害的,房主应承担与其过错程度相适应的赔偿责任。因此,房主在建设自己房屋时,亦要尽到自己的选任责任,尽量不要选任那些无相关资质的建筑队伍,否则,将可能承担不利的法律后果。

(撰稿人:孙胜利　宋会超　编辑人:韩玉芬)

生产者与销售者对产品质量均应负责

【案件疑难点】
　　产品质量缺陷问题的法律适用
　　产品质量责任的赔偿标准及赔偿范围的法律适用
　　车辆的生产者与销售者应如何承担责任

【案件索引】
　　一审：河南省许昌市魏都区人民法院（2013）魏民一园初字第57号民事判决书
　　二审：河南省许昌市中级人民法院（2014）许民终字第373号民事判决书

【基本案情】
　　原告：李某
　　被告：许昌某某汽车销售服务有限公司
　　被告：上海通用汽车有限公司
　　2011年7月27日原告在第一被告处购置一辆别克SGM7243ATA轿车，价格为272900元，被告承诺质保期为两年或者5万公里。2012年6月11日早上，驾驶员赵某开车从原告老家到镇上办事，车子刚开了200米左右，突然发现车前部冒烟，原告的儿子李某甲打开引擎盖，发现着火了，火燃烧得很快，司机和村里的邻居帮助救火，最后将火扑灭，但汽车损坏严重，基本报废。随后司机拨打110，经消防部门和公安部门认定属于汽车自燃。按照双方买卖协议的约定及相关法律规定，汽车在质保期内自燃属于产品质量问题，生产厂家和经销商应承担赔偿责任。原告多次找被告协商未果。
　　据此，原告请求判令被告返还购车款272900元，赔偿误工费及交通费损失 10000 元，诉讼费由被告承担。

被告许昌某某公司辩称：原告起诉与事实不符，证据不足。原告汽车自燃属产品质量问题证据不足，原告没有提供证据证实该车有质量问题，同时被告销售的车符合国家质量认定标准，该车交付给原告时也经过了检验。消防部门和公安部门无权认定该车属于自燃，只能客观地反映当时的事实，请求不予支持原告的请求。

被告上海通用公司辩称：被告生产的车辆符合国家标准，车辆出厂也经过了检验，车辆交给原告都是经过检验的合格产品。根据法律规定原告主张的车辆质量问题，应该提供证据证实车辆有质量问题。车辆发生事故时，起火的部位有大量的秸秆，有可燃物附着在机器上。原告要求赔偿事实和法律依据不足，请求驳回原告的诉讼请求。

【案件裁判思路和裁判结果】

许昌市魏都区人民法院审理后认为：产品质量责任纠纷应由原告举证证明产品存在缺陷。本案中别克车系自燃，一般情况下，导致机动车自燃的原因包括所有权人或驾驶人自身过错、外来因素及车辆自身缺陷三类。因该车尚处于质保期内，被告也没有举证证明原告进行过非法或不当改装。原告按期保养，正常行驶，故可认定非因原告过错导致车辆自燃。同时依据消防部门的认定及现有证据，无法认定存在人为或自然的外来因素导致车辆自燃。虽然本案缺乏认定车辆存在质量缺陷的直接证据，但在原告及驾驶人没有损坏车辆的故意，亦无重大外来因素的条件下，正常行驶中的车辆发生自燃即可初步证明车辆存在相应质量缺陷。即使驾驶员存在轻微操作不当，或有轻微的外在因素(如路面有秸秆)，如此轻微的操作不当或外来因素足以导致车辆自燃的，也应视为一种质量缺陷，被告应就法定免责事由进行举证。现二被告均未提供相应证据材料证明其存在法定免责事由，故被告上海通用公司应承担本案赔偿责任。被告许昌某某公司作为销售者，尚无证据证明其对产品缺陷存在过错，故不应承担本案赔偿责任。原告要求返还购车款的请求应得到支持。原告要求的赔偿误工费的请求没有依据，本院不予支持。原告要求赔偿交通费按正常的打的费计算，自发生火灾至今已一年有余，打的费应远远超过 10000 元，其要求 10000 元的交通费损失，应予支持。判决：

一、本判决生效后十日内，被告上海通用汽车有限公司返还原告购车款272900元，赔偿原告交通费损失10000元；

二、驳回原告李某对被告许昌某汽车销售服务有限公司的诉讼请求。

一审判决后，被告上海通用汽车有限公司上诉称：1. 一审判决推定诉争车辆系因车辆自身缺陷造成的自燃，缺乏事实和法律依据。产品质量存在缺陷原审原告应承担举证责任，起火车辆排气管部位有大量未燃尽的秸秆，原审判决只轻描淡写提到路面有秸秆，却不考虑排气管附着秸秆的后果，因此得出轻微外在因素导致自燃视为缺陷产品的结论错误。2. 原审判决所依据的《产品质量法》第41条、第43条错误，认为上诉人未就法定免责事由举证应承担赔偿责任错误。3. 原判没有计算折旧费，交通费是估算的，判决上诉人返还购车款272900元、交通费10000元缺乏依据。请求撤销原审判决，驳回原审原告的诉讼请求。

许昌市中级人民法院审理后认为：原审判决推定该汽车产品自身存在缺陷发生自燃并无不当。由于车辆自燃时被上诉人使用该车辆已近一年，上诉人主张折旧赔付合理合法。该上诉理由成立，应当予以支持。结合本案实际，根据该车辆使用情况和《家用汽车产品修理、更换、退货责任规定》等相关规定，酌定折旧费用为12000元。关于原审判决上海通用汽车有限公司赔偿被上诉人李某10000元交通费损失问题，因被上诉人李某并未提供相应证据证明该部分损失存在，法院不予支持。原审判决认定有误，予以纠正。

综上，上诉人的上诉理由成立部分本院予以采纳，其他部分本院不予支持。判决：

一、维持魏都区人民法院(2013)魏民一园初字第57号民事判决第二项；

二、变更魏都区人民法院(2013)魏民一园初字第57号民事判决第一项为：上诉人上海通用汽车有限公司于本判决生效后十日内赔偿原告李某车辆损失260900元。

【案件评析】

一、如何确定本案是不是产品质量问题及产品质量问题的法律适用

本案事故车辆购车不到一年，在车辆保质期内，正常保养、正常使用的情况下，车辆发生自燃，超出了车主安全行驶的合理期待和对危险的预防能力。事发路段路边虽有部分秸秆，但不影响车辆正常通行，且消防部门出具的《火灾事故认定书》查明，起火原因不排除豫KJL×××别克轿车自身燃烧引起火灾。起火部位位于轿车引擎盖下方，非排气管附近，亦未认定系因排气管部位秸秆燃烧引起。因此，可以推定事故车辆系产品自身存在缺陷发生自燃。所以应当适用《中华人民共和国产品质量法》，法律依据有：《中华人民共和国产品质量法》第26条规定："生产者应当对其生产的产品质量负责。产品质量应当符合下列要求：（1）不存在危及人身、财产安全的不合理的危险，有保障人体健康和人身、财产安全的国家标准、行业标准的，应当符合该标准；（2）具备产品应当具备的使用性能，但是，对产品存在使用性能的瑕疵作出说明的除外；（3）符合在产品或者其包装上注明采用的产品标准，符合以产品说明、实物样品等方式表明的质量状况。"第41条规定："因产品存在缺陷造成人身、缺陷产品以外的其他财产（以下简称他人财产）损害的，生产者应当承担赔偿责任。"

根据本案的审理及质证情况，应当认定该事故车辆系产品质量问题发生的事故，并根据《中华人民共和国产品质量法》规定进行赔偿。

二、产品质量责任的赔偿标准及赔偿范围的法律适用

1. 赔偿标准

《中华人民共和国产品质量法》第44条规定："因产品存在缺陷造成受害人人身伤害的，侵害人应当赔偿医疗费、治疗期间的护理

费、因误工减少的收入等费用；造成残疾的，还应当支付残疾者生活自助具费、生活补助费、残疾赔偿金以及由其扶养的人所必需的生活费等费用；造成受害人死亡的，并应当支付丧葬费、死亡赔偿金以及由死者生前扶养的人所必需的生活费等费用。因产品存在缺陷造成受害人财产损失的，侵害人应当恢复原状或者折价赔偿。受害人因此遭受其他重大损失的，侵害人应当赔偿损失。"

由此可以看出如果事故发生系产品质量问题，那么事故导致的人身及财产损失均属于生产者赔偿的责任范围，但应当提出有效证据予以证明。

2. 赔偿范围中的争议焦点：车辆赔偿应全额赔偿还是折旧赔偿

由于车辆自燃时被上诉人使用该车辆已近一年，上诉人主张折旧赔付合理合法。所以最终根据该车辆使用情况和《家用汽车产品修理、更换、退货责任规定》等相关规定，法院酌定折旧费用为12000元。这也是本案改判的一个重要理由。

三、是否应该由生产者和销售者承担连带赔偿责任

根据《中华人民共和国产品质量法》第42条规定："由于销售者的过错使产品存在缺陷，造成人身、他人财产损害的，销售者应当承担赔偿责任。销售者不能指明缺陷产品的生产者也不能指明缺陷产品的供货者的，销售者应当承担赔偿责任。"第43条规定："因产品存在缺陷造成人身、他人财产损害的，受害人可以向产品的生产者要求赔偿，也可以向产品的销售者要求赔偿。属于产品的生产者的责任，产品的销售者赔偿的，产品的销售者有权向产品的生产者追偿。属于产品的销售者的责任，产品的生产者赔偿的，产品的生产者有权向产品的销售者追偿。"

本案经审理查明，车辆自燃系车辆产品质量缺陷造成，应当由生产者承担赔偿责任，销售者指明了缺陷产品的供货者，没有证据证明销售者对本产品缺陷问题存在过错，故不应当承担赔偿责任，不应承

担连带赔偿责任。从以上法律规定可以看出，产品的缺陷责任应当是有明确责任主体的赔偿责任，在销售者指明了缺陷产品的供货者的情况下，应当由销售者直接承担相关赔偿责任。本案判决生产者承担赔偿受害者(消费者)损失的责任是符合法律规定的。但如果销售者不能指明缺陷产品的生产者也不能指明缺陷产品的供货者的，销售者应当先行向受害人承担相关赔偿责任。

（撰稿人：司忠信　戴延伟　编辑人：唐战立）

施工工人中电受伤谁负责

【案件疑难点】
　　可撤销民事行为
　　如何认定是否存在重大过失

【案件索引】

一审：河南省长葛市人民法院（2010）长民初字第 00162 号民事判决书

二审：河南省许昌市中级人民法院（2010）许民三终字第 354 号民事判决书

再审：河南省许昌市中级人民法院（2013）许民再终字第 9 号民事判决书

【基本案情】

原告：张某

被告：朱某

被告：李某

被告：河南宝源公司

被告：河南省电力公司漯河供电公司

河南宝源公司雇佣原告张某为其承包的工程施工，该工程的发包方为被告李某，河南宝源公司未取得相应施工资质。2009 年 5 月 30 日，原告张某在施工时被高压电线击伤，该高压电线路归被告漯河供电公司所有并由其管理。事发后，原告张某与被告朱某（被告河南宝源公司法定代表人）及李某达成人身损害和解协议书，被告朱某、李某已支付 139000 元作为原告张某医疗费、营养费等各项费用的赔偿。2009 年 9 月 14 日，许昌葛天法医临床司法鉴定所对张某的伤残程度

126

评定为二级伤残。

2009 年 5 月 25 日，漯河供电公司输电运行检修部人员在电力设施巡视中，发现本案建筑的楼房在法定保护区内（导线侧面不足 1.5 米），作出漯电输安（2009）0501 号安全隐患通知书，要求立即停止违法行为，限期整改。李某收到该通知后，未通知施工单位和人员停止施工，或采取防护措施。漯河供电公司在发出安全隐患通知书后，未进一步加强监管。

原、被告双方就赔偿事宜协商未果，原告诉至本院。

被告朱某答辩称，我是河南宝源公司法定代表人，我不应当赔偿。

被告李某辩称，我是业主，与原告没有劳动关系，不应当赔偿。

被告河南宝源公司辩称原告有过错，自己也应当承担责任。

被告河南省电力公司漯河供电公司辩称，我公司已经通知施工方整改，原告损害与我公司无关，所以我们不应当承担责任。

【案件裁判思路及裁判结果】

长葛市人民法院认为：本案事故发生后，三方当事人达成的调解协议确定的赔偿额与其应获赔偿额相差太大，对原告要求撤销协议的请求，法院予以支持。雇员在雇佣活动中遭受人身损害，被告河南宝源公司应当承担责任。被告李某存在选任过失，应对原告的损失与被告河南宝源公司承担连带赔偿责任。作为本案被告河南省电力公司漯河供电公司不承担责任。朱某的行为是职务行为，后果由被告河南宝源公司承担。原告张某对事故的发生存在重大过错，应当减轻河南宝源公司的赔偿责任。判决：1. 撤销张某与朱某、李某等的人身损害和解协议书；2. 河南宝源公司赔偿张某 517635.18 元（即张某损失的 80%。张某被认为存在重大过失，承担 20% 的责任）。被告李某对河南宝源公司承担的责任负连带责任。

上诉人河南宝源公司上诉称：1. 上诉人同被上诉人张某之间系承揽关系。2. 上诉人仅应承担选任过失责任。3. 原审判决原审被告河南省电力公司漯河供电公司不承担责任明显失当。4. 原审法院在核定残疾赔偿金、被抚养人生活费时计算数据存在明显错误，依法应予纠正。5. 原审法院判决上诉人赔偿被上诉人 40000 元精神抚慰金适用法律不当。请求依法改判驳回对被上诉人的请求，并由被上诉人承担本案诉讼费用。

许昌市中级人民法院二审认为：原审被告河南省电力公司漯河供电公司作为本案事故高压线路管理人，也应当对被上诉人张某的损失承担相应赔偿责任。法院酌定上诉人河南宝源公司、原审被告李某、河南电力公司漯河供电公司三方对张某损失分别承担 30%、30% 和 20% 为宜，判决如下：

一、维持河南省长葛市人民法院（2010）长民初字第 00162 号民事判决第一项；

二、撤销河南省长葛市人民法院（2010）长民初字第 00162 号民事判决第二项，即：被告河南宝源公司于本判决生效后 30 日内赔偿原告医疗费、残疾赔偿金、护理费、被抚养人生活费等共计 517635.18 元。被告李某对河南宝源公司承担的责任负连带责任。

三、变更河南省长葛市人民法院（2010）长民初字第 00162 号民事判决第二项为：被告河南宝源公司、李某、河南省电力公司漯河供电公司三方于本判决生效后 30 日内分别向原告支付医疗费、残疾赔偿金、护理费、误工费、被抚养人生活费等各项损失 246238.19 元（扣减其已支付的 139000 元后为 107238.19 元）、246238.19 元和 164158.79 元。

张某申请再审称，原审判决认定事实不清，适用法律错误。

许昌市中级人民法院再审认为：申请再审人张某作为河南宝源公司雇员在生产中遭受人身损害，并非故意或重大过失，故其不应承担 20% 的责任；被申请人河南宝源公司作为张某的雇主，对张某所遭受的人身损害，应当承担赔偿责任。被申请人李某作为发包人，应当知道河南宝源公司无相应资质而将工程交其施工，且在接到漯河供电公司的《安全隐患通知书》后，未通知施工单位和人员停止施工采取防护措施，应承担本案的主要责任。根据最高人民法院《关于审理人身损害赔偿案件适用法律若干问题的解释》第 11 条的规定，李某与河南宝源公司应承担连带赔偿责任。河南省电力公司漯河供电公司发现安全隐患后未尽监管责任应负本案的次要责任。原审判决张某承担 20% 责任；李某与河南宝源公司按比例承担责任不当，应予以纠正。

张某虽已与前妻离婚，但每月 200 元生活帮助费仍须支付，该项请求应予以支持。本院酌定为 48000 元。原审判决确定赔偿总额为 820793.97 元+48000 元，共计 868793.97 元，由李某与河南宝源公司连带承担 70%，即 608155.77 元（扣减已支付的 139000 元后为 469155.77 元）。河南省电力公司漯河供电公司承担 30% 即 260638.20 元。申请再审人张某的部分申请理由成立，本院予以支持。依照《中华人民共和国民事诉讼法》第 170 条第 1 款第 2 项、第 207 条之规定，判决如下：

撤销原告张某与被告朱某、李某订立的人身损害和解协议书；李某与河南宝源公司共同赔偿张某 469155.77 元（扣除已支付的 139000 元），并互负连带赔偿责任。河南省电力公司漯河供电公司赔偿张某 260638.20 元（即张某不承担责任，其损失在河南省电力公司漯河供电公司、李某与河南宝源钢铁有限公司之间分担）。

【案件评析】

本案中，再审判决对原一审及二审判决均进行了纠正，纠正内容涉及四个部分：一、张某在一、二审中均被认定为有重大过错并承担 20% 责任是否正确？二、李某与河南宝源公司应分别承担责任还是应承担连带责任？三、河南省电力公司漯河供电公司应否承担责任？四、在法院行使自由裁量权时对上述责任承担的比例应如何确定才符合比例公正的原则？

一、张某在一、二审中均被认定为有重大过错并承担20%责任是否正确？

最高人民法院《关于审理人身损害赔偿案件适用法律若干问题的解释》第 11 条第 1 款规定："雇员在从事雇佣活动中遭受人身损害，雇主应当承担赔偿责任。"第 2 条规定："受害人对同一损害的发生或者扩大有故意、过失的，依照民法通则第 131 条的规定，可以减轻或者免除义务人的赔偿责任。但侵权人因故意或重大过失致人损害，受害人只有一般过失的，不减轻赔偿义务人的赔偿责任。适用民法通则第 106 条第 3 款规定确定赔偿义务人的赔偿责任时，受害人有重大过失的，可以减轻赔偿义务人的赔偿责任。"

何谓"重大过失"？过失即是对注意义务的违反。民法理论上将注意程度分为三个等级：1. 善良管理人的注意，就是与某一职业群体、某一专业领域的人通常具有的知识经验、技术水平相当的注意，未尽到此注意义务为轻过失；2. 与管理自己事务为同一程度的注意，其注意程度通常较善良管理人的注意程度低，未尽到此义务为一般过失；3. 普通人的注意或一般人所能注意的起点，其注意义务程度为最低，即一般人都能注意到。如果一般人都能注意到而本人却没注意，即为重大过失。

张某作为河南宝源公司雇员在生产中遭受人身损害，这些危险是一般人不能注意到的，既非一般人所能注意到的，就不是重大过失，更非故意，故其不应承担20%的责任。

二、李某与河南宝源公司应分别承担责任还是应承担连带责任？

最高人民法院《关于审理人身损害赔偿案件适用法律若干问题的解释》第11条第2款规定：雇员在从事雇佣活动中因安全生产事故遭受人身损害，发包人、分包人知道或者应当知道接受发包或者分包业务的雇主没有相应资质或者安全生产条件的，应当与雇主承担连带赔偿责任。

被告河南宝源公司作为张某的雇主，对张某所遭受的人身损害，应当承担赔偿责任。被告李某作为发包人，应当知道河南宝源公司无相应资质而将工程交其施工，根据最高人民法院《关于审理人身损害赔偿案件适用法律若干问题的解释》第11条第2款的规定，李某与河南宝源公司应承担连带赔偿责任。

三、河南省电力公司漯河供电公司应否承担责任？

再审查明，2009年5月25日，漯河供电公司输电运行检修部人员在电力设施巡视中，发现本案建筑的楼房在法定保护区内（导线侧面不足 1.5 米），作出漯电输安（2009）0501 号安全隐患通知书，要求立即停止违法行为，限期整改。李某收到该通知后，未通知施工单位和人员停止施工，或采取防护措施。漯河供电公司在发出安全隐患通知书后，未进一步加强监管。

河南省电力公司漯河供电公司发现安全隐患后未尽监管责任，有过错，故应负本案的次要责任。

四、在法院行使自由裁量权时对上述责任承担的比例应如何确定才符合比例公正的原则？

被告李某作为发包人，应当知道河南宝源公司无相应资质而将工程交其施工，在接到漯河供电公司的《安全隐患通知书》后，未通知施工单位和人员停止施工采取防护措施，应承担本案的主要责任。故由李某与河南宝源公司连带承担 70% 的责任，河南省电力公司漯河供电公司承担 30% 的责任。

（撰稿人：王五周　编辑人：吴　涛）

车主死亡车辆挂靠企业连带赔偿交通事故受害人

【案件疑难点】

挂靠企业连带赔偿责任

受害人配备残疾辅助器具后，如何确定后期护理依赖

【案件索引】

一审：河南省许昌县人民法院（2014）许县民一初字第 70 号民事判决书

【基本案情】

原告：张某

被告：鹏程一分公司

被告：鹏程公司

被告：南方货运公司

被告：财险公司

2012 年 1 月 8 日 22 时 45 分许，郝某驾驶豫 N15×××号重型半挂牵引车、豫 PV×××挂重型低平板半挂车，沿兰南高速公路由平顶山向许昌方向行驶至 145KM+900M 处时，冲过中央隔离护栏进入对向车道，与李某驾驶的鄂 D15×××号大型卧铺客车发生碰撞，造成豫 N15×××号重型半挂牵引车、豫 PV×××挂重型低平板半挂车驾驶员郝某，乘车人郝 A、李某甲，鄂 D15×××号大型卧铺客车驾驶员李某，乘车人张某甲、李某乙、刘某死亡，鄂 D15×××号大型卧铺客车乘车人饶某、蔡某、原告张某等 33 人受伤，两车、豫 N15×××号重型半挂牵引车、豫 PV×××挂重型低平板半挂车上所载货物及部分高速公路设施不同程度受损的特大交通事故。2012

年2月7日，此次事故经许昌市公安交通警察支队高速第二执勤大队认定，豫N15×××号重型半挂牵引车、豫PV×××挂重型低平板半挂车驾驶员郝某负此次事故的全部责任，鄂D15×××号大型卧铺客车驾驶员李某及该车上的、包括原告张某在内的33名乘车人无责任。事故发生后，原告先后在郑州大学第一附属医院、在荆州市中心医院住院治疗，共花费医疗费536908.25元。2013年8月5日，经荆州楚凤司法鉴定中心鉴定，原告张某的伤残程度评定为三级伤残，原告张某的护理依赖程度为二级护理依赖（大部分护理依赖）；2013年12月17日，经武汉艾格美康复器材有限公司鉴定：按照75岁计算，共计需要残疾用具费663800元，原告共支出鉴定费3100元。

另查明，豫N15×××号重型半挂牵引车的所有权人为被告鹏程一分公司，豫PV×××挂重型低平板半挂车的所有权人为被告南方货运公司，该牵引车及半挂车分别在被告保险公司投有交强险及第三者责任险，其中豫N15×××号重型半挂牵引车第三者责任险保险责任限额为50万元，豫PV×××挂重型低平板半挂车第三者责任险保险责任限额为5万元，二车的保险期间均自2011年1月12日0时起至2012年1月11日24时止。

据此，原告要求被告鹏程一分公司、鹏程公司、南方货运公司赔偿原告医疗费、住院伙食补助费、营养费、误工费、护理费、残疾赔偿金、残疾辅助器具费、鉴定费、精神抚慰金各项损失共计1529481.97元，被告保险公司在保险责任限额范围内承担赔偿责任，其中精神抚慰金在交强险限额内优先赔偿，并承担本案一切诉讼费。

被告鹏程一分公司、鹏程公司、南方货运公司辩称，原告诉请数额过高，另本案事故车辆系挂靠在被告鹏程一分公司及被告南方货运公司名下，但二公司对该事故车辆不享有运营利益和支配权，事故车辆的车主及家人共三个人在本次事故中均已死亡，且事故发生后，被告公司已向许昌市高速第二执勤大队交付240万元垫付款用于支付死者和伤者的救助费用，本案原告也领取了部分费用。

被告保险公司辩称：1.对于原告交强险部分的损失，因承保车辆驾驶员持B2驾驶证驾驶机动车牵引挂车，其性质上属于无证驾驶行为，无证驾驶是交强险合同约定的免责事项，故被告保险公司不承担原告交强险范围内的赔偿责任；2. 对于原告商业三者险部分的损失，因承保车辆驾驶员未按照驾驶证载明的准驾车型进行驾驶，不仅符合无证驾驶的免责条款，同时也符合被保险机动车与驾驶证载明的与准驾车型不符的免责条款，故在商业三者险保险限额范围内被告保险公司亦不承担赔偿责任；3. 被告保险公司不承担本案诉讼费和鉴定费。

【案件裁判思路及裁判结果】

许昌县人民法院审理后认为：本案中，郝某驾驶机动车辆与李某驾驶的机动车辆发生交通事故，造成原告张某受伤致残，事实清楚，证据充分。被告鹏程一分公司、鹏程公司、南方货运公司作为挂靠单位应承担连带赔偿责任。因肇事车辆在被告保险公司处投有机动车交通事故责任强制保险和第三者责任保险，故被告保险公司应当在保险责任限额范围内承担赔偿责任。

关于原告张某的护理费问题，最高人民法院《关于审理人身损害赔偿案件适用法律若干问题的解释》（以下简称《解释》）第 21 条第 2 款规定："护理人员有收入的，参照误工费的规定计算，护理人员没有收入或者雇佣护工的，参照当地护工从事同等级别护理的劳动报酬标准计算。护理人员原则上为一人，但医疗机构或者鉴定机构有明确意见的，可以参照确定护理人员人数。"本案中，原告未提供护理人员有固定收入的证据，故原告在湖北省荆州市中心医院住院治疗期间及定残后护理费计算标准参照湖北省 2012 年度居民服务业和其他服务业平均工资 23624 元/年计算，关于原告的护理人数问题，因原告未提供相关医疗机构或者鉴定机构关于原告住院期间护理人数的意见，故本院认为以一人为宜。

关于原告残疾辅助器具费问题，《解释》第 26 条规定："残疾辅助器具费按照普通适用器具的合理费用标准计算。伤情有特殊需要的，可以参照辅助器具配制机构的意见确定相应的合理费用标准。辅助器具的更换周期和赔偿期限参照配制机构的意见确定。"原告因本次交通事故受伤致使双腿不同程度截肢，为恢复其生活自理能力，其配带假肢等残疾辅助器具实属其伤情特殊需要，且有武汉艾格美康复器材有限公司的鉴定意见印证原告配制残疾辅助器具的合理性和必要性，故对此请求，予以支持。

关于原告定残后护理费问题，因原告配带假肢等残疾辅助器具后的生活自理能力会相应地提高，原告的护理依赖程度会相应地降低，故原告定残后的护理费本院酌定为 15 万元。

关于原告张某的误工费计算标准问题，《解释》第 20 条规定："受害人有固定收入的，误工费按照实际减少的收入计算。受害人无固定收入的，按照其最近三年的平均收入计算；受害人不能举证证明其最近三年的平均收入状况的，可以参照受诉法院所在地相同或者相近行业上一年度职工的平均工资计算。"本案中，原告未提供证据证明其有固定收入及最近三年的平均收入状况，但其提供证据证明在本次事故发生时原告从事交通运输业工作，故原告误工费的计算标准参照河南省 2012 年度交通运输业职工平均工资 37817 元/年计算。

关于被告保险公司辩称对原告交强险部分的损失，因承保车辆驾驶员持 B2 驾驶证驾驶机动车牵引挂车，其性质上属于无证驾驶行为，无证驾驶是交强险合同约定的免责事项，故被告保险公司不承担原告交强险范围内的赔偿责任的意见，本院认为，根据最高人民法院《关于审理道路交通事故损害赔偿案件适用法律若干问题的解释》第 18 条之规定："有下列情形之一导致第三人人身损害，当事人请求保险公司在交强险责任限额范围内予以赔偿，人民法院应予支持：驾驶人未取得驾驶资格或者未取得相应驾驶资格的；保险公司在赔偿范围内向侵权人主张追偿权的，人民法院应予支持。追偿权的诉讼时效期间自保险公司实际赔偿之日起计算。"驾驶人无证驾驶或未取得相应的驾驶资格而发生交通事故，被告保险公司仍应当在交强险范围内承担赔偿责任，但其依法享有向侵权人主张追偿的权利，故对被告保险公司的异议本院不予支持。

关于被告保险公司辩称因承保车辆驾驶员未按照驾驶证载明的准驾车型进行驾驶，符合无证驾驶及被保险机动车与驾驶证载明的与准驾车型不符的免责条款，保险人与投保人签订的保险合同中的该条款系格式免责条款，本案中，被告保险公司未提供相关证据证明其将保险条款送达投保人，并就其中免责条款的内容已向投保人尽了提示、告知及说明义务，故该保险合同的免责条款对投保人不产生效力，因此对被告保险公司的此辩称理由，本院不予支持。

判决：被告保险公司应当在交强险责任限额范围内赔偿原告张某精神抚慰金4万元、残疾赔偿金61539.52元，共计101539.52元；在商业三者险范围内赔偿原告张某各项损失共计280238.84元，以上总计381778.36元。原告下余损失904955.14元（1286733.50－381778.36元）由被告鹏程一分公司、鹏程公司、南方货运公司承担连带赔偿责任。对原告其他诉讼请求，因于法无据，故本院不予支持。

【案件评析】

一、挂靠企业连带赔偿责任

2012年12月21日起施行的最高人民法院《关于审理道路交通事故损害赔偿案件适用法律若干问题的解释》对挂靠单位和被挂靠人对外承担责任又重新作了调整。该《解释》第3条规定："以挂靠形式从事道路运输经营活动的机动车发生交通事故造成损害，属于该机动车一方责任，当事人请求由挂靠人和被挂靠人承担连带责任的，人民法院应予支持。"由此规定可以看出，挂靠单位应当成为共同诉讼人，共同承担连带责任。

二、受害人配备残疾辅助器具后，如何确定后期护理依赖？

最高人民法院《关于审理人身损害赔偿案件适用法律若干问题的解释》（以下简称《解释》）第21条第4款规定："受害人定残后的护理，应当根据其护理依赖程度并结合配制残疾辅助器具的情况确定护理级别。"

《解释》第26条规定："残疾辅助器具费按照普通适用器具的合理费用标准计算。伤情有特殊需要的，可以参照辅助器具配制机构的意见确定相应的合理费用标准。辅助器具的更换周期和赔偿期限参照配制机构的意见确定。"

综合上述法律规定，我国的《侵权责任法》没有直接对后期护理依赖进行规定，亦没有对受害人在安装残疾辅助器具后是否需要护理依赖进行规定，因此，我国关于后期护理费和残疾辅助器具费的法律规定给承办案件的法官留下太大的自由裁量权，因此也造成了关于此类案件上诉率的增加。虽然《解释》第21条、第26条对此进行了规定，但是在实际的司法实务中，大多数受害人的后期护理依赖的鉴定均是在未配制残疾辅助器具下作出的鉴定结论，同时亦对残疾辅助器具费进行鉴定，法律没有进行规定，故存在在司法实践过程中，不同的法官对此类案件的判决结果截然不同，有支持后期护理依赖的同时亦支持残疾辅助器具费的，有仅仅支持残疾辅助器具费的，有暂支持定年限的后期护理依赖费和残疾辅助器具费的等。

笔者认为，鉴于受害人要求配置残疾辅助器具，因此在受害人佩戴上辅助器具后，其后期护理依赖的程度会相应地降低（若不降低，则无佩戴的必要了），故受害人是否需要后期护理依赖及后期护理依赖的程度应建立在是否佩戴残疾辅助器具的基础上，承办法官要根据个案、不同的案情、受害人不同的伤残程度、伤残部位等因素综合进行考虑，从而确定受害人在配置残疾辅助器具费后是否需要护理依赖及依赖的程度大小。故在支持原告残疾辅助器具费的基础上，支持了原告部分关于后期护理依赖费，遂作出了以上判决。

（撰稿人：孙胜利　周雪平　编辑人：韩玉芬）

双方均有责任交通事故双方保险公司赔偿

【案件疑难点】

司机车外受伤应当认定为"第三者"

【案件索引】

一审：河南省襄城县人民法院（2013）襄民初字第 1724 号民事判决书

【基本案情】

原告：侯某甲

原告：侯某乙

原告：王某

原告：段某

被告：杨某

被告：顺安公司

被告：太平洋保险公司

被告：财险公司

2013 年 8 月 19 日 13 时，被告杨某的雇员张某驾驶杨某所有的豫 LN1×××号轻型普通货车，由东向西行驶至常付 238 省道 272KM+200M 路段时，与侯某甲停放路边的豫 L09×××号重型厢式货车及修车的侯某甲、王某甲相撞，造成两车不同程度损坏，侯某甲受伤、王某甲受伤后死亡的道路交通事故。此事故经襄城县公安交通警察大队认定：张某负事故主要责任；侯某甲负事故次要责任；王某甲无责任。侯某甲自 2013 年 8 月 19 日至 23 日在襄城县人民医院治疗支出医疗费 1444.77 元。

侯某甲与王某甲系内蒙古自治区赤峰市元宝山区元宝山镇人，2009年10月29日生育一女侯某乙，王某甲父亲王某，1957年3月12日生，母亲段某，1956年1月3日生，其弟王某乙已成年。

豫LN1×××号轻型普通货车在太平洋保险公司投保有交强险和商业三责险20万元且不计免赔，保险期间为2012年11月23日—2013年11月23日。豫L09×××号车辆，挂靠漯河顺安运输有限公司，每年缴纳管理费1500元，事故发生后2013年9月20日该车已转让肖某，该车在财险公司投保机动车强制保险和第三者责任险，其中第三者责任险保额为500000元，并附加不计免赔险。保险期间为2012年8月31日至2013年8月30日。

另查明，内蒙古自治区上一年度城镇居民人均可支配收入为23150元；自治区上一年度城镇居民人均生活消费性支出为17717元；在岗职工平均工资为47052元/年。

【案件裁判思路及裁判结果】

襄城县人民法院审理后认为：本案肇事司机张某在公安机关对其询问时供述其驾驶豫LN1×××号轻型普通货车撞了在路面修车的一男一女，结合本案公安机关的起诉意见书、现场勘验笔录、讯问笔录可以认定本案侯某甲和受害人王某甲在公路旁修车的事实。在交通事故发生过程中，侯某甲和受害人王某甲自始至终均在其驾驶的豫L09×××号车外，侯某甲受伤、王某死亡均在车外，其既不是被保险人，也不是本车人员，其身份只能是第三者。张某在本案中负该交通事故的主要责任，侯某甲负次要责任、王某甲无责任，有事故责任认定书足以为证。

《中华人民共和国侵权责任法》规定，侵害他人造成人身损害的，应当赔偿医疗费、护理费、交通费等为治疗和康复支出的合理费用，以及因误工减少的收入。造成死亡的，还应当赔偿死亡赔偿金。侵害他人人身权益，造成他人严重精神损害的，被侵权人可以请求精神损害赔偿。《中华人民共和国侵权责任法》第35条规定，个人之间形成劳务关系，提供劳务的一方因劳务造成他人损害的，由接受劳务一方承担侵权责任，张某作为被告杨某的雇佣司机在此次交通事故的所负责任应由杨某承担相应赔偿义务。太平洋保险公司作为豫LN1×××

号轻型普通货车交强险和商业险承保单位、郾城保险公司作为豫 L09 ×××号重型厢式货车交强险和商业险承保单位均应当按照保险合同的约定承担相应赔偿责任。

王某甲死亡赔偿金为 463000 元（23150×20＝463000）、侯某乙被抚养人生活费为 132877.5 元（17717×15÷2＝132877.5），根据最高人民法院关于适用《中华人民共和国侵权责任法》若干问题的通知（法发〔2010〕23 号）第 4 条的精神，将被抚养人生活费计入死亡赔偿金，王某甲死亡赔偿金共计 595877.5 元。原告没有向本院证明王某甲父母王某、段某丧失劳动能力又无其他生活来源，对其主张的被扶养人生活费本院不予支持。王某甲丧葬费为 23526 元，上述共计 619403.5 元，首先由太平洋保险公司和郾城保险公司在交强险死亡赔偿限额内赔付 220000 元，剩余 399403.5 元按照事故责任比例由太平洋保险公司承担 60%的责任赔付 239642.1 元，太平洋保险公司在 20 万元不计免赔商业三责险内赔付 20 元，剩余 39642.1 元由被告杨某负担。被告郾城保险公司在商业三责险范围内承担 40%即 159761.4 元。侯某甲自 2013 年 8 月 19 日—23 日在襄城县人民医院住院治疗支出医疗费 1444.77 元有医疗费发票为证，误工费 253.70（23150÷365×4＝253.70）元，护理费 278.12 元本院予以确认，住院伙食补助费 120 元（30×4＝120）元。原告侯某甲医疗费、护理费共计由太平洋保险公司在交强险医疗费限额内赔付 1564.77 元。误工费和护理费共计 531.82 元按照事故责任比例由杨某赔付 60%即 319.10 元，被告郾城保险公司赔付 40%即 212.73 元。据此，依照《中华人民共和国侵权责任法》第 16 条、第 22 条、第 35 条，《中华人民共和国道路交通安全法》第 76 条，《中华人民共和国保险法》第 65 条，《最高人民法院关于审理人身损害赔偿案件适用法律若干问题的解释》第 17 条、第 19 条、第 20 条、第 21 条、第 23 条、第 25 条、第 27 条、第 28 条、第 29 条、第 30 条，《中华人民共和国民事诉讼法》第 64 条之规定，判决如下：

一、太平洋保险公司于本判决生效后 10 日内在机动车交通事故责任强制险医疗费赔偿限额范围内赔偿原告侯某甲 1564.77 元，在死亡赔偿限额内赔偿原告 110000 元，在商业三责险范围内赔付 200000

元。上述共计 311564.77 元。

二、被告财险公司于本判决生效后 10 日内在死亡赔偿限额内赔偿原告 110000 元，在商业三责险范围内赔付 159761.4 元，在商业三责险内赔付侯某甲 212.73 元，上述共计 269974.13 元。

三、被告杨某于本判决生效后 10 日内支付原告 39642.1 元，赔偿原告侯某甲 319.10 元，共计 39961.2 元。

四、驳回原告侯某甲、侯某乙、段某、王某其他诉讼请求。

【案件评析】

根据《机动车交通事故责任强制保险条例》第 21 条规定："被保险机动车发生道路交通事故造成本车人员、被保险人以外的受害人人身伤亡、财产损失的，由保险公司依法在机动车交通事故责任强制保险限额内予以赔偿。道路交通事故的损失是由受害人故意造成的，保险公司不予赔偿。"可见，在第三者责任强制保险中，第三者的范围是指本车人员、被保险人以外的受害人。而对于商业第三者责任险，由于法律没有对第三者范围作明确规定，保险公司为了规避责任，保护自己利益，一般会在第三者责任保险条款中对第三者作很多限制和规定很多免责条款，不利于第三者的保护。按照国际通行的保险规则，机动车辆第三者责任险中的第三者，是指订立保险合同的双方当事人即保险人、被保险人(投保人)以及被保险机动车人员(包括本车驾驶人员和其他车上人员)以外所有的人。考虑第三者责任险设立的初衷、投保人分散风险的投保目的以及公平原则，被保险人和被保险机动车驾驶人的家庭成员作为受害人，和通常情况下与其没有亲属关系的其他第三者并无本质不同。《第三者保险条款》对第三者作定义时，并未将被保险机动车本车驾驶人家庭成员排除在外，但在第 5 条第(2)项责任免除条款中，将本机动车驾驶人的家庭成员排除在第三者之外，故以上两个条款存在矛盾。保险法第 30 条规定："采用保险人提供的格式条款订立的保险合同，保险人与投保人、被保险人或者受益人对合同条款有争议的，应当按照通常理解予以解释。对合同条款有两种以上解释的，人民法院或者仲裁机构应当作出有利于被保险人和受益人的解释。"故第三者应为保险人、被保险人以及被保险机动车人员(包括本车驾驶人和其他车上人员)以外的所有人，本案死者王某甲、受伤人侯某甲应认定为第三者。

保险法第 19 条规定,采用保险人提供的格式条款订立的保险合同中的下列条款无效:免除保险人依法应承担的义务或者加重投保人、被保险人责任的;排除投保人、被保险人或者受益人依法享有的权利的。本案中,由于《第三者保险条款》第 5 条的约定免除了保险人依法应承担的义务,排除了受益人(原告)依法享有的权利,该条规定无效。故保险公司应在第三者责任险限额内承担赔偿责任。

(撰稿人:彭 洋 李 欢 编辑人:王五周)

同餐不同饮者无需对饮酒者
死亡承担赔偿责任

【案件疑难点】
    过度饮酒致人死亡责任

【案件索引】

一审：河南省鄢陵县人民法院 2014 鄢民初字第 112 号裁定书

【基本案情】

原告：陈甲、陈乙、陈丙

被告：陈庚、陈戊

第三人：陈己

2012 年 11 月 12 日下午 5 点左右，原告陈丙的父亲陈辛给同村好友陈己打电话说自己喝多了，在陈化店镇街上一茶馆内，叫陈己过来接自己回家。陈己就叫上陈庚一起去茶馆接陈辛，当时陈己给陈庚说车上有一瓶好酒到陈化店后喝了它。三人一起到陈壬的饭店后碰见陈戊，就喊陈戊一起喝酒。陈己因为要开车没有喝酒，一瓶酒被陈庚、陈戊二人喝完（该事实由陈己、陈戊、陈庚及饭店老板陈壬证实）。

酒后，陈戊自行回家，陈庚、陈辛同乘陈己的车回家。路上，陈辛提议到五女店镇街上买猪头肉继续喝酒，因超市关门，三人返回，至许昌县二郎庙村时，陈辛又提议喝酒。随后，陈辛、陈庚二人下车，陈己在车上等候。几分钟后，陈庚自己上车，陈己问陈庚"陈辛为啥没有上车"，陈庚说没有看见陈辛，陈己以为陈辛自己搭车回家了，就和陈庚一起回村。其间，陈庚多次拨打陈辛的电话，均未打通。当晚，原告陈丙给陈己打电话询问父亲陈辛的去向，陈己当即寻找未果。第二天一早，陈己叫上陈庚、陈戊一起去二郎庙寻找，在路边沟里发现了陈辛已经死亡，随后报警。在公安机关处理阶段，原告陈丙表示对其父亲的死因不提异议，并要求对其父亲陈辛的尸体不予解剖。在处理陈辛后事过程中，陈己主动拿出 10000 元钱表示慰问，陈庚、陈戊各拿 1000 元钱。

2013 年 10 月，原告陈丙诉至我院，要求被告陈庚、陈戊二人各自赔偿死亡赔偿金、丧葬费、精神抚慰金 40000 元，表示不予追究陈己的法律责任。

【案件裁判思路及裁判结果】

鄢陵县人民法院受理该案件后，一是进行立案前调解，通过村干部组织协调未果。二是立案后进行庭前调解，原告陈丙要求二被告每人至少要拿 5000 元。但第一被告陈庚同意出 2000 元，第二被告陈戊坚持自己没有任何责任，死者陈辛办丧事的 1000 元已经表达了自己心情，不会再拿一分钱。

结合本案实际情况，被告陈庚、陈戊并未同原告之父陈辛共同饮酒，只是同其一同就餐及乘车，且在就餐过程中陈辛主动端杯喝酒均被陈己制止（有证人证明）。酒后，陈戊自行回家，陈辛、陈庚二人一同乘坐陈己的车返回。

法庭给原告方做工作，告知他二被告并未与其父亲共同饮酒及劝其喝酒，其父亲的死亡与本案二被告没有直接因果关系（在公安机关处理阶段，原告表示对其父亲死因不提异议，并要求对其父陈辛的尸体不予解剖，故法医学上对其父亲的死因并未得出明确结论）。结合证人证言及公安机关的出警记录，均证明二被告与原告之父的死亡没有直接的因果关系。原告在不能提供有力证据支持诉请的情况下，经法庭多次组织双方调解及单方给其做工作，主动撤诉。

【案件评析】

过度饮酒致人死亡，酒友承担"酒责"包括以下四种情形。

一是强迫性劝酒，明知对方不能喝酒，或明知对方身体有疾病——对方已经明确表示身体不适的情况下仍然劝对方饮酒者，要承担由劝酒引起的一切责任；但若有证据证明自己确不知情，才有免责可能。

二是明知对方喝醉已经失去或即将失去对自己的控制能力，在无人照顾的情况下存在危险，清醒酒友未将醉酒者安全送达，醉酒者一旦出事清醒者就要承担相应的责任；

三是酒后驾车未劝阻，对于醉酒的酒友其他人应当劝阻其不得驾车，如果未加劝阻则就有可能承担由此引发的相应法律责任；但在已劝阻而对方不听的情况下，酒友是可以免责的。

四是宴会的主人应当确保参加宴会的每个人的安全，醉酒者一旦出现意外事故，酒宴召集者就要承担相应较大的法律责任。

本案中，被告陈庚、陈戊并未同原告之父陈辛共同饮酒，只是同其一同就餐及乘车，并且在就餐过程中也劝阻陈辛饮酒；当天晚上得知死者陈辛没有回家时，二被告积极随同原告寻找；在处理陈辛的后事中，二被告每人主动拿出 1000 元，表达了自己对死者家属的慰问及安抚心情（按当地的农村风俗，1000 元钱已远远高出其亲朋好友的礼金）。法庭认为，二被告对原告之父的死亡既没有法律上的因果关系，在道义上也尽到了一定的帮扶义务，因此，法庭在处理该案件时，既考虑到法律效果，又考虑到社会效果，力争使双方当事人在开庭前和解。经过法庭多次做工作，原告兄妹三人意识到其父亲的死亡与二被告没有直接的因果关系，最终撤回起诉，案件得以圆满解决。

（撰稿人：吴湘云　编辑人：唐战立）

债务人死亡后债权人如何讨债

【案件疑难点】

　　债务系个人债务或法人债务的认定

　　遗产的法定继承、放弃继承权

　　还款本息的计算方法

【案件索引】

　　一审：河南省禹州市人民法院（2013）禹民一初字第 290 号民事判决书

【基本案情】

原告：温某

被告：张某甲

被告：张某乙

被告：屈某

　　2012 年 8 月 4 日，张某向温某借款 200000 元，并给温某出具"借据"、"违约书"、"违约协议"、"借款保证合同"等借款手续，其中约定 2012 年 11 月 3 日前还款、逾期十天还款应从借款之日起按日千分之一的利率支付利息等。借款到期后，张某未依约偿还借款，其后总共偿还 7 万元整。

　　2013 年 1 月 21 日，温某向人民法院提起诉讼，要求张某归还借款、支付利息、并承担本案诉讼费。

　　诉讼期间，2013 年 2 月 2 日，张某死亡。因需要确定张某的继承人，法院裁定本案中止诉讼。张某的法定继承人有母亲屈某、女儿张某甲、儿子张某乙。2013 年 4 月 20 日，原告温某变更诉状，要求张某的法定继承人屈某、张某甲、张某乙归还欠款及利息，并承担诉讼费。

2013 年 4 月 25 日，张某的母亲屈某向法庭提交了放弃继承遗产的声明。同日，在法庭对张某的女儿张某甲的调查笔录中，张某甲声明放弃继承张某的所有遗产。

被告张某乙辩称，原告诉状中称该借款系张某办理驾校所使，驾校是在禹州市 AAA 职业技术培训学校许可范围内的，是学校所欠债务，不是张某个人债务，不应当在遗产中获得赔偿。张某实际借款为170000 元。张某已经偿还借款本金 70000 元，不应当再次计算。

在对 170000 元的银行"个人业务凭证"质证时，原告委托代理人称，张某借款的 200000 元中，30000 元是现金支付，170000 元是通过银行支付。

【案件裁判思路及裁判结果】

禹州市人民法院经审理认为：债务应当清偿。对于双方约定的利息，超过法律规定，但双方当事人自愿偿付的，且已经给付，本院不予处理。本案中，张某生前借原告温某现金 20 万元，有张某为原告出具的相关借据为凭，足以认证。被告张某乙作为张某的继承人应当在继承的遗产范围内对上述欠款承担清偿责任。原告称其双方约定月息 5 分，没有相关证据，本院不予支持。张某在生前自愿分四次所付原告的 10000 元、40000 元、8000 元、8000 元，应先扣除每个时间段的利息(依据双方约定的日千分之一计算)，多余的部分应视为支付本金。依照张某给付原告温某借款的时间及数额，双方约定的利息计算方式，扣除被告已经清偿的本息，下欠原告本金 166500 元，被告张某乙作为张某的继承人，应当在其继承遗产的价值范围内对上述债务承担清偿责任。但由于被告张某乙尚未成年，在清偿上述债务时，应由其法定监护人在其继承张某遗产的实际价值的范围内就张某所欠的上述债务代为偿还，关于被告辩称其实际借款为 17 万元，因张某向原告出具的借据为 20 万元，被告没有充足证据证明其主张，故其辩由不能成立。张某甲和屈某作为张某的第一顺序继承人明确表示放弃继承张某全部遗产，符合法律规定，不承担清偿责任。关于原告主张的利息请求，自 2013 年 1 月 20 日至本判决确定的还款之日，应按照中国人民银行同期贷款利率的四倍利率支付。判决：

一、限被告张某乙于本判决生效之日起 10 日内偿还原告温某本金 166500 元及利息（从 2013 年 1 月 20 日至本判决确定还款日按照中国人民银行公布的同期贷款利率的四倍支付）。

二、驳回原告温某其他诉讼请求。

一审宣判后，原被告未提起上诉。

【案件评析】

一、本案中的借款应认定为借款人的个人债务

本案中，被告方提供的证据有《中华人民共和国民办学校许可证》，发证机关为禹州市人事和劳动保障局。该证显示禹州市 AAA 职业技术培训学校的负责人为张某，许可证有效期为 2010 年 12 月 31 日至 2011 年 12 月 31 日。原被告人是于 2012 年 8 月 4 日向原告人借款，此时禹州市 AAA 职业技术培训学校的许可证已到期。原告在庭审中指出"张某在借款时 AAA 驾校已经没有办学许可"。更为重要的是，该借款不符合法定代表人代表法人从事民事行为的形式要件。一般情况下，法定代表人代表法人行使民事权利履行民事义务时，有一定的形式要件，即应当首先署法人的名称，然后署法定代表人的姓名。在本案中，原告提供的"借据"、"违约书"、"违约协议"、"借款、保证合同"等证据中所有的签名均为张某个人，均没有显示禹州市 AAA 职业技术培训学校。据此法庭认定该笔借款系张某的个人债务。

二、本案应当按照法定继承办理，部分法定继承人放弃继承权的，其他继承人在继承财产的范围内承担责任

1. 无遗嘱时，按照法定继承办理

《继承法》第 5 条规定：继承开始后，按照法定继承办理；有遗嘱的，按照遗嘱继承或者遗赠办理；有遗赠扶养协议的，按照协议办

理。本案中，被告人张某死亡后，没有发现立有遗嘱，应当按照法定继承办理。《继承法》第 10 条规定："遗产按照下列顺序继承：第一顺序：配偶、子女、父母。第二顺序：兄弟姐妹、祖父母、外祖父母。继承开始后，由第一顺序继承人继承，第二顺序继承人不继承。没有第一顺序继承人继承的，由第二顺序继承人继承。本法所说的子女，包括婚生子女、非婚生子女、养子女和有扶养关系的继子女。本法所说的父母，包括生父母、养父母和有扶养关系的继父母。本法所说的兄弟姐妹，包括同父母的兄弟姐妹、同父异母或者同母异父的兄弟姐妹、养兄弟姐妹、有扶养关系的继兄弟姐妹。"本案中，张某的继承人为母亲屈某、女儿张某甲、儿子张某乙。武某虽然与张某共同生活并生育有儿子，但二人并未办理结婚证，所以不能作为张某的继承人参与遗产的继承。

2. 继承开始后，继承人可以放弃继承

《继承法》第 25 条："继承开始后，继承人放弃继承的，应当在遗产处理前，作出放弃继承的表示。没有表示的，视为接受继承。受遗赠人应当在知道受遗赠后两个月内，作出接受或者放弃受遗赠的表示，到期没有表示的，视为放弃受遗赠。"本案中，继承开始后，张某的母亲屈某以《声明》的形式放弃继承遗产、张某的女儿张某甲在法庭的调查笔录中也声明放弃继承张某的所有遗产。此时，遗产的继承人只有儿子张某乙。

3. 清偿债务以继承的遗产为限

《继承法》第 33 条："继承遗产应当清偿被继承人依法应当缴纳的税款和债务，缴纳税款和清偿债务以他的遗产实际价值为限。超过遗产实际价值部分，继承人自愿偿还的不在此限。继承人放弃继承的，对被继承人依法应当缴纳的税款和债务可以不负偿还责任。"本案中，经审理查明的张某为位于禹州市远航路西商贸证号为 0535—08 号的房产。被告张某乙作为张某的唯一继承人，应当在其继承遗产的价值范围内对上述债务承担清偿责任。

三、本息还款的计算方法

《最高人民法院关于人民法院审理借贷案件的若干意见》第 6 条规定，"民间借贷的利率可以适当高于银行的利率，各地人民法院可根据本地区的实际情况具体掌握，但最高不得超过银行同类贷款利率的四倍（包含利率本数）。超出此限度的，超出部分的利息不予保护"。本条规定处理的是诉至法院后，超过银行同类贷款利率的四倍的利息，并非是债务人依照约定在诉讼前依约定自愿支付的利息。在诉讼前自愿支付的同类贷款利率的四倍以上的利息在学理上被认为是自然债务，此债务法律不强制履行，但债务人如自愿给付，则给付有效，债务人不得要求返还。因此，对于张某已支付的利息，法院不再处理。

张某是分多次支付的欠款和利息，因此对其借款本金和利息亦应当分时间段进行处理。

1. 2012 年 8 月 4 日至 2012 年 11 月 6 日。

被告欠原告本息为 219000 元（200000+200000×1‰×95 天），扣除被告偿还的 10000 元，下欠本息计 209000 元，其中本金 200000 元，利息 9000 元。

2. 2012 年 11 月 7 日至 2012 年 12 月 6 日。

被告欠原告利息 6000 元（200000×1‰×30 天），以上本息计 215000 元，扣除被告偿还的 40000 元，下欠本金 175000 元。

3. 2012 年 12 月 7 日至 2012 年 12 月 17 日。

被告欠原告本息为 176925 元（175000+175000×1‰×11 天），扣除被告偿还的 8000 元，下欠本金 168925 元。

4. 2012 年 12 月 18 日至 2013 年 1 月 19 日。

被告欠原告本息为 174500 元（168925+168925×1‰×33 天），扣除已付 8000 元，下欠 166500 元。

（撰稿人：李俊杰　王　鹏　编辑人：唐战立）

指印无法比对也可确认房屋买卖有效

【案件疑难点】

如何运用证据优势原则认定合同的效力

【案件索引】

一审：河南省长葛市人民法院（2013）长民初字第 00623 号民事判决书

二审：河南省许昌市中级人民法院（2013）许民一终字第 410 号民事判决书

【基本案情】

原告：王某

被告：李某

2001 年 11 月 2 日，原告王某经其婆婆秦某之手，购买位于长葛市新华路东段 10 号北侧工业物资供销公司、登记所有权人为被告李某的房屋一套（房产证号为长房字第 10347 号、面积为 56.63 平方米），约定价格为一万六千元，就此原、被告双方签订了一份《房屋买卖协议》，双方均在该协议上按了手印。协议签订后，原告将房款一万六千元付给案外人即被告姐姐李某甲，李某甲将该房的房产证交给原告，原告居住至今。后，原告找到被告李某要求协助办理过户手续，无果。原告诉至法院，请求判令：1. 确认原、被告双方的房屋买卖协议有效；2. 被告协助原告办理房屋过户手续；3. 本案诉讼费用由被告承担。

被告辩称：房屋买卖协议上"李某"名字上的手印不是本人所按，我没有出售自己的房屋，驳回原告诉请。

【案件裁判思路及裁判结果】

长葛市人民法院审理后认为：虽然房屋买卖协议上"李某"名字上的手印无法通过鉴定程序确定是否李某本人的，但结合庭审中被告陈述的其购买诉争房屋后由其姐姐暂住了十几年，至于在其姐姐之后由谁居住却不知道，被告只是在2012年原告找到被告要求办理过户手续时才知道该房屋被卖掉。该院认为，房屋作为重要的不动产，被告却任由原告持有其诉争房屋的房产证并在该房中居住十几年而不管不问，不符合常理，且庭审中原告提供了三名证人证明看见被告李某按的手印，可以认定原、被告之间的房屋买卖协议是双方真实意思表示，被告应当履行义务，协助原告办理房屋过户手续。依照《中华人民共和国合同法》第60条、第107条之规定，判决如下：

一、原告王某与被告李某之间的房屋买卖协议合法有效。

二、被告李某于本判决生效之日起10日内协助原告王某办理房屋所有权证号为长房字第10347号的房屋过户手续。

一审判决后，被告李某上诉称：原审判决双方的房屋买卖协议合法有效是错误的，该协议并非其所签，不是其真实意思表示，请求依法改判，驳回王某的诉讼请求。

被上诉人王某辩称：原审判决事实清楚，适用法律正确，要求维持原判。

许昌市中级人民法院审理后认为：综合分析本案，李某虽然不承认在房屋买卖协议上按手印，在现有条件无法鉴定的情况下，原审三名证人证明李某在房屋买卖协议上按手印，李某因对于该房屋在这十几年的过程中，一直由王某居住及房产证一直由王某持有不能作出合理解释。故李某不能否认该房屋已经买卖的事实。李某在庭审中陈述对于在十几年的过程中该房屋不知是谁居住，其也不知其姐李某甲在哪居住，明显不符合常理。在王某已经支付合理对价，房屋已交付其使用并持有李某的房产证十几年的情况下，原审认定房屋买卖协议合法有效并无不当。综上，李某上诉称协议并非其所签，协议无效的上诉理由不能成立，该院不予支持。依照《中华人民共和国民事诉讼法》第170条第1款第(1)项之规定，判决如下：驳回上诉，维持原判。

【案件评析】

在房屋买卖合同纠纷案件中，已经确定合同中出卖方的签名不是房屋所有权人所签，而又无法通过鉴定手段确认合同上的手印是其所按，若买方能提供出其他证据来证明，双方确实就房屋买卖签订过合同，且合同签订后，双方均已按照合同的约定完全履行了合同义务，或一方完全履行了合同义务，另一方部分履行了合同义务，则法院可以依据《最高人民法院关于民事诉讼证据的若干规定》第73条之规定，运用优势证据规则，采信买方的证据，认定双方之间的合同成立并生效，从而确认该合同为有效合同。

本案审理的关键在于原告为证明房屋买卖合同有效所提供证据的证明力，是否显著大于被告方关于否认签订该合同的陈述的证明力。

对原告方的证据，可以从合同签订过程和合同履行过程两个角度来分析。从合同签订过程来看，根据原告述称，2001年11月2日原告与婆母秦某、本案证人之一朱某三人拿着事先由秦某书写好的房屋买卖协议，找到李某，让他在该协议上按了手印。对此，原告方申请了当时在场的三人即朱某、许某和李某作为证人出庭作证。三人在庭审中陈述的按手印过程，时间、地点和人物等主要事实基本一致，且三人与本案原、被告双方均没有特殊的关系，与本案诉争房屋也没有利害关系。三证人关于李某在房屋买卖协议上按手印的证言具有较强的证明力。从合同履行过程来看，在原告提供的《房屋买卖协议》中约定甲方(即买方王某)的合同义务为"甲方应在2001年11月6日前将壹万陆仟元房款一次交给乙方"，乙方(即卖方李某)的合同义务"甲方付清房款的同时，原乙方的产权证作废，乙方失去该房屋的所有权，该房屋的所有权归甲方所有"。庭审中，原告述称合同签订后几天，秦某就将房款付给李某甲，同时李某甲将房屋产权证交给原告，其后，该房由原告居住至今。对此，在原告方向法院提供的录音证据中，李某甲也予以承认。另外，原、被告在庭审中均承认诉争房屋原由被告的姐姐(李某甲)居住，且该房屋的房产证也由李某甲持有。这些事实就为房款为何会由买方王某直接支付给卖方李某的姐姐李某甲，诉争房屋的产权证为何由李某甲交给王某，以及诉争房屋为何由李某甲交付给王某占有提供了合理的解释。又鉴于李某与李某甲的亲属关系，以及王某住进诉争房屋十多年来，李某并未提出任何异议的事实，法院可以合乎情理地认定王某已经将购房款交付给了李某，李某也已将所售房屋交付于王某，进而认定王某与李某就房屋买卖签订了合同。

被告李某为否认该合同，陈述称其不知道原由其姐李某甲居住的诉争房屋已经由王某居住十多年。因房屋作为重要的不动产，李某任由王某持有其房产证并在此居住十多年却不管不问，若双方没有签订买卖合同，则很难给以解释。

综合上述对原、被告证据证明力的分析，可以合理地认为原告方证据的证明力相较于被告方证据的证明力具有明显优势。故法院可以运用证据优势规则采信原告的证据，认定原、被告之间的房屋买卖协议是双方真实意思表示，为有效合同。

（撰稿人：任伟娜　编辑人：唐战立）

醉酒后路边停车被撞也负责

【案件疑难点】

饮酒没有开车导致交通事故保险公司应当赔偿

【案件索引】

一审：河南省禹州市人民法院(2012)禹民一初字第 20 号民事判决书

二审：河南省许昌市中级人民法院(2014)许民终字第 237 号民事判决书

【基本案情】

原告：贾某(郭某丁之母)

原告：方某(郭某丁之妻)

原告：郭某甲(郭某丁儿子)

原告：郭某乙(郭某丁女儿)

被告：唐某

被告：郭某丙

被告：万里公司

被告：人保财险

2011 年 5 月 11 日，唐某与万里公司签订合同书，以分期付款方式购买豫 K-77×××号车。万里公司在人保财险为豫 K-77×××号中型自卸货车投保交强险和商业第三者险(限额 30 万元，不计免赔)，保险期间均自 2011 年 5 月 11 日 0 时起至 2012 年 5 月 10 日 24 时止。2011 年 10 月 28 日，唐某将豫 K-77×××号车转让并交付郭某丙。故事故车辆豫 K-77×××号的实际车主为郭某丙，杨某系郭某丙雇佣司机。2011 年 12 月 15 日 22 时 10 分许，聂某驾驶豫 K-NF

×××号小型轿车由东往西行驶至禹州市远航路西商贸路段时，与杨某驾驶停放在路边的豫 K-77×××号中型自卸货车相撞，造成两车损坏，聂某和其车上乘客郭某丁受伤，后均死亡的交通事故，事故发生后杨某酒后驾车逃逸。

禹州市公安交通警察大队作出禹公交认字［2011］第 0727 号交通事故认定书，认定事故形成的原因是杨某饮酒后驾驶机动车在道路上临时停车，妨碍其他车辆通行，聂某醉酒后驾驶机动车，在没有限速标志的路段，未保持安全车速，负主要责任，杨某负此事故的次要责任，郭某丁作为乘车人，无责任。死者郭某丁所乘车辆的驾驶人聂某于受伤当天被送往禹州市人民医院住院治疗，经抢救无效于 2012 年 3 月 20 日死亡。因聂某死亡，其家属所受损失为：医疗费 96164.37元；营养费 2910 元；住院伙食补助费 2910 元；误工费 4248.33 元；护理费 11925.95 元；丧葬费 13678.5 元；死亡赔偿金 162025.54 元（含被扶养人生活费）；精神损害抚慰金 20000 元，共计313862.69 元。

故 2011 年 12 月 27 日，贾某等四原告，起诉被告唐某、郭某丙、许昌万里运输（集团）有限公司、人保财险，要求被告赔偿原告方医疗费、护理费、交通费、丧葬费、死亡补偿费、被扶养人生活费、精神损害抚慰金等其他合理费用 327275 元。

被告唐某辩称，本案的事故责任应由郭某丙承担，郭某丙是车辆实际所有人，应由郭某丙承担原告损失，请求驳回对其的起诉。而被告郭某丙经合法传唤未到庭参加诉讼。

被告万里公司辩称，1. 豫 K-77×××号中型自卸货车是我公司保留所有权卖给唐某的，平时的营运是由唐某管理的，故公司不应承担责任；2. 车辆在保险公司投有保险，保险公司应在保险限额内赔付原告损失。

被告人保财险辩称，1. 司机杨某系醉酒驾车且在事故发生后驾车逃逸，根据交强险条款第 9 条第 2 款和商业险第 6 条第 5 款、第 6款规定，对原告方的损失，我公司不负责赔偿。2. 我公司与被保险人之间系保险合同关系，双方之间的权利义务均应按照合同约定履行，根据交强险和商业条款约定，公司不承担本案诉讼费。

【案件裁判思路及裁判结果】

禹州市人民法院经审理后认为：根据禹州市公安交通警察大队作出的道路交通事故认定书认定事故形成的原因及交警大队对郭某丙和杨某的询问笔录，可以确认发生交通事故时，杨某驾驶的车辆停放在路边，是停止状态，不属于商业第三者险条款中载明的"使用被保险机动车"的情形，事故的发生与杨某饮酒无直接关系。发生交通事故后，杨某驾车逃逸，未对公安机关进行事故现场确认产生影响。杨某驾车逃逸的行为与事故的发生和事故责任的确认无直接关系，聂某醉酒后驾车，在没有限速标志的路段，未保持安全车速，与杨某驾驶的机动车相撞，聂某应负此事故的主要责任，杨某负此事故的次要责任，郭某丁作为来车人，无责任。

根据本案实际情况及聂某和杨某所负事故的责任，赔偿比例按6∶4为宜。被告郭某丙作为豫 K-77×××号车的实际车主，应当按照其雇佣司机杨某在本次事故中所负责任承担赔偿责任。豫 K-77×××号车是在许昌万里运输（集团）有限公司以分期付款方式购买，该公司只保留车辆所有权，故该公司不承担本案赔偿责任。因豫 K-77×××号车在人保财险投保交强险和商业第三者险，且事故发生在保险期间，故该公司应在保险责任范围内承担赔偿责任。被告中国人民财产保险股份有限公司许昌市分公司以杨某酒后驾车逃逸为由不同意在商业第三者险范围内承担赔偿责任，本院不予支持。

原告因郭某丁死亡所受损失：1. 抢救费用 1472.01 元；2. 死亡赔偿金 218328 元；3. 原告请求的被扶养人生活费 39624 元，不违反法律规定，本院予以支持；4. 丧葬费 15151.5 元（30303÷2）；5. 根据当事人在事故中的过错程度，精神损害抚慰金酌定为 4 万元，以上款项合计 314575.51 元。因聂某也在此次事故中死亡，故双方损失应根据其损失在保险限额内所占比例进行分配。原告在交强险医疗费限额内分得 100 元，在死亡伤残赔偿金限额内分得 56100 元，计 56200 元，余款 258375.51 元，被告保险公司在商业第三者险中承担 103350.2 元（258375.51×40%），保险公司共计承担 159550.2 元。因郭某丁在事故发生后抢救无效死亡，故原告要求的护理费，本院不予支持。原告要求的存放太平间的费用和交通费，因未提供证据证明，本院不予支持。判决：

一、被告人保财险于判决生效后 15 日内支付原告贾某、方某、郭某乙、郭某甲各项损失计 159550.2 元。

二、驳回原告贾某、方某、郭某乙、郭某甲其他诉讼请求。

一审判决后，被告人保财险上诉称：原审判决其在商业险项下承担赔偿责任，没有法律依据，请求二审法院依法改判其在交强险下赔偿受害方损失 56200 元。

被上诉人均辩称原审判决应予以维持，请求驳回上诉。

二审中，经许昌市中级人民法院审理后认为原审认定事实清楚，程序合法，上诉人的上诉理由不能成立，故判决：驳回上诉，维持原判。

【案件评析】

保险公司应在商业险项下对原告的相关损失进行赔偿

本案中，保险公司辩称，根据车辆商业险合同约定，在驾驶人饮酒后使用被保险机动车、被保险人或其允许的驾驶人在未依法采取措施的情况下驾驶被保险机动车逃离现场的，不论任何原因造成的对第三者的损害赔偿责任，保险人不负赔偿责任。故对本案中原告的损失，保险公司应仅在交强险限额内予以赔付。

案件中杨某饮酒后驾驶机动车在道路上临时停车，是停止状态，不属于商业第三者险条款中载明的"使用被保险机动车"的情形。即使保险公司对该免责条款进行了告知和说明，本案中杨某的酒后停车行为也不属于保险公司应予免责的情形。因为此时，投保车辆处于静止状态而非使用状态，且事故的发生与杨某饮酒无直接关系。发生交通事故后，杨某驾车逃逸，未对公安机关进行事故现场确认产生影响，杨某驾车逃逸的行为与事故的发生和事故责任的确认无直接关系。

故本案中，杨某所驾驶的车辆投保的保险公司，对于因事故发生的损失，应先在交强险的责任限额范围内予以赔偿，不足部分应在商业第三者险范围内按责任承担比例予以赔偿。

（撰稿人：张慧君　王　鹏　编辑人：唐战立）

人身损害赔偿费能否在夫妻间分割

【案件疑难点】

涉及夫妻一方的人身损害赔偿款能否定性为夫妻一方的个人财产，用于家庭生活支出的费用应从个人财产中支付还是夫妻共同财产中支付

【案件索引】

一审：河南省许昌市魏都区人民法院(2013)魏民一园初字第215号民事判决。

【基本案情】

原　　告：高某甲

被　　告：王某　王某甲

第三人：高某乙

原告高某甲与被告王某系夫妻关系，被告王某甲系被告王某的弟弟，第三人高某乙系原告高某甲的父亲。2010年12月14日，原告高某甲在南通大力运输有限公司工作过程中，其所驾驶的苏F01×××号水泥罐车因车顶盖把手断裂，导致高某甲在关顶盖时从车顶摔下受伤。经鉴定，原告高某甲的伤残等级为一级伤残。后经协商，2011年5月30日，南通大力运输有限公司与王某、高某乙、高某甲(高某甲的名字系王某甲代签)、王某乙(系高某甲、王某的委托代理人)签订《高某甲人身伤害事故赔偿协议》一份，协议约定，南通大力运输有限公司依照人身伤害一级伤残的赔偿标准一次性赔偿高某甲900000元，不包括已向医院支付的治疗费、住宿费、护工费300000元；赔偿协议同时附有高某甲人身损害事故赔偿表一份，赔偿表载明，高某甲残疾生活补助费28140元、残疾赔偿金143570元、护理

159

费 216760 元（20 年）、误工费 11406 元、医疗费 250000 元（已付）、营养费 1650 元、伙食补助费 2250 元、精神抚慰金 40000 元、高某甲小孩抚养费 81622 元、高某甲父亲母亲的赡养费 49710 元，最后多支付赔偿款 65892 元总计 900000 元交被告王某。

原告高某甲从江苏出院回到许昌后，自 2011 年 6 月 8 日至 2011 年 6 月 15 日在许昌市人民医院住院治疗，花去医疗费 1465.77 元。自 2011 年 6 月 14 日至 2012 年 8 月 17 日在许昌市中心医院持续住院治疗，花去医疗费 64592.91 元。两次住院共计 437 天。

原告高某甲诉称：原告和被告王某于 2006 年登记结婚，并生有一子高某丙，今年七岁。2011 年 11 月，原告在为雇主开车时不慎发生事故，造成一级伤残。原告委托王某甲处理本事故，后经协商，雇主赔偿原告各项经济损失 90 万元。该款由王某甲持有，原告向王某甲要钱治病时，王某甲说把钱给王某了。王某也陆续支付了六七万元。但如今，王某不给原告生活费和看病的费用，又于 2012 年 8 月把原告安置在出租房内居住，使原告有家不能回。请求判令被告返还原告人身损害赔偿款 83 万元，诉讼费由被告承担。

被告王某辩称：被告没有不让原告回家，原告出院时是原告的妹妹把原告接了出来，这些被告都不知道。原告自己在外租房子居住是原告自己不回家。这几年被告一直在给原告看病，给原告生活费，我不给原告生活费，原告也就无法生活。被告王某称，上述赔偿款已花费 700000 元（包括跑事、生活支出、车旅费 120000 元，迁户口、第三人高某乙工作支出、还两台货车的欠款 300000 元，原告回到许昌后治疗、生活支出 280000 元），还剩余 200000 元。

被告王某甲辩称：经过被告王某和原告的同意，赔偿款当时是打给我了，但是，我当天直接把这 90 万元打给我姐王某了。

第三人高某乙述称：钱在被告王某处，被告需要把剩余的钱拿出来给原告看病。

诉讼中，原告高某甲放弃对被告王某甲的诉讼请求。

【案件裁判思路及裁判结果】

法院生效判决认为：原告高某甲在南通大力运输有限公司工作的过程中受到伤害获得赔偿款 900000 元，该款由被告王某实际占有，该赔偿款中属于原告高某甲的个人财产部分，原告高某甲有权要求被告王某予以返还，属于原告高某甲与被告王某的夫妻共同财产部分，因被告王某并未持续提供相关医疗费用，而原告高某甲与被告王某并未离婚，故应对该部分财产依法予以分配，由该二人按照各自分得的数额分别占有该部分财产。

关于原告高某甲获得的 900000 元赔偿款是属于原告高某甲的个人财产还是夫妻共同财产问题。残疾人生活补助费、残疾赔偿金、医疗费、精神损害抚慰金是针对受害人本人身体遭受侵害而获得的赔偿，该部分赔偿款应属原告的个人财产；误工费是对原告高某甲定残之前实际减少的收入的赔偿，其性质应属夫妻共同财产；营养费、伙食补助费是对原告高某甲住院期间已经发生的费用的赔偿，其性质应属夫妻共同财产；护理费是因护理受害人而发生的费用，本案中对原告高某甲赔偿的护理费是按照法律规定的最长护理期限 20 年计算的，该部分赔偿款中已经实际发生的护理费应属夫妻共同财产，未实际发生的护理费应由原告高某甲占有为宜，即已经实际发生的护理费为30708 元(216760 元÷20 年÷12 月×34 月)，未实际发生的护理费为186052 元(216760 元÷20 年÷12 月×206 月)；被扶养人生活费是对原告高某甲家庭成员在财产上遭受消极损失的赔偿，结合本案实际情况，原告高某甲与被告王某的婚生子高某丙现跟随被告王某生活，而原告高某甲属一级伤残，无力抚养子女，故高某丙的被抚养人生活费以由被告王某占有为宜；而原告高某甲对其父母负有法定赡养义务，其父母的被扶养人生活费以由原告高某甲占有为宜。南通大力运输有限公司多支付的赔偿款 65892 元，应属夫妻共同财产。

鉴于被告王某在持有原告高某甲赔偿款期间使用该款支付原告高某甲住院期间的医疗费、生活费及家庭支出等费用的事实，对其实际已经花费的部分应予以扣除。而原、被告并未提供确切证据证明该期间的详细花费，结合本案实际情况，该期间的花费以参照法定的人均生活消费性支出并在此基础上适当增加为宜。自原告住院之日起至原告起诉之日，原告高某甲、被告王某及其儿子三人的人均生活消费性支出为 75394 元(12336.47 元/年÷365 天×207 天×3 人+13732.96 元/年÷365 天×482 天×3 人)。考虑到原告高某甲住院期间应加强营养、产生交通费等高于正常消费的事实，该三人在该期间的消费性支出酌定 100000 元为宜。原告高某甲在许昌市人民医院、许昌市中心医院住院期间产生的医疗费属于对其个人医疗产生的费用，应从其个人财产中扣除，其他家庭生活消费性支出应从夫妻共同财产中扣除。故被告王某应将其占有的属于原告高某甲的个人财产包括残疾生活补助费、残疾赔偿金、精神损害抚慰金计 406117.09 元（287140 元 + 143570 元 +40000 元 -1465.77 元 -64592.91 元）返还原告高某甲，夫妻共同财产中的 5953 元 [（11406 元 + 1650 元 + 2250 元 + 30708 元 + 65892 元 -100000 元）÷2] 交由原告高某甲占有。判决：

一、本判决生效后 10 日内，被告王某返还原告高某甲个人财产 404651.32 元，并将其占有的夫妻共同财产中的 5953 元、护理费 186052 元交由原告高某甲占有；

二、驳回原告高某甲的其他诉讼请求。

【案件评析】

夫妻共同财产制是婚姻法确定一项重要制度，指婚姻关系存续期间夫妻双方或者一方取得的财产，除法律规定属于夫妻一方个人所有或者夫妻另有约定之外，归夫妻共同所有的夫妻财产制度。

本案例涉及需分割的财产是因高某甲在南通大力运输有限公司工作过程中受伤所获得的一笔赔偿款导致的。下面笔者仅就该笔赔偿款是否应当分割、如何分割、分割中遇到的问题作以下简单论述。

一、该笔赔偿款是否应当分割

《最高人民法院关于适用〈中华人民共和国婚姻法〉若干问题的解释(三)》的出台，为解决上述问题作了更为详细、明确的规定，该解释第 4 条第 1 款(2) 项规定："婚姻关系存续期间，夫妻一方请求分割共同财产的，人民法院不予支持，但有下列重大理由且不损害债权人利益的除外：(1) 一方有隐藏、转移、变卖、毁损、挥霍夫妻共同财产或者伪造夫妻共同债务等严重损害夫妻共同财产利益行为的；(2) 一方负有法定扶养义务的人患重大疾病需要医治，另一方不同意支付相关医疗费用的。"

本案赔偿款是因高某甲在干活过程中受伤所获得，其伤残等级构成一级伤残，且需持续用药治疗，而占有赔偿款的妻子王某并未持续不断地向高某甲提供相应的医疗费、生活费，双方虽然此时没有离婚，但王某的行为在一定程度上损害了高某甲的利益，如果高某甲要求分割该部分财产的请求因双方没有离婚而得不到支持，不仅高某甲的治疗无法继续，且其父母的生活也得不到保障。此时进行婚内分割夫妻共同财产不仅有法律依据，而且有现实需要。本案符合法律规定的婚内进行分割夫妻共同财产的条件，法院应当对二人的夫妻共同财产予以分割。

二、如何分割该笔赔偿款

关于人身损害赔偿司法解释及《侵权责任法》规定的涉及受害人伤残时的赔偿项目，我国婚姻法并未具体规定何种赔偿项目属个人财产，何种赔偿项目属夫妻共同财产，这是立法的滞后性导致在法律适用上不够明确，但根据人身损害赔偿司法解释及《侵权责任法》的立法精神及各种赔偿款的性质，笔者认为，残疾人生活补助费、残疾赔偿金、医疗费、精神损害抚慰金具有严格的人身属性，且是针对受害人本人身体遭受侵害而获得的赔偿，该部分赔偿款应属受害人的个人财产。误工费是对受害人定残之前实际减少的收入的赔偿，而夫妻一方的工资、薪金所得属夫妻共同财产，故误工费的性质应属夫妻共同财产。营养费、伙食补助费是对受害人住院期间已经发生的费用的赔偿，该部分费用已预先从夫妻共同财产中支出，后来获得的赔偿仍应作为夫妻共同财产，其性质仍应属夫妻共同财产。护理费是因相应护理人员护理受害人而发生的费用，应根据护理高某甲的人员有所区分。高某甲作为受害人，其可以雇佣护理人员对其护理并向其支付劳务报酬，也可以由家庭成员对其进行护理。如果是雇佣护理人员对其进行护理，那么护理费用应由高某甲占有支配并向护理人员支付更为合适；如果是由家庭成员对其进行护理，高某甲则无需支付护理费，因为，根据法律的规定，夫妻之间负有相互帮助、相互扶养的义务。本案中，对原告高某甲赔偿的护理费是按照法律规定的最长护理期限

20年计算的，自高某甲受伤出院后至高某甲诉至法院期间，高某甲并未雇佣护理人员进行护理，该期间"节约"的该部分护理费应属夫妻共同财产，未实际发生的护理费应由原告高某甲占有支配。被扶养人生活费是对受害人家庭成员在财产上遭受消极损失的赔偿，结合本案实际情况，高某甲与王某的婚生子现跟随王某生活，而高某甲属一级伤残，无力抚养子女，故婚生子的被抚养人生活费以由王某占有为宜；而高某甲对其父母负有法定赡养义务，其父母的被扶养人生活费以由高某甲占有为宜。因此，该判决对高某甲赔偿款的性质的认定及划分上把握准确，对解决该纠纷起到了较好的法律效果和社会效果。

（撰稿人：李伟杰　编辑人：韩玉芬）

入住宾馆坠亡，宾馆无错不担责

【案件疑难点】

　　入住宾馆的顾客坠亡，损害赔偿的归责原则是什么

　　如何界定宾馆已经尽到合理的安全注意义务

【案件索引】

　　一审：河南省长葛市人民法院（2013）长民初字第 02035 号民事判决书

【基本案情】

　　原告：史某等

　　被告：尚某、张某

　　四原告史某、张某乙、袁某、张某丙分别是受害人张某甲的妻子、父亲、母亲、女儿。2013 年 8 月 23 日晚 21 时 12 分，四原告亲属张某甲入住被告尚某开办的长葛市某宾馆 507 房间。次日早 6 时许，某宾馆的电工发现张某甲仅着一内裤，死于 507 房间窗户外的一楼地面。张某甲死亡一案经长葛市公安机关侦查后不予立案。鉴定结论是张某甲因为高空坠落致头部严重损伤死亡。另查明：被告尚某系长葛市某宾馆业主，被告张某系尚某雇佣的经营人员，长葛市某宾馆系经过了各项审核、资质齐全的合法经营者。

　　史某等四原告诉称：二被告作为长葛市某宾馆的经营者没有尽到对四原告亲属的安全保障义务，导致张某甲在 507 房间不慎高空坠落死亡，二被告及工作人员没有及时发现、抢救，存在严重过错，给四原告精神上遭受严重打击。请求判令二被告赔偿四原告丧葬费、死亡赔偿金、被抚养人生活费、交通费共计 364498 元。

　　被告尚某辩称：我开办的某宾馆经营资质齐全，各项设施设备达

到了安全标准，接受了政府相关职能部门的审核检查后开始营业，系合法经营。四原告亲属张某甲之死经公安机关侦查后不予立案，张某甲死亡与我宾馆无关，我不存在任何违法行为和过错，不应承担任何责任，请求驳回原告诉讼请求。

被告张某辩称：我系尚某雇佣的经营管理者，非实际业主，不应承担赔偿责任。

【案件裁判思路及裁判结果】

长葛市人民法院审理后认为：公民享有生命健康权。公民、法人由于过错侵害国家的、集体的财产，侵害他人财产、人身的，应当承担民事责任。没有过错，但法律规定应当承担民事责任的，应当承担民事责任。本案中，四原告亲属张某甲入住长葛市某宾馆后因为高空坠落致头部严重损伤死亡，与长葛市某宾馆的经营管理无直接关系。被告尚某、张某在本案中没有过错，故对原告诉讼请求，本院无法予以支持。综上，依照《中华人民共和国侵权责任法》第37条、《中华人民共和国民事诉讼法》第64条之规定，判决如下：

驳回四原告对被告尚某、张某的诉讼请求。

【案件评析】

本案涉及的入住宾馆死亡损害赔偿适用的归责原则和如何界定宾馆尽到合理的安全注意义务。

在本案审理过程中，对案件如何裁判存在两种观点，一种意见认为：根据法律规定推定行为人有过错，行为人不能证明自己没有过错的，应当承担侵权责任。侵权责任法第37条规定，宾馆、商场、银行、车站、娱乐场所等公共场所的管理人或者群众性活动的组织者，未尽到安全保障义务，造成他人损害的，应当承担侵权责任。这种情形的赔偿采用的是过错推定原则，本案中，死者张某甲入住长葛市某宾馆后，因为从高处坠落致头部严重损伤死亡，与长葛市某宾馆的经营管理无直接关系。被告尚某、张某在经营宾馆过程中，经过工商、消防等部门审查，符合宾馆规范标准，又有安全巡逻制度、保安交接班制度，在安全管理方面达到了相应的标准，在张某甲死亡过程中没有过错，尽到了合理的安全注意义务，原告诉讼请求缺乏相关证据，无法予以支持，应驳回四原告对被告尚某、张某的诉讼请求。

另一种意见认为：被告尚某应对四原告亲属张某甲之死承担赔偿责任。侵权责任法第 37 条规定，宾馆、商场、银行、车站、娱乐场所等公共场所的管理人或者群众性活动的组织者，未尽到安全保障义务，造成他人损害的，应当承担侵权责任。由此可以看出，法律对宾馆、商场、娱乐场所等公共场所管理人在安全保障义务的要求极其严格。张某甲入住被告尚某的长葛市某酒店后，从高处坠落死亡的事实说明被告在安全注意义务上有漏洞，没有尽到合理的安全注意义务，所以被告尚某就应该对死者张某甲的亲属承担赔偿责任。

我们基本同意第一种意见。我国侵权责任法对于侵权行为的归责体系有三种归责原则：过错责任原则、过错推定原则和无过错原则。归责原则是确定行为人的侵权行为民事责任的根据和标准，在侵权责任法中起着统帅和灵魂作用。侵权责任法第 37 条规定："宾馆、商场、银行、车站、娱乐场所等公共场所的管理人或者群众性活动的组织者，未尽到安全保障义务，造成他人损害的，应当承担侵权责任。"也就是按照该法第 6 条第 2 款规定的"根据法律规定推定行为人有过错，行为人不能证明自己没有过错的，应当承担侵权责任。"亦即过错推定原则。

但是，如何理解尽到合理注意义务。我们认为，对宾馆经营者抑或其他商场、银行、车站、娱乐场所应给予一个相对宽松的经营环境。安全注意义务应当在经营者能够防止或者制止损害的范围内，比如宾馆经营者证照齐全，客房卧具、电器、门窗等各项硬件设施符合国家规定或者行业安全条件标准，建筑物牢固安全，消防设施、灭火器材、应急照明设备、灯光疏散指示标记齐全有效，安全出入口和疏散通道畅通。否者，无限扩大经营者的安全注意义务，超出经营者能够防止或者制止的范围，加大经营者的交易成本，不利于社会的秩序的有效构建。如顾客因突发心脏病猝死，我们不可能要求每个顾客进入交易场所之前，由商家对顾客先行体检，这在现实生活中也是不可行的。

作为宾馆、酒店业等，一是要防止顾客遭受来自宾馆等经营者方面的侵害，经营者不因自己的经营行为而直接使顾客遭受人身或者财产上的侵害，二要防止顾客遭受第三人侵害的注意义务，做到这两点就应该视为尽到了合理的安全注意义务。本案原告主张，因为张某甲入住被告的宾馆坠亡，说明原告没有尽到合理的安全注意义务，这是犯了一个简单的逻辑错误。本案排除了他杀可能，不能排除张某甲自杀，张某甲死亡的结果推导不出原告没有尽到合理安全注意义务，不是充分必要条件。

（撰稿人：李百山　王黎明　编辑人：韩玉芬）

雇佣中受伤再遭医院错误治疗
致残谁赔偿

【案件疑难点】
　　"多因一果"侵权行为的责任承担的法律适用

【案件索引】
　　一审：河南省长葛市人民法院(2012)长民初字第01167号民事判决书
　　二审：河南省许昌市中级人民法院(2014)许民终字第222号民事判决书

【基本案情】
　　原告：白某甲
　　被告：白某乙
　　2010年12月20日，原告白某甲跟随被告白某乙到长葛市官亭乡佛耳岗村砍伐树木，双方商定由被告白某乙按天向原告白某甲支付报酬。原告白某甲在丈量树木时，被劳务关系以外的第三人(将树木从高处滚落的人)砸伤右足，致右足1、2、3、4趾骨骨折。原告白某甲受伤后，到长葛市官亭乡卫生院治疗，该卫生院对其进行了石膏固定处理。被告白某乙除支付原告白某甲在该卫生院的治疗费用外还给付其1000元现金。2011年2月13日至2011年3月22日，原告白某甲在长葛市人民医院住院治疗，经诊断，原告白某甲右脚第二趾坏死及右脚踇趾、第二趾趾骨骨折，该医院为原告白某甲实施了右足第二趾截除术。2011年4月17日，原告白某甲之夫张某与长葛市官亭乡卫生院签订协议，该协议主要内容为：白某甲右脚受伤骨折，到长葛市官亭乡卫生院就诊，后经医生王某诊治，白某甲右脚第二趾截肢，出于人道主义，王某理赔白某甲 37000 元。同日，原告白某甲之夫张某收到长葛市官亭乡卫生院现金 37000 元。2011 年 10 月 8 日，经鉴定，原告白某甲伤残程度属九级。2011 年 11 月 23 日，白某甲将白某乙诉至长葛市人民法院。2012 年 4 月 24 日，白某甲撤回对白某乙的起诉。2012 年 5 月 22 日，原告白某甲再次诉至长葛市人民法院，请求判令被告白某乙赔偿原告白某甲医疗费、误工费、护理费、住院伙食补助费、营养费、交通费、鉴定费、残疾赔偿金、抚养费及精神损害抚慰金等共计 57837.50 元。

被告白某乙辩称：原告白某甲截肢是因长葛市官亭乡卫生院包扎不当所致，与我无关，因此我不应当承担赔偿责任。

2012 年 6 月 18 日，原告白某甲申请对其伤残等级与 2010 年 12 月 20 日所受损伤是否存在因果关系进行鉴定，鉴定意见为："白某甲右足第二趾坏死切除系外伤所致，其在许昌葛天法医临床司法鉴定所鉴定意见书中的伤残等级与 2010 年 12 月 20 日所受损伤是否存在因果关系请法庭调查后确定。"

【案件裁判思路及裁判结果】

长葛市人民法院审理后认为：原告白某甲跟随被告白某乙到长葛市官亭乡佛耳岗村砍伐树木，被告白某乙按天向原告白某甲支付报酬，因此，原、被告之间形成劳务关系(雇佣关系)，原告白某甲系提供劳务一方(雇员)，被告白某乙系接受劳务一方(雇主)。原告白某甲(雇员)在从事雇佣活动中遭受人身损害，其所遭受人身损害系雇佣关系以外的第三人造成的，原告白某甲可以请求第三人承担赔偿责任，也可以请求被告白某乙(雇主)承担赔偿责任。被告白某乙(雇主)承担赔偿责任后，可以向第三人追偿。原告白某甲在提供劳务时未尽到安全注意、防护义务，对其受到的损害存在过错，其应承担一定的责任。

本案争议焦点是原告白某甲于 2010 年 12 月 20 日被砸伤是否必然导致其右足第二趾截除从而构成伤残(即二者是否存在必然因果关系)，是否还存在其他原因才导致其右足第二趾截除。

原告白某甲认为其右足第二趾截除系被砸伤所致；被告白某乙认为原告白某甲右足第二趾截除系长葛市官亭乡卫生院包扎不当所致。

因原告白某甲被砸伤与右足第二趾截除的时间相差约二个月，长葛市官亭乡卫生院因原告白某甲右足第二趾截除而对其理赔 37000 元，且原告白某甲对长葛市官亭乡卫生院对其理赔 37000 元的原因不能作出合理解释，因此，原告白某甲对其被砸伤必然导致其右足第二趾截除负有举证责任。原告白某甲申请对其伤残等级与 2010 年 12 月 20 日所受损伤是否存在因果关系进行鉴定，但鉴定部门并未作出明确结论。虽然原告白某甲被砸伤是否必然导致其右足第二趾截除无法查清，不排除还存在因其他因素导致其右足第二趾截除的情形，但因原告白某甲被砸伤是导致其右足第二趾截除的必要条件，故被告白某乙对原告白某甲因伤残而遭受的损失应当承担一定的责任。综合原告白某甲所遭受的损失，被告白某乙除支付原告白某甲在长葛市官亭乡卫生院的治疗费用外还给付原告白某甲现金 1000 元，以及长葛市官亭乡卫生院对原告白某甲已理赔 37000 元之事实，基于上述对本案争议焦点的分析，认为以被告白某乙赔偿原告白某甲误工费、护理费、住院伙食补助费、营养费、交通费、鉴定费、残疾赔偿金、精神损害抚慰金共计 7000 元为宜。判决：

一、被告白某乙于本判决生效之日起 5 日内赔偿原告白某甲误工费、护理费、住院伙食补助费、营养费、交通费、鉴定费、残疾赔偿金、精神损害抚慰金共计 7000 元。

二、驳回原告白某甲的其他诉讼请求。

一审判决后，原告白某甲上诉称：上诉人白某甲右足第二趾伤残，系给被上诉人白某乙提供劳务过程中被砸伤所致，与长葛市官亭乡卫生院无关，两者并非同一法律关系，上诉人白某甲对本案没有过错，应由被上诉人白某乙承担本案全部赔偿责任，请求二审法院依法改判或发回重审。

被上诉人白某乙辩称：上诉人白某甲的右足第二趾截肢是因为医生包扎不当造成的，责任不在被上诉人白某乙，且长葛市官亭乡卫生院已经赔偿给上诉人白某甲 37000 元。原审判决正确，应予维持。

许昌市中级人民法院审理后认为：上诉人白某甲上诉称其右足第二趾截肢与长葛市官亭乡卫生院无关，应由被上诉人白某乙承担全部赔偿责任，但不能提供充分证据证明该主张，不予支持，一审判决被

171

上诉人白某乙向上诉人白某甲赔偿 7000 元并无不当，应予支持。一审判决正确，应予维持。判决：

驳回上诉，维持原判。

【案件评析】

"多因一果"侵权行为系无意思联络的数人分别侵权中的"原因力结合的无意思联络的数人侵权"。《人身损害赔偿解释》第 3 条第 2 款规定："二人以上没有共同故意或者共同过失，但其分别实施的数个行为间接结合发生同一损害后果的，应当根据过失大小或者原因力比例各自承担相应的赔偿责任。"多因为间接结合，则成立"多因一果"侵权行为，形成按份责任。

本案原告白某甲在丈量树木时被从高处滚落的树木砸伤右足，其右足被砸伤系劳务关系以外的第三人（将树木从高处滚落的人）造成的。其被砸伤右足后随即到乡卫生院治疗，乡卫生院对其进行了石膏固定处理，约二个月后在市人民医院住院治疗并实施了右足第二趾截除术，说明其右足被砸伤并不会也不可能直接或必然地引发右足第二趾截除的损害后果，其右足被砸伤只是引发右足第二趾截除的必要条件即原因之一；乡卫生院因其右足第二趾截除而给付其 37000 元，如果是出于人道而给予的补偿则不可能补偿如此高的金额，故可以推定乡卫生院的不当治疗行为是导致其右足第二趾截除的主要原因。原告白某甲在提供劳务时未尽到安全注意义务，对其受到的损害存在过错，其亦应承担一定的责任。

一审法院综合原告白某甲的过错程度及所遭受的损失、被告白某乙除支付其在乡卫生院的治疗费用外还给付其现金 1000 元、乡卫生院对赔偿其 37000 元等案件事实，判决被告白某乙赔偿原告白某甲误工费等共计 7000 元，既正确适用了"多因一果"侵权行为的责任承担的相关法律规定，又充分体现了民法的公平原则，达到了定纷止争、化解社会矛盾的良好效果。

（撰稿人：马军平　编辑人：吴　涛）

超过保证期限保证人不承担保证责任

【案件疑难点】

　　典当借款中，未交付质押物的如何认定

　　借贷关系中借款本金数额的认定及保证责任的免除

【案件索引】

　　一审：河南省禹州市人民法院（2013）禹民一初字第 13 号民事判决书

【基本案情】

　　原告：银通公司

　　被告：赵某

　　被告：卢某

　　2011 年 6 月 7 日，被告赵某（乙方）向原告银通典当行（甲方）提交典当借款申请，并于当天双方签订借款协议，乙方自愿用小轿车一辆（现值评估价 24 万元）作质押，向甲方借款 20 万元，借款期限 2 个月，自 2011 年 6 月 7 日至 2011 年 8 月 6 日，借款利率为 5%，其中甲方在发放贷款时预先扣除利息，如逾期超过 5 日未续当，按本金 5‰收取罚息，并由被告卢某作担保，约定由被告卢某承担连带担保责任，如借款人到期不还，担保人承担借款本金及一切费用。后经原告银通典当行催要，被告赵某支付 2 万元利息至 2011 年 12 月 4 日，后被告赵某未再支付借款本金和利息。

　　原告银通典当行起诉至法院，请求依法判令被告立即偿还借款 20 万元及利息。

　　被告赵某缺席无答辩。

　　被告卢某辩称，我为赵某借款担保属实。但借款期限届满后的担

173

保期间内，原告没有要求我承担担保责任，我的保证责任应予免除。

另查明，原告银通典当行在庭审中自认被告赵某没有将小轿车一辆交付公司作质押。

【案件裁判思路及裁判结果】

禹州市人民法院经审理后认为：被告赵某没有将小轿车交付原告银通典当行作质押，不应认定为典当纠纷；基于被告赵某向原告银通典当行借款 20 万元的事实，应认定为民间借贷纠纷。原告银通典当行在出借款项时按约定的利率为 50‰预先扣除两个月的利息 2 万元，违反法律规定，原告银通典当行给被告赵某的借款本金应认定为 18 万元。被告赵某给付原告银通典当行的 2 万元，作为被告赵某应付自 2011 年 6 月 7 日至 2011 年 12 月 4 日的利息，不高于中国人民银行公布的同期同类贷款利率的 4 倍，予以支持。原、被告约定的利率为 5‰和按本金 5‰收取罚息之和高于中国人民银行公布的同期同类贷款利率的 4 倍，高出部分，不予支持；被告赵某应按中国人民银行公布的同期同类贷款利率的 4 倍自 2011 年 12 月 5 日起按借款 18 万元支付利息至判决确定还款之日。因原告银通典当行与被告卢某没有约定保证期间，其在主债务履行期满之日超过 6 个月向被告卢某主张保证责任，不予支持。判决：

一、被告赵某于判决生效后 10 日内偿还原告银通公司借款本金 18 万元及利息(利息按中国人民银行公布的同期同类贷款利率的 4 倍自 2011 年 12 月 5 日起计算至判决确定还款之日)。

二、驳回原告银通公司的其他诉讼请求。

【案件评析】

一、典当借款中，未交付质押物的，基于借款事实可以认定为民间借贷纠纷

以动产设定质押，但是质物未移交的，质押未生效。本案中，被告赵某(乙方)与原告银通典当行(甲方)签订借款协议，乙方自愿用小轿车一辆(现值评估价 24 万元)作质押，向甲方借款 20 万元，基于该借款协议，可以认定为民间借贷纠纷。

二、借贷关系中借款本金数额的认定及保证责任的免除

借款的利息不得预先在本金中扣除。该案中，原被告签订借款协议时即约定发放借款时预先扣除利息，按约定的利率为50‰预先扣除两个月的利息2万元，违反法律规定，故应认定实际借款金额为18万元。

被告卢某对赵某的借款承担连带担保责任，但是并未约定担保期间，故原告作为债权人有权自主债务履行期满之日起6个月内即2011年8月7日至2012年2月6日要求连带责任保证人卢某承担保证责任。但是该案中原告于2012年12月1日提起诉讼主张卢某承担保证责任，已过保证期间，卢某的保证责任免除。

法律依据：《中华人民共和国合同法》第200条："借款的利息不得预先在本金中扣除。利息预先在本金中扣除的，应当按照实际借款数额返还借款并计算利息。"

《中华人民共和国担保法》第26条："连带责任保证的保证人与债权人未约定保证期间的，债权人有权自主债务履行期届满之日起6个月内要求保证人承担保证责任。在合同约定的保证期间和前款规定的保证期间，债权人未要求保证人承担保证责任的保证人免除保证责任。"

（撰稿人：张慧君　编辑人：唐战立）

承揽卸车农民工受伤自己承担后果

【案件疑难点】

临时卸车是承揽关系还是劳务关系

【案件索引】

一审：河南省长葛市人民法院（2013）长民初字第 02186 号民事裁定书

【基本案情】

原告：罗某

被告：周某

2013 年 7 月 23 日上午 8 时许，原告与王某、李某某等四名工人在被告厂门口给被告卸锰铁，约定卸一车货 200 元钱。在干活过程中，一块 70～80 斤重的不规则锰铁从货车上滚下砸伤原告的左脚。事故发生后，原、被告关于原告的赔偿费用问题一直协商无果，原告为维护自己的合法权益诉至法院，以提供劳务者受害责任纠纷为案由，起诉请求依法判令被告立即赔偿原告医疗费、误工费、营养费、交通费、护理费、住院伙食补助费等共计 15000 元并负担本案一切费用。

被告辩称：锰铁是妹夫潘某转卖给他的，其不应作为该案的被告，本案的被告应为潘某。另外，原告是潘某从劳务市场喊来的，约定卸一车货被告给 200 元钱，其余事项被告一概不管。

【案件裁判思路及裁判结果】

长葛市人民法院审理后认为：虽然锰铁是潘某转卖给周某的，但不影响认定被告是所搬运锰铁的实际所有人，故原告所起诉的被告主体适格。

原告罗某以提供劳务者受害责任纠纷为案由起诉，对案件的性质存在认识误区。原告、李某某、王某等四人给被告周某搬运锰铁，双方约定的是计件工资的形式，没有约定提供劳动的期限、未签订书面劳动合同，应认定原、被告之间成立承揽合同法律关系。

依照最高人民法院《关于审理人身损害赔偿案件适用法律若干问题的解释》第10条之规定："承揽人在完成工作过程中对第三人造成损害或者造成自身损害的，定作人不承担赔偿责任。但定作人对定作、指使或者选任有过失的，应当承担相应的赔偿责任。"在本案中，被告周某对定作、指使、选任没有过失，故原告罗某在搬运锰铁过程中，自身所受损害应当由其自负其责。

原告罗某于2014年1月6日申请撤回对被告周某的起诉，法院在其撤诉当日以裁定的形式予以准许。

【案件评析】

本案涉及的关键点为原、被告之间是劳务合同关系还是承揽合同关系？

劳务合同（雇佣）是指提供劳务者按照接受劳务一方的指示，利用接受劳务一方提供的条件提供劳务，接受劳务一方向提供劳务者支付劳动报酬。劳务合同为双务、有偿，但须以劳务供给本身为目的，若劳务供给仅为其他约定的附随义务或者为达成其他目的的手段，不成立劳务合同。劳务合同是一种通俗称呼，我国《合同法》对其没有明文的规定，但其适用的主要依据是《中华人民共和国合同法》。劳务合同与劳动合同不同，没有固定的格式、必备的条款。其内容可依照《合同法》第12条规定，由当事人根据具体情况自主随机选择条款、具体约定。

依照《中华人民共和国合同法》第251条："承揽合同是指承揽人按定作人的要求完成一定的工作，交付工作成果，定作人给付报酬的合同。"

具体区别在以下几点：

一是合同的标的不同。承揽合同是以承揽人完成一定的工作并交付该工作成果为标的，劳务合同则是以提供劳务者的劳务为标的。劳务合同强调劳务本身，而承揽合同不看重工作的过程，只要完成的成果符合定作人的要求即可。

二是双方当事人的地位关系不同。承揽合同的双方当事人没有从属关系，工作过程中，承揽人与定作人相对独立，承揽人并不受定作人的指挥。在劳务合同中，提供劳务者劳动力的使用权属于接受劳务一方，提供劳务者必须听从接受劳务一方的安排并受其指挥、监督和控制，接受劳务者与提供劳务者之间有从属关系。

三是报酬给付方式不同。在承揽合同中，由于合同的标的是工作成果，一般是承揽人在完成工作成果并将其交付给定作人，定作人检验后，一次性将报酬支付给承揽人，承揽人与定作人的承揽关系持续时间多数比较短。而劳务合同中，接受劳务一方与提供劳务者一般建立长期、稳定的劳务关系。

四是所属法律范畴不同。承揽合同是私法上的合同，遵循意思自治的原则。劳务合同一部分是受公法的调整，在现代社会，为了保护提供劳务者的利益，公法的立法更多地涉及了劳务合同。

五是风险转移不同。承揽合同中，工作过程中对第三人或者是承揽人发生的危险和意外由承揽人自己承担，对此定作人不承担任何责任。在劳务合同中，提供劳务一方因劳务造成他人损害的，由接受劳务一方承担侵权责任，提供劳务一方因劳务自己受到损害的，根据提供劳务方与接受劳务方各自的过错承担相应的责任。

六是提供工具与设施的主体不同。一般来说，承揽合同中，由承揽人自带工具，并且定作人一般不限制工作时间。而劳务合同中，接受劳务一方应当为提供劳务者提供工作的条件、设施以及工具，并且有固定的劳动时间。

七是法律责任承担不同。承揽关系中承揽人在完成工作过程中造成自身损害的，定作人不承担赔偿责任。但定作人对定作、指示或者选任有过失的，应当承担相应的赔偿责任。劳务关系中由用工方承担在劳作过程中人身伤害的风险，这是基于民法中"谁受益谁负责"的原则请求赔偿的。

本案中，原告等四人给被告搬运锰铁，双方约定卸完一车锰铁为支付报酬标准，原、被告之间的法律关系以交付搬运锰铁的工作成果为标的，原、被告之间地位相对独立，原告不受被告的指挥，双方也没有建立长期、稳定的劳务关系，被告也没有限制原告的工作时间。因此，原、被告之间应认定为承揽合同关系。依据承揽合同的性质，承揽人自己承担在独立完成工作中的危险，原告在完成搬运锰铁的过程中造成的自身损害应由其自己承担责任。

（撰稿人：史家雯　编辑人：吴　涛）

乘客被甩车外按照承运旅客责任险赔偿

【案件疑难点】

交通事故中被甩车外的乘客，是作为"第三者"还是作为"车上人员"身份认定

【案件索引】

一审：河南省长葛市人民法院（2013）长民初字第 02424 号民事调解书

【基本案情】

原告：胡某甲

被告：胡某乙

被告：联合公司

2013 年 4 月 21 日 16 时 40 分，被告胡某乙持 A2 证驾驶豫 K76×××号中型普通客车由西向东行驶至长葛市长社路铁东菜市场门口处临时停车打开车门时，乘客即原告胡某甲不慎被甩出车外，造成原告胡某甲受伤的交通事故。原告胡某甲受伤后被送往长葛市人民医院住院治疗 184 天，支出医疗费 130377.74 元。2013 年 10 月 23 日，长葛市公安交通警察大队作出长公交认字[2013]第 131055 号道路事故认定书，认定被告胡某乙负该事故全部责任，原告胡某甲不负该事故责任。事故发生后，被告胡某乙为原告垫付医疗费 126856.64 元。被告胡某乙驾驶的豫 K76×××号中型普通客车系被告胡某乙购买登记在长葛市安达汽车运输有限责任公司名下，在被告联合公司投有交强险和赔偿限额为 200000 元的第三者责任险及承运旅客责任保险，承运旅客责任保险每人每次事故最高赔偿限额为 200000 元，其中每次伤残死亡最高赔偿限额为 120000 元，每人每次医疗费用最高赔偿限额

为 80000 元。该事故发生在保险期间内。

后因原、被告协商未果，原告诉至法院请求判令被告在交强险和商业第三者保险内赔偿医疗费、住院伙食补助费、营养费、护理费、交通费、伤残赔偿金、鉴定费、精神损害抚慰金等共计 203722.1 元并承担本案诉讼费用。

被告胡某乙辩称：其驾驶的车辆在被告中国联合财险许昌公司投保有交强险和商业第三者保险，赔偿责任应该由被告联合公司承担，原告应将垫付款 126856.64 元返还给我。

被告联合公司辩称：原告胡某甲是事故车辆上的乘客，从车上摔伤后没有与车辆发生碰撞，我公司应在承运旅客责任保险范围内承担赔偿责任。且根据保险合同约定，我公司在此保险范围内不承担诉讼费、鉴定费和精神抚慰金。

【案件裁判思路及裁判结果】

长葛市人民法院审理后认为：原告胡某甲在下车过程中被甩出车外，头部碰撞地面而受伤。受伤的过程中并未完全脱离车体，且发生事故的原因及时间都与乘坐的车辆具有关联性，没有与事故发生的车辆出现碰撞或碾压的情况，不属于一般机动车交通事故中的"第三者"，系"车上人员"即事故发生车辆上的乘客，被告胡某乙驾驶的车辆系营运车辆，在被告联合公司投保有承运人责任保险。原告起诉的案由为机动车交通事故责任纠纷，其请求权的基础为侵权之债。被告联合公司虽然承保了承运旅客责任保险，但该保险并不属于第三者责任保险的范围，法律或法规也没有赋予受害人直接向保险公司行使赔偿的请求权，但该公司自愿在承运旅客责任保险范围内承担赔偿责任，基于上述裁判的思路，长葛市人民法院对当事人各方做调解工作，最终在平等、合法、自愿的基础上，达成如下协议：

一、被告联合公司于 2014 年 8 月 31 日之前一次性赔偿原告胡某甲医疗费、护理费、残疾赔偿金共计 140000 元为两清（原告胡某甲从此赔偿款中返还被告胡某乙垫付款 70000 元为两清）。

二、原告胡某甲自愿放弃其他诉讼请求。该调解书已经送达各方当事人，发生法律效力。

【案件评析】

"第三者"与"车上人员"的判断标准

"第三者"是一个很广泛的概念，除了保险人以及被保险人或者合法司机之外的人均是"第三者，"包括车上旅客人员也在第三者范围之内，但是，交强险和第三者责任险的保险标的是对车外的人或者物而言的，"车上人员"是车上的旅客，也是承运旅客责任保险中的"第三者"。

本案中的受害人原告属于车辆的乘客，虽然受伤后被甩出车外，其身份依然是旅客，也是旅客在乘坐车辆的过程中受伤，所以应当适用承运旅客责任保险赔偿。

本案中乘客原告胡某甲可以直接向保险公司主张保险金，法律依据是《保险法》第 65 条：

保险人对责任保险的被保险人给第三者造成的损害，可以依照法律的规定或者合同的约定，直接向该第三者赔偿保险金。

责任保险的被保险人给第三者造成损害，被保险人对第三者应负的赔偿责任确定的，根据被保险人的请求，保险人应当直接向该第三者赔偿保险金。被保险人怠于请求的，第三者有权就其应获赔偿部分直接向保险人请求赔偿保险金。

（撰稿人：肖　洁　编辑人：王五周）

单位致害导致工伤能否同时主张
民事侵权赔偿和工伤赔偿

【案件疑难点】
　　本案申请人在得到民事赔偿后，是否还应得到工伤保险赔偿

【案件索引】
　　一审：河南省禹州市人民法院（2010）禹民一初字第 167 号民事判决书
　　二审：河南省许昌市中级人民法院（2010）许民一终字第 262 号民事判决书
　　再审：河南省许昌市中级人民法院（2012）许民再终字第 32 号民事判决书

【基本案情】
　　原告：威达公司
　　被告：吴某
　　2008 年 9 月 5 日原告法定代表人姬某某驾车前往武汉市参加汽车销售经验交流会，当姬某某驾驶豫 KG-3×××轿车行驶到武汉经济技术开发区时与郑某驾驶的鄂 A28×××货车相撞，造成随同参加会议的单位职工姬某甲死亡。经武汉市公安局交通管理局武汉经济技术开发区大队认定，姬某某负此事故的主要责任，郑某负此事故的次要责任。事故发生后，原告在处理事故中花费各项费用 122656.7 元（包括医药费、交通费、丧葬费、住宿费、餐费等）。同时赔偿姬某甲家属 200000 元，死者姬某甲父母及被告吴某各得 100000 元。后经武汉经济技术开发区人民法院主持调解，郑某、武汉市东西湖区盛大汽运有限公司、中国人民财产保险股份有限公司武汉市东西湖支公

司，赔偿被告共计195000元。2009年8月21日，被告向许昌市劳动和社会保障局提出工伤认定，经许昌市劳动和社会保障局作出豫(许)工伤认字[2009]399号通知书认定姬某甲为工伤。被告于2010年1月4日向禹州市劳动仲裁委申请仲裁，2010年1月28日禹州市劳动仲裁委作出禹劳仲案字(2010)第1号裁决书，裁决原告支付被告丧葬补助金9288元，一次性工亡补助金83592元。

威达公司于2010年2月20日诉至禹州市人民法院，请求判令撤销禹劳仲案字(2010)第1号仲裁裁决书，驳回吴某要求再支付丧葬费及一次性工亡补助金的请求，要求返还公司多支付的事故赔偿款100000元。

被告吴某辩称：自己可以取得双重赔偿，即公司的民事赔偿与工伤赔偿。

【案件裁判思路及裁判结果】

禹州市人民法院一审认为：被告吴某的丈夫姬某甲是随同原告威达公司法定代表人姬某某到武汉市参加汽车销售经验交流会，途中因交通事故死亡，构成工伤。事故发生后，原告已补偿被告200000元，超出了劳动争议仲裁的赔偿数额，被告再次要求原告赔偿，于法无据，不予支持。原告赔偿被告200000元，是双方当事人的真实意思表示，且不违反法律规定，原告要求被告返还多付的100000元，不予支持。依据《工伤保险条例》第2条、第37条，《最高人民法院关于审理人身损害赔偿案件适用法律若干问题的解释》第11条第3款的规定，判决如下：一、驳回原告的诉讼请求。二、驳回被告工伤赔偿92880元的请求。本案受理费920元，由原告承担。

吴某不服一审判决，提出上诉。许昌市中级人民法院二审判决：驳回上诉，维持原判。

判决生效后，吴某申请再审称，一、本案是劳动争议，不是民事侵权纠纷，不能与民事人身侵权损害赔偿相混淆。二、申请人应当享受工伤待遇。豫(许)工伤认定(2009)339号工伤认定通知书，审核确认姬某甲为工伤。申请人吴某与姬某甲系夫妻关系，应当享受工伤待遇。三、被申请人应当赔偿姬某甲因公死亡补助金和丧葬补助金。根据我国相关法律规定，被申请人应当为本单位职工参加工伤保险、向劳动部门缴纳工伤保险金，事故发生后，均由劳动部门支付死亡、丧葬补助金等。因被申请人公司未参加工伤保险，所以姬某甲死亡后工伤待遇费用应由被申请人承担。四、被申请人还应当承担民事赔偿责任。关于姬某某先行支付的 200000 元是他本人为了安抚死者家属而提前支付的，该赔偿款是其个人应当承担的民事侵权部分的赔偿金。该笔款与被申请人公司应当承担的工伤赔偿无关，申请人可以得到双倍赔偿。这次交通事故，姬某某被交警部门认定为主要责任，任何责任人都应当承担民事赔偿责任。综上所述，本案是劳动争议，不是民事侵权纠纷，申请人应当得到工伤保险待遇。一、二审法院认定事实不清，证据不足，适用法律错误，请求撤销一、二审判决，依法改判。

被申请人威达公司答辩称，被申请人认为关于本案的赔偿问题，已与死者亲属达成协议，且已履行完毕。本案交通事故与工伤赔偿无法明确分割。如果需要工伤赔偿，应由姬某甲父母提出要求。本案不应适用工伤与交通事故的双重赔偿。一、二审判决认定事实清楚，应予维持。

许昌市中级人民法院经再审审理查明事实与原一、二审查明事实一致，于 2013 年 6 月 8 日作出判决：维持（2010）许民一终字第 262号民事判决。

【案件评析】

一、本案属于交通事故引起的工伤保险待遇赔偿纠纷案件，应当适用《工伤保险条例》的规定

本案是由道路交通事故人身损害引起的工伤保险待遇纠纷。申请再审人吴某的丈夫姬某甲外出开会时发生交通事故死亡，已被劳动部门认定为工伤。根据最高人民法院《关于审理人身损害赔偿案件适用法律若干问题的解释》第 12 条第 1 款的规定："依法应当参加工伤保险统筹的用人单位的劳动者，因工伤事故遭受人身损害，劳动者或者其近亲属向人民法院起诉请求用人单位承担民事赔偿责任的，告知其按《工伤保险条例》的规定处理。"依照该条规定，受工伤事故伤害的

职工要求用人单位承担民事赔偿责任的，应按工伤保险条例的规定处理。该规定明确了用人单位应该在工伤保险责任限额范围内承担工伤赔偿责任。用人单位应承担的工伤保险赔偿责任有哪些呢？《工伤保险条例》第 39 条第 1 款规定：职工因公死亡，其近亲属按照下列规定从公伤保险基金领取丧葬补助金、供养亲属抚恤金和一次性工亡补助金。本案经禹州市劳动仲裁委作出的禹仲裁字（2010）第 1 号裁决书，裁决申请人应享受丧葬补助金 9288 元，一次性工亡补助金 83592 元。

二、工伤保险责任与民事侵权责任竞合的，应如何适用法律

最高人民法院《关于审理人身损害赔偿案件适用法律若干问题的解释》第 12 条第 2 款规定："因用人单位以外的第三人侵权造成劳动者人身损害，赔偿权利人请求第三人承担民事赔偿责任的，人民法院应予支持。"该款规定对受伤害职工因他人过错造成的人身损害赔偿的救济作出了明确规定。但对因用人单位过错造成的人身损害赔偿应如何处理，没有作出相应规定。依照民法通则第 119 条的规定：侵害公民身体造成伤害的，应当赔偿医疗费、因误工减少的收入、残疾者生活补助费等费用；造成死亡的，并应当支付丧葬费、死者生前扶养的人必要的生活费等费用。用人单位作为侵权人也应当支付姬某甲家属丧葬费、被扶养人必要的生活费等。本案被申请人在交通事故发生后对姬某甲家属进行了民事赔偿，花费各项费用 122656.7 元（包括医药费、交通费、丧葬费、住宿费、餐费等），同时赔偿姬某甲家属 200000 元。

三、侵权人个人应否承担民事赔偿责任？

本案申请人认为其得到的民事赔偿是侵权人姬某某个人应当承担的民事责任，用人单位威达公司应承担工伤保险责任。对此主张，法院认为，姬某某作为威达公司的法定代表人，在因公外出时驾驶车辆发生交通事故，其行为是执行职务行为。根据最高人民法院《关于审

理人身损害赔偿案件适用法律若干问题的解释》第 8 条第 1 款的规定："法人或者其他组织的法定代表人、负责人以及工作人员，在执行职务中致人损害的，依照民法通则第一百二十一条的规定，由该法人或者其他组织承担民事责任。上述人员实施与职务无关的行为致人损害的，应当由行为人承担赔偿责任。"姬某某在因公外出时驾驶车辆，其也是履行职务的行为，发生交通事故的后果，应由用人单位承担赔偿责任。申请人要求姬某某个人承担赔偿责任的主张依法不能成立。

四、本案申请人在得到民事赔偿后，是否还应得到工伤保险赔偿？

工伤事故中用人单位的侵权损害赔偿与工伤保险赔偿竞合时受害人能否同时主张两种权利？目前，我国法律对此并没有明文规定，因此司法实践中做法不一。

按照最高人民法院《关于审理人身损害赔偿案件适用法律若干问题的解释》第 12 条第 1 款的规定，用人单位应当在工伤保险限额范围内承担赔偿责任，以完全的工伤保险取代民事侵权损害赔偿。但本案由于用人单位与致害人竞合，用人单位承担了民事赔偿责任，且该民事赔偿责任数额已超出仲裁委仲裁的姬某甲应享受的工伤保险待遇的数额。故申请人吴某认为其在得到民事赔偿后，还应得到工伤赔偿的主张，不符合立法精神。申请人在得到用人单位及其他侵权人的民事赔偿后，再要求用人单位支付工伤赔偿的诉求不应支持。

编委会建议：最高人民法院关于因第三人造成工伤的职工或其亲属在获得民事赔偿后是否还可以获得工伤保险补偿问题的答复（［2006］行他字第 12 号）

新疆维吾尔族自治区高级人民法院生产建设兵团分院：

你院《关于因第三人造成工伤死亡的亲属在获得高于工伤保险待遇的民事赔偿后是否还可以获得工伤保险补偿问题的请示报告》收悉。经研究，答复如下：

原则同意你院审判委员会的倾向性意见。即根据《中华人民共和国安全生产法》第 48 条以及最高人民法院《关于审理人身损害赔偿案件适用法律若干问题的解释》第 12 条的规定，因第三人造成工伤的职工或其近亲属，从第三人处获得民事赔偿后，可以按照《工伤保险条例》第 37 条的规定，向工伤保险机构申请工伤保险待遇补偿。

鉴于本案件致害人是单位自己，所以本案件判决没有不当。

（撰稿人：李延波　编辑人：唐战立）

电子保单免责条款因未告知无效

【案件疑难点】
保险人未向被保险人明示免责条款的，免责条款无效

【案件索引】
一审：河南省襄城县法院（2013）襄民二金初字第 06 号民事判决书

【基本案情】
原告：杨某，王某甲之妻
原告：王某乙，王某甲之子
原告：王某丙，王某甲之女
原告：邵某，王某甲之母
被告：大地公司

2013 年 4 月，襄城县库庄乡灵树村农民王某甲在被告大地公司投保了两份大地万能意外保险。保险期间为一年，自 2013 年 4 月 20 日零时起至 2014 年 4 月 19 日 24 时止，保险金额均为 50000 元，共计 100000 元。王某甲共向被告缴纳了 200 元保险费。被告在与王某甲订立保险合同时未就免责条款向王某甲作出明确说明，也未将用户手册交付给王某甲。被告公司内勤陈某将两张四季顺（A 款）大地自助保险卡激活后交给王某甲。

电子保单号码分别为 PEYZ2013410011004000234 和 PEYZ2013410011004000235。2013 年 5 月 17 日，王某甲在一个建筑工地打零工时意外身亡。另查明：王某甲未指定受益人。其家庭成员为：母亲邵某，妻子杨某，长子王某乙，次女王某丙。

王某甲死亡后，其家属向被告大地公司提出索赔申请，该公司于

189

2013 年 7 月 12 日王某甲从事土木工程建筑业，以不应承担赔偿责任为由作出人身险拒赔通知书。

2013 年 8 月 22 日，四原告提起诉讼，要求判令被告给付四原告两份保单意外保险金共 100000 元及诉讼费。

被告辩称，王某甲在工地干活意外摔伤死亡，职业属于土木工程建筑业，属于合同约定免责，所以不应承担赔偿责任。当然也不承担诉讼费。

【案件裁判思路及裁判结果】

许昌县人民法院审理后认为：投保人王某甲提出保险要求，经保险人被告大地公司同意承保，该保险合同成立并生效，当事人均应当按照保险合同的约定履行义务。被告虽在保险卡背面印制有免责条款，但不足以引起投保人注意。且王某甲是在被告内勤陈某将保险卡激活后才见到保险卡。被告也未提供证据证明订立保险合同时以书面或者口头形式向投保人作出正常人能够理解的解释说明，故免责条款无效。且王某甲系农民，事故前是打零工，并非以土木工程建筑为业，故被告辩称王某甲系从事土木工程建筑业，其不承担赔偿责任，不予采信。王某甲已按保险合同约定缴纳保险费 200 元，王某甲发生保险事故死亡，被告大地公司应当支付保险金 100000 元。因王某甲未指定受益人，四原告均是王某甲的第一顺序继承人，故王某甲死亡的保险金应作为遗产，由保险公司按照《中华人民共和国继承法》的规定履行给付四原告保险金的义务。

襄城县人民法院于 2013 年 11 月 18 日作出（2013）襄民二金初字第 06 号民事判决：被告财险公司于本判决生效后 10 日内支付原告杨某、王某乙、王某丙、邵某保险金 100000 元人民币。诉讼费被告承担。

【案件评析】

电子保单是指保险公司借助遵循 PKI 体系的数字签名软件和企业数字证书为客户签发的具有保险公司电子签名的电子化保单。电子保单的出现，极大方便了消费者的购买。在发达国家，电子保险合同签订（投保）的过程极为简单，想买保险的人可以在任何时候（一天 24 小时）登录到提供保险服务的网站，经过咨询、比较、选择等过程，确定投保险种，交费方式，交费年限，指定受益人，并向保险公司发出电子邮件。

保险法第 17 条规定："订立保险合同，采用保险人提供的格式条款的，保险人向投保人提供的投保单应当附格式条款，保险人应当向投保人说明合同的内容。对保险合同中免除保险人责任的条款，保险人在订立合同时应当在投保单、保险单或者其他保险凭证上作出足以引起投保人注意的提示，并对该条款的内容以书面或者口头形式向投保人作出明确说明；未作提示或者明确说明的，该条款不产生效力。"王某甲是在被告内勤陈某将保险卡激活后才见到保险卡。被告也未提供证据证明订立保险合同时以书面或者口头形式向投保人作出正常人能够理解的解释说明，故免责条款无效。

根据保险法第 42 条规定："被保险人死亡后，有下列情形之一的，保险金作为被保险人的遗产，由保险人依照《中华人民共和国继承法》的规定履行给付保险金的义务：（一）没有指定受益人，或者受益人指定不明无法确定的……"本案件的保险金应当由被保险人王某甲的四个第一顺序继承人继承，所以才有本案的判决。

编委会建议：法院认为王某甲事故前是打零工，并非以土木工程建筑为业的说法对本案判决无益，即使王某甲在建筑业打零工也是从事土木工程建筑业，但是保险公司应当赔偿的原因主要是没有尽到对免责条款的说明解释义务，而并非从事了土木工程建筑业。

（撰稿人：彭　洋　刘花蕊　编辑人：唐战立）

儿童落水溺亡河道管理人
不承担赔偿责任

【案件疑难点】

河道管理者是否应承担《侵权责任法》中关于公共场所管理者应承担的注意义务

【案件索引】

一审：河南省许昌市魏都区人民法院（2013）魏北民重字第 87 号民事判决书

【基本案情】

原告：张某

原告：田某

被告：颍汝管理局

原告张某、田某系张某甲的父母，张某乙系张某甲祖父。张某甲出生于 2009 年 5 月 29 日，四人均系襄城县双庙乡湾张村人，二原告在外地打工，张某甲平时跟随祖父张某乙生活。被告颍汝管理局系事故河道颍汝干渠的管理单位。原告一家所在村与被告管理的颍汝干渠相邻。2013 年 1 月 29 日，张某乙因帮助同村村民办丧事，疏于对张某甲的照看管理，临近中午时，年仅三岁的张某甲在无人看管的情况下，在村附近的颍汝干渠双庙乡湾王村虎张组段的河岸玩耍时，掉入水中溺水身亡。该河段没有安装防护网。事后，原告及家人多次找被告协商赔偿事宜无果，遂诉至许昌市魏都区人民法院，要求被告赔偿死亡赔偿金 150859.6 元、丧葬费 13678.5 元、误工费 6000 元、精神损害抚慰金 50000 元等，共计 175280.22 元。

被告辩称：一、被告完全按照法定职权履行行政管理职权和职责，对张某甲的死亡不存在任何过错，不应该承担责任。被告作为水行政管理机关，其职责是法定的。根据许昌市政府文件规定要求，被告对颍汝总干渠的行政管理权限是：1. 保护颍汝总干渠水源的水质安全，防止污染。2. 保护该干渠河堤防、水闸等水利设施的安全运行，保障河道畅通，预防河道洪灾发生。3. 统筹干渠水量分配。被告在对颍汝总干渠管理过程中，严格按照其职权范围，充分履行法定的行政管理职权和职责，没有任何失职行为或渎职行为，不存在任何过错和违法情形。受害人张某甲溺水是其监护人没有履行监护职责造成的，与被告管理没有任何关系。在张某甲溺亡河段安装护栏设施不属于被告的行政职权范围，且没有任何法律、法规和行政规章规定水行政管理部门必须在河道两侧安装起安全防护作用的护栏设施。二、张某甲溺亡河段不属于我国《侵权责任法》规定的"公共场所"的范畴，因此被告作为该水利设施的管理人，不负有《侵权责任法》规定的安全保障义务。三、原告作为死者张某甲的监护人，没有尽到监护义务，存在重大过失，对张某甲的遇难应承担全部责任。

【案件裁判思路及裁判结果】

许昌市魏都区人民法院审理后认为：颍汝干渠的主要功能是供应许昌市区居民生活和工、农业用水。被告作为颍汝干渠的管理单位，其职责是通过加强干渠闸口、河道、渠堤、路、林、建筑物等附属设施的管理，发挥水利工程的综合效益。

颍汝干渠是否属于公共场所？公共场所的定义是任何社会成员都可以自由往来、停驻足或者只需购票就可以自由出入进行各种共同性活动的场所，如车站、码头、影剧院、游乐场、公园、体育场、集贸市场等。公共场所的主要作用是进行公共活动，而河道因有天然的危险性，且事发河道并未进行游园开发，保留河道原始形态，故该段河道及堤岸并不属于公共场所。

安装防护设施是不是被告应尽的义务？因颍汝干渠不属于公共场所，被告作为其管理机关不负有《侵权责任法》规定的宾馆、商场、银行、车站、娱乐场所等公共场所的管理人应负有的安全保障义务，仅对颍汝干渠负行政管理职责。原告未提供相应证据证明被告有义务安装防护设施，且要求干渠全程安装防护设施不切实际，故无法认定被告有安装防护设施的义务，无法认定被告在履行管理职能过程中存在过错。

张某甲溺亡与被告未安装防护设施之间是否存在因果关系？河道本身是具有一定风险的场所，受害方张某甲的监护人对此常识应当是明知的。张某甲的法定监护人为其父母，其父母因在外工作，将监护职责临时委托给张某甲祖父张某乙。张某甲仅三岁，对河道存在的风险缺乏认知，无论被告是否进行危险提示，也不能免除张某甲监护人的管理注意义务。因张某甲年幼，其监护人负有更加严密的监督和保护责任，严格防止其进入危险区域。本案中，作为张某甲法定监护人的二原告在外工作，张某甲由祖父张某乙临时照顾，张某乙疏于管理，未尽到监护职责，是造成事故发生最主要的原因，张某甲溺亡与干渠未安装防护措施无直接因果关系。

综上，被告对原告的损失不负赔偿责任，原告的诉讼请求，应不予支持。依照《中华人民共和国侵权责任法》第6条、《中华人民共和国民事诉讼法》第64条之规定，许昌市魏都区人民法院作出驳回原告张某、田某的诉讼请求的判决。

【案件评析】

河道的场所性质，是河道人身损害赔偿案件当事人争议的焦点之一，即河道是不是公共场所，是否可以适用法律关于公共场所管理人责任的有关规定？要研究河道场所的公共性质，首先要界定公共场所的定义。公共场所在一般定义上是指供公众从事社会生活的各种场所，是提供公众进行工作、学习、社交、娱乐、体育、参观、医疗、休息和满足部分生活需求所使用的一切公用建筑物、场所及其设施的总称。也有定义认为公共场所是指人群经常聚集、供公众使用或服务于人民大众的活动场所，是人们生活中不可缺少的组成部分，是反映一个国家、民族物质条件和精神文明的窗口。

河道是不是公共场所，一直以来存有较大争议，现行法律亦没有明确规定。目前，明确认定河道不是公共场所的最高层级的文件是水利部的批复。2002年9月19日，水利部以水政法〔2002〕408号文《关于对黄河主河道是否为公共场所等的批复》作了如下解释：《河道管理条例》第2条规定"本条例适用于中华人民共和国领域内的河道

(包括湖泊、人工水道、行洪区、蓄洪区、滞洪区)"。其中，行洪区和人工河道是属于作为行洪输水通道的河道，其功能是行洪输水，不是供行人使用的通道，也不同于通常意义上的车站、码头、民用航空站等供公众活动和集散的公共场所。黄河治导线范围内的区域是黄河主河道，是行洪输水通道。河道主管机关在主河道内从事挖河疏浚工作，是为了保证行洪的通畅，没有设置明显标志和采取安全措施防止他人损害的义务。由此可见，黄河主河道是行洪通道不是通常意义上的公共场所。据此，其他河道也不宜认定为公共场所。这是水利主管部门的明确意见。因此，在目前的审判实务中，不宜认定河道为公共场所。

河道的非公共场所性质决定了河道管理者在承担民事赔偿责任上不能适用法律关于公共场所管理者责任的有关规定。因此，河道管理者不承担与公共场所管理者相同的注意义务。但在自然条件下，公众为了生活和生产需要对河道进行一定的利用已经是一种普遍现象，法律亦未规定其为禁区，河道管理者对其管理的河道内发生的人生损害赔偿纠纷并非一律不承担民事赔偿责任，不能免除其在一定条件下应负有的注意义务和应承担的管理者责任。河道管理者对进入河道活动人员应当进行风险警示，对进入河道活动的人员有责任依法进行管理。河道管理者在履行管理职能过程中，如果没有尽到相应的管理责任和注意义务，造成损害结果的，仍要依其过错程度承担相应的民事责任。因河道本身即具有较大的自然风险和人类活动附加的风险，这是生活常识性问题，属于当事人应当知道的范畴。所以风险警示仅限于特定的风险，一是河道设施有缺陷，管理者未做警示的；二是人类活动造成河道自然状况发生变化，产生不确定的风险，管理者未做警示的；三是其他应当进行警示而未做警示的，这里的风险应当限于突发风险，如河道内突发沉船事件诱发的通行风险，不包括可以预见的自然风险，如河水上涨导致的通行风险。对河道管理者而言，最直接的警示方式，是在风险处设置警示标志，这也是认定河道管理者尽了警示义务的最直接证据，采取此种警示方式的，可以认定河道管理者尽了完全的警示义务，应予免责。

确定河道管理者是否承担赔偿责任，应当首先审查河道管理者是否具有免责事由，然后再审查河道管理者履行管理职能是否有缺陷或未尽到相应的注意义务。最后进行因果关系审查。只有在河道管理者履行管理职能有缺陷或未尽到相应的注意义务，且该管理缺失与损害结果具有一定的因果关系，河道管理者才应承担管理者责任。

（撰稿人：陈　晖　编辑人：吴　涛）

非法用工一次性赔偿应当赔偿哪些项目

【案件疑难点】
    非法用工的保险待遇与雇工赔偿竞合情况下的法律适用
    非法用工赔偿标准、赔偿范围的法律适用
    非法用工的委托方与受托方连带赔偿责任的承担

【案件索引】

一审：河南省郏县人民法院(2012)郏民初字第 1280 号民事判决书

二审：河南省平顶山市中级人民法院(2013)平民劳字第 224 号民事调解书

【基本案情】

原告：李某某

被告：王某某

第三人：王某伟

2011 年 11 月中旬，原告李某某在被告王某某非法开办的炼铁厂(没有经过工商注册)炼铁，同年 12 月 14 日因炼炉爆炸，致原告右腿残疾。伤害发生后，被告对原告给予了积极治疗，并安装假肢一个。但是原告就治疗后的伤害赔偿事宜与被告协商未果。

原告向当地社保机构申请劳动能力鉴定，河南省郏县劳动局以该伤害属于非法用工所致而拒绝进行劳动能力鉴定，建议原告直接进行劳动仲裁或者起诉。原告申请劳动仲裁后郏县劳动争议仲裁委员会通知不予受理，为此于 2012 年 10 月 10 日向人民法院起诉。

由于李某某在被告开办的炼铁厂工作不足一个月，还没有拿过一次工资，所以李某某的工资标准无法确定。

起诉前，李某某向某司法鉴定机构申请了劳动能力鉴定，结果为：劳动功能障碍是四级伤残，生活自理障碍是部分不能自理。做了假肢费用鉴定，鉴定结论为40万元（按照我国男性平均年龄75岁计算，扣除已经安装的一个假肢费用后计算的结果）。

法院审理前，被告王某某申请王某伟（王某某的干亲家）以第三人的身份参加诉讼，理由为，王某伟是真正的老板，自己仅仅是受王某伟委托管理企业。

据此，原告要求被告王某某按照工伤保险条例规定的赔偿标准进行非法用工伤害的一次性赔偿共计1382984.5元：停工留薪期（一年）工资21486元、生活护理费（按照我国男性平均年龄75岁计算）472692元、一次性伤残补助金37600.5元、伤残津贴（计算至60岁）451206元、假肢费用（按照我国男性平均年龄75岁计算）400000元；

被告王某某辩称：自己不是实际的投资人，是受王某伟委托管理炼铁厂的，请求法院判决由第三人王某伟负责赔偿。

第三人王某伟辩称：炼铁厂是自己所开，王某某是受自己委托管理炼铁厂事务。第三人和原告之间形成的是雇佣关系，本案不属劳动纠纷。请求按照最高人民法院《关于审理人身损害赔偿案件适用法律若干问题的解释》的规定由自己承担赔偿责任。

基于第三人承认炼铁厂是自己所开，庭审中原告变更诉讼请求，要求第三人与被告承担连带赔偿责任。

【案件裁判思路及裁判结果】

郏县人民法院审理后认为：王某某受王某伟委托经营炼铁厂，且没有进行工商登记，应认定为非法用工，所以属于非法用工赔偿的劳动纠纷，根据《民法通则》第67条规定："代理人知道被委托代理的事项违法仍然进行代理活动的，或者被代理人知道代理人的代理行为违法不表示反对的，由被代理人和代理人负连带责任。"由于王某某无论非法用工，还是私自炼铁均属于违法，所以应当与王某伟承担连带责任。根据《工伤保险条例》第66条的规定，应当适用《非法用工单位伤亡人员一次性赔偿办法》，由于医疗费、护理费、住院期间的伙食补助费以及所需的交通费等费用原告没有主张，被告也已经支付，本案不再处理；关于假肢费用，由于人均寿命75岁，考虑各种社会发展的因素，李某某现年 32 岁，应该按照 10 年为一个周期支付假肢安装费用，计算为 10 万元；一次性赔偿金按照 2010 年度平顶山平均工资 31936 元标准计算，应赔偿 319360 元；鉴定费 4000 元；以上共计 423360 元。关于停工留薪工资、生活护理费、伤残津贴、交纳基本养老费用和医疗保险费用在《非法用工单位伤亡人员一次性赔偿办法》没有规定，本院不予支持；王某某不予承担责任理由及证据不足，本院不予支持。判决：

一、王某伟于本判决生效后 10 日内赔偿原告 423360 元，王某某承担连带责任。

二、驳回原告的其他诉讼请求。

三、王某伟、王某某如果没有在本判决生效之日起 10 日内履行给付义务，加倍支付迟延履行期间的债务利息。

一审判决后，原告上诉称：原判适用法律错误，本案应当按照《工伤保险条例》第 66 条的规定的标准计算赔偿。请求撤销一审判决，改判支持上诉人的一审诉请。

被上诉人王某某、王某伟辩称：一审判决适当，请求驳回上诉，维持原判。

二审中，经平顶山市中级人民法院主持调解，双方当事人达成如下赔偿协议：

一、王某某、王某伟分三次在两年内支付赔偿款 60 万元，李某某放弃超过部分的其他权利。

二、调解书领取时（2014 年 3 月 1 日）支付 20 万元；2015 年 3 月 1 日前支付 20 万元；2016 年 3 月 1 日前支付剩余 20 万元。如果王某某、王某伟在任何一期逾期没有履行以上赔偿义务，各方均同意王某某、王某伟按照总数 90 万元赔偿李某某，已经履行的部分予以扣除。

【案件评析】

一、本案属于非法用工的劳动纠纷案件，应当适用《工伤保险条例》

本案用工主体没有工商注册，属于非法用工，所以应当适用《工伤保险条例》，法律依据有：

《工伤保险条例》第 66 条的规定，无营业执照或者未经依法登记、备案的单位以及被依法吊销营业执照或者撤销登记、备案的单位的职工受到事故伤害或者患职业病的，由该单位向伤残职工或者死亡职工的近亲属给予一次性赔偿，赔偿标准不得低于本条例规定的工伤保险待遇；用人单位不得使用童工，用人单位使用童工造成童工伤残、死亡的，由该单位向童工或者童工的近亲属给予一次性赔偿，赔偿标准不得低于本条例规定的工伤保险待遇。具体办法由国务院社会保险行政部门规定。

最高人民法院《关于审理人身损害赔偿案件适用法律若干问题的解释》第 11 条第 3 款规定："属于《工伤保险条例》调整的劳动关系和工伤保险范围的，不适用本条规定"，本案排除了适用《最高人民法院关于审理人身损害赔偿案件适用法律若干问题的解释》的条件。

当然目前我国法律法规中关于雇佣与非法用工的区别不是十分清楚，对于个人雇佣人员从事生产的，例如车主雇佣司机的，因为他显然是法律允许存在的非工商个体户或者企业存在形式，应当按照最高人民法院《关于审理人身损害赔偿案件适用法律若干问题的解释》，对于非法用工这种形式不管当事人按照雇佣还是按照非法用工伤害赔偿主张权利的，均应该支持，法院不宜抛弃原告诉求判令依据另外的标准。

二、本案应当适用《工伤保险条例》确定赔偿标准和范围

1. 赔偿标准

《非法用工单位伤亡人员一次性赔偿办法》第 2 条："本办法所称非法用工单位伤亡人员，是指在无营业执照或者未经依法登记、备案的单位以及被依法吊销营业执照或者撤销登记、备案的单位受到事故伤害或者患职业病的职工，或者用人单位使用童工造成的伤残、死亡

童工。"

前已述及，根据《非法用工单位伤亡人员一次性赔偿办法》第 5 条规定，四级伤残仅仅赔偿上年度统筹地区人均职工工资的 10 倍，31 万余元，残疾用具费也不在赔偿范围。所以依据《工伤保险条例》和《非法用工单位伤亡人员一次性赔偿办法》计算的标准相差悬殊，根据《工伤保险条例》第 66 条规定"由该单位向伤残职工或者死亡职工的近亲属给予一次性赔偿，赔偿标准不得低于本条例规定的工伤保险待遇……"，同时《非法用工单位伤亡人员一次性赔偿办法》属部门规章，法律效力低于《工伤保险条例》，所以本案应以《工伤保险条例》作为计算赔偿标准。

赔偿项目包括：停工留薪期(一年)工资、生活护理费(按照我国男性平均年龄 75 岁计算)、一次性伤残补助金、伤残津贴(计算至 60 岁)、假肢费用(按照我国男性平均年龄 75 岁计算)；法律依据是《工伤保险条例》第 33、34、35 条。

2. 赔偿范围中争议点

(1)残疾用具赔偿金和护理费不应当同时支持

由于残疾用具配备后，原告已经具备了基本的生活能力，此时再支持护理费对被告以及第三人是不公平的，所以在此建议《工伤保险条例》应该在关于劳动能力鉴定部分明确规定："护理等级鉴定应当在考虑残疾用具配备基础上进行鉴定。"

(2)工资标准

依据《2011 年平顶山市国民经济和社会发展统计公报》显示，2011 年度平顶山市在岗职工平均工资 35810 元。《工伤保险条例》第 64 条第 2 款规定，"本人工资低于统筹地区职工平均工资 60%的，按照统筹地区职工平均工资的 60%计算"。由于原告没有办法证明本人的工资，所以按照 35810 元/年×60%作为赔偿标准。

(3)本案应该一次性赔偿到位

《工伤保险条例》第 66 条规定："由该单位向伤残职工或者死亡职工的近亲属给予一次性赔偿，赔偿标准不得低于本条例规定的工伤保险待遇……"，郏县人民法院判决分期赔偿残疾用具费用不符合

《工伤保险条例》的规定。二审中，当事人对一次性赔偿数额达成了调解，虽然分三期支付，但系当事人对自己权利的处分，法院予以确认正确。

三、本案件的非法用工伤害的赔偿应该由第三人王某伟与被告王某某承担连带责任

庭审中王某某和王某伟均自认李某某是在为第三人王某伟工作，因第三人王某伟对炼铁工作不熟悉，便请王某某负责帮其招工并打理工厂事宜。由此可见被告王某某与第三人王某伟二者之间形成的是一种委托合同关系，其实就是法理上的隐名代理，应遵循代理的一般原则。

第三人王某伟在未取得营业执照且未办理工商登记的情况下从事钢铁冶炼行业，属于违法行为，被告王某某的行为属于违法代理行为。根据《民法通则》第67条规定，"代理人知道被委托代理的事项违法仍然进行代理活动的，或者被代理人知道代理人的代理行为违法不表示反对的，由被代理人和代理人负连带责任"，并且根据《最高人民法院关于贯彻执行〈中华人民共和国民法通则〉若干问题的意见》第83条："代理人和被代理人对已实施的民事行为负连带责任的，在民事诉讼中，可以列为共同诉讼人。"

既然第三人与被告主张他们是委托关系，基于违法的代理要承担连带责任，反而使原告主张权利的对象比原来还多一个，所以在此法官也没有必要一定弄清楚本案件背后的客观真实，其实，实践中很多这样的案件就是假案，意图是让判决一个没有办法执行的主体作为债务人。

当然，如果是合法的委托合同，原告也可以选择有履行能力的人作为被告，避免假当事人成为履行义务主体逃避债务。法律依据是《中华人民共和国合同法》第403条第2款规定："受托人因委托人的原因对第三人不履行义务，受托人应当向第三人披露委托人，第三人因此可以选择受托人或者委托人作为相对人主张其权利，但第三人不得变更选定的相对人。"

本案原告基于以上原因当庭提出变更诉讼请求，请求被告与第三人对原告的非法用工伤害赔偿承担连带责任，符合法律的规定。

（撰稿人：唐战立　编辑人：李红伟）

坟地补偿款是否可以作为
离婚的共同财产分割

【案件疑难点】

对于坟地补偿款能否作为家庭共同财产分割

【案件索引】

一审：河南省鄢陵县人民法院（2013）鄢民初字第 559 号民事判决书

【基本案情】

原告：范某

被告：尹某甲

被告：赵某

被告：尹某乙

被告尹某甲、赵某共有两个子女，女儿尹某丙于 2011 年 11 月 17 日出嫁，儿子被告尹某乙与原告范某于 2009 年 5 月 1 日举行结婚仪式，同年 6 月 1 日办理结婚登记。2010 年 7 月 7 日生育男孩尹某丁。二人婚后，原告范某用被告尹某乙婚前给付的彩礼购买冰箱、空调各一台（现在被告处存放）。2009 年 9 月 26 日，被告尹某甲将位于鄢陵县石油公司南侧的一处房产及 0.9185 亩坟地转让，获得房产转让费 20 万元，坟地转让费 21 万元；2010 年，以被告尹某甲名义领取其家庭 5 人集体土地租赁款 3720 元；2011 年被告尹某甲又领取集体土地征收补偿款 9300 元（每人 1550 元）；2011 年 12 月 8 日，因拆迁需要，被告尹某甲就位于唐庄北街的 0.7 亩坟地使用权与开发公司达成补偿协议，获得补偿款 305000 元，被告为迁坟，支付费用 8 万元。2012 年 6 月，用上述部分款项建造了二层楼房共 8 间。2012 年

11月16日，被告尹某乙向法院起诉，要求与原告范某离婚，原告范某要求分割家庭共有财产，法院于2012年12月13日作出(2012)鄂民初字第945号民事判决书，判决准予二人离婚，儿子尹某丁由尹某乙抚养，抚养费自理。关于家庭财产问题，因涉及第三人利益，未予处理。

离婚后原告起诉被告要求分割家庭共同财产。

三被告辩称，集体土地征收补偿款9300元、集体土地租赁款3720元可以分割，而房产转让费、坟地补偿款由于其专属性不得分割。

【案件裁判思路及裁判结果】

鄂陵县人民法院审理后认为：原告范某与被告尹某乙经登记结婚，属合法的婚姻关系。二人在婚姻关系存续期间，原告范某与被告尹某乙及其父母尹某甲、赵某共同生活，在此期间就土地承包经营权所取得的收益，应属于家庭成员的共同收益，应由家庭成员共同享有。坟地作为特殊的土地使用权，根据其使用性质及民风民俗，该补偿款不应作为家庭共同共有财产予以分割，原告要求分割该坟地补偿款之请求于法无据，不予支持。而被告尹某甲转让的房产所有权是在原告范某与被告尹某乙婚前所取得，该房产虽为二人婚后所转让，但根据款项的来源，该部分款项不应作为家庭共有财产进行分割。据此，原告范某所应分得的款项数额为：2010年集体土地租赁费744元(3720元÷5人)，2011年集体土地征收补偿款1550元，以上款项共计2294元。原告范某与被告尹某乙婚后添置的冰箱、空调各一台，根据财产的来源，应归原告范某所有为宜。关于原、被告在共同生活期间所建的二层8间房屋，是由上述部分款项投资建造，不宜再进行分割。故根据《中华人民共和国农村土地承包法》第3条第2款，《中华人民共和国物权法》第93条、第103条、第104条，《中华人民共和国婚姻法》第39条，《中华人民共和国民事诉讼法》第64条之规定，并经法院审判委员会讨论决定，判决如下：

一、被告尹某乙、尹某甲、赵某支付原告范某现金人民币2294元；

二、原告范某与被告尹某乙婚后添置的冰箱、空调各一台归原告范某所有。

三、驳回原告范某的其他诉讼请求。

【案件评析】

农村坟地补偿款的分配问题，是司法实践中的新难点。这类纠纷一般具有以下特点：第一，诉讼主体较为固定，一般此类纠纷的诉讼主体仅限于死者亲属，主体身份具有特殊性；第二，补偿款的性质的特殊性，该特殊性在于不包括一般征地补偿款中的安置补偿费、地上附属物及青苗补偿费及被征地农民的社会保障费用等。应包括迁坟费用及精神损失补偿费。审判实践中对农村坟地征用补偿款如何分配有争议，笔者认为，该补偿款不应当作为家庭共有财产进行分割，主要从以下几个方面考虑。

一、农村坟地对农民有独特的心理慰藉作用。受我国传统文化影响，中国人对坟地的重视程度是其他国家不可比拟的，传统的风俗认为，好的坟地可以使家业兴旺、福佑子孙，差的坟地可以遗祸后代，正是这种思想的影响，中国人，特别是居住在农村的中国人生前便选择好了死后要安葬的坟地。如果要迁坟，便是打扰了死者安宁，是对死去先人的不敬，更要有繁杂的仪式来消除对死去先人的影响。因此，坟地在中国人心中首先具有神圣的属性，寄托对祖先的敬畏和对未来的美好希望。其次是具有纪念属性，每逢清明节、寒食节的祭奠，就是通过祭奠寄托哀思。第三是感情寄托属性，遇到困难或心理问题，到亲人坟前作出倾诉，来抒发情怀，疏导心理阴影。以上三种属性可以归纳为心理慰藉的范畴，因此农村坟地被征用后，其对家属更多的是精神方面的损害及补偿。

二、精神补偿的专属性。精神补偿是由于受害人权益受到伤害，精神上遭受痛苦而得到的补偿，精神补偿具有补偿、慰藉受害人，惩罚致害人的作用，一般情况下，精神补偿是由于侵害人的过错引起，由于致害人的过错，致使受害人或近亲属取得精神赔偿的权利，因此，人身指向性较为明显。坟地被征用，同样在客观上造成了埋葬在坟地里的死者的后代直系亲属的精神伤害，其他人特别是不具有血亲关系的人，精神上不会因此受到伤害，因此也不具有受到精神补偿的权利。

三、土地被征用后的补偿费具有人身专属性。土地征用补偿费是指因国家征用土地对土地所有者和土地使用者因对土地的投入和收益造成损失的补偿，其实质是对土地收益的补偿。土地收益是农业集体经济组织通过占有、经营土地而获得的经济利益。国家征收集体所有的土地时，必须对农业集体经济组织失去土地后所损失的土地收益给予补偿。土地补偿费是征地费的主要部分。建设征用土地，由用地单位支付土地补偿款。因此，土地征用补偿款的人身专属性是其主要属性之一，本案中，农村坟地使用权作为历史原因遗留下来的土地使用权，其功能主要是承担家族内亲人的土葬，由其产生的补偿费，应由具有血亲关系的家族成员共同享有，范某因为婚姻关系，取得家族成员资格，离婚后，其作为家族成员的身份已经消失，因此，不再有获取坟地征用补偿款的权利。

（撰稿人：张海明　编辑人：李红伟）

工伤职工拒绝工伤等级鉴定
不得享受工伤保险待遇

【案件疑难点】

　　受害者拒不参加劳动能力鉴定，是否不再享受一次性伤残补助金、一次性伤残就业补助金和一次性工伤医疗补助金

【案件索引】

　　一审：河南省禹州市人民法院（2013）禹民一初字第 199 号民事判决书

【基本案情】

　　原告：张某

　　被告：华晨公司

　　2011 年 7 月 7 日下午 14 时许，原告张某作为被告郑州华晨公司的工人在禹州市名仕公馆乘吊篮到十二楼工作时，吊篮升至五楼失控坠落到地面，致使原告张某受伤。受伤后，原告张某被送往禹州市人民医院住院治疗，共住院 15 天。2011 年 11 月 10 日，原告张某被许昌市人力资源和社会保障局确认为工伤。2012 年 1 月 10 日原告张某被许昌市劳动能力鉴定委员会鉴定为十级伤残，后申请再次鉴定，于2013 年 8 月 19 日被许昌莲城法医临床司法鉴定所鉴定为十级伤残。2012 年 6 月 15 日，被告郑州华晨公司申请对原告张某的工伤进行再次鉴定，河南省劳动能力鉴定委员会经两次电话通知联系人，原告张某均未到指定地点参加鉴定。

　　原告张某请求：1. 依法判决解除原被告之间的劳动关系；2. 依法判令被告支付原告住院伙食补助费 1000 元、双倍支付拖欠工资8000 元、交通费 1000 元、双倍支付停工留薪工资 54000 元；3. 依法

判令被告支付原告自 2012 年 1 月 11 日起到判决双方解除劳动关系之日的工资(工资按 2476.25 元/月计算);4.依法判令被告支付原告一次性伤残补助金 31500 元、一次性伤残就业补助金 14857.5 元、一次性工伤医疗补助金 14857.5 元。

被告郑州华晨公司辩称:我公司将承包的禹州市名仕公馆外墙保温工程交由乔某组织施工,我公司和乔某事实是劳务关系,而和原告从来不存在劳动关系协议,原告应当提供相关证据证明其与华晨公司存在劳动关系。因此,原告的各项诉请,我公司不应承担。

另查明,1.被告郑州华晨公司下欠原告工资 700 元。2.事故发生后,被告郑州华晨公司支付了原告张某在禹州市人民医院住院期间的医疗、住院伙食补助费、生活补贴共计 19000 元。3.2011 年度许昌地区职工月平均工资为 2476.25 元/月。

【案件裁判思路及裁判结果】

禹州市人民法院审理后认为:原告张某作为用人单位被告郑州华晨公司的劳动者,在工作时受伤,且已被劳动行政主管部门确定为工伤,原告张某应当享受《工伤保险条例》规定的各项工伤保险待遇。因原告张某拒不参加劳动能力再次鉴定,故对于原告要求被告支付一次性伤残补助金 31500 元、一次性伤残就业补助金 14857.5 元、一次性工伤医疗补助金 14857.5 元的诉讼请求,不予支持。原告要求解除原被告之间的劳动关系,不违反法律规定,予以支持。原告要求被告双倍支付自 2012 年 1 月 11 日起到判决双方解除劳动关系之日的工资的诉讼请求缺乏法律依据,不予支持。被告已经支付了原告住院期间的住院伙食补助费,故对于原告要求被告支付住院伙食补助费 1000 元的诉讼请求,不予支持。原告没有提供证据证明其支出交通费情况,故对于原告要求被告支付交通费的诉讼请求,不予支持。原告称被告尚欠其工资 1700 元,但没有证据予以证明,被告认可欠其工资 700 元,应当支付原告。根据原告的伤情,认定原告的停工留薪期为 9 个月。原告没有提供合法有效的证据证明其受伤前月工资情况,以 2011 年度许昌地区职工月平均工资 2476.25 元/月的标准计算,原告的停工留薪期待遇为 22286.25 元。被告郑州华晨公司称,原告收到仲裁裁决书的时间是 2012 年 12 月 11 日,而卷宗立案时间是 2013 年

1月7日，原告起诉已超过法定期限，但原告提供的快递单显示起诉状的寄出时间是 2012 年 12 月 26 日，故对于被告的该主张，不予支持。故判决：

一、被告华晨公司于本判决生效之日起十日内支付原告张某工资700 元、停工留薪期待遇 22286.25 元。

二、驳回原告张某的其他诉讼请求。

【案件评析】

《工伤保险条例》第 42 条规定：工伤职工有下列情形之一的，停止享受工伤保险待遇：……(二)拒不接受劳动能力鉴定的。

原告张某拒不参加劳动能力再次鉴定，故对于原告要求被告支付一次性伤残补助金 31500 元、一次性伤残就业补助金 14857.5 元、一次性工伤医疗补助金 14857.5 元的诉讼请求，不应予以支持。

（撰稿人：胡伟霞　王　鹏　编辑人：吴　涛）

未成年人村边大坑溺亡谁负责

【案件疑难点】

　　未成年人在村边三角坑溺水死亡，各个过错人应承担相应侵权责任

【案件索引】

　　一审：河南省鄢陵县人民法院许昌县人民法院（2012）许县民初字第534号民事判决书

　　二审：河南省许昌市中级人民法院（2013）许民一终字第241号民事判决书

【基本案情】

　　原告：赵某甲、吴某

　　被告：赵某乙

　　被告：牛村村委会

　　赵某丁系原告赵某甲、吴某婚生子，于2008年4月3日出生，随二原告住许昌县将官池镇牛村。2012年7月15日下午，赵某丁在没有父母的陪伴下外出游玩，于六点左右在本村东头的三角坑溺水，后送往许昌市中医院，经抢救无效死亡，原告支付抢救费310元。

　　另查明，赵某丁发生溺水事故的三角坑属被告牛村村委会所有和管理。该坑原系自然荒坑，后被告赵某乙为养鱼曾进行过改挖，改挖后未在坑的周围设置警示标志。原告家庭系农业户口。

　　原告以被告赵某乙在荒坑低洼处挖小坑改建鱼塘存在主要过错，被告牛村村委会是事故地三角坑的实际所有人和管理者，未及时制止也未督促被告赵某乙采取相应的防护措施，未尽到管理之职，据此，原告要求二被告连带赔偿原告经济损失合计253315元。

被告赵某乙辩称：1. 原告说我擅自把荒坑改建成鱼塘，与事实不符。村东头的三角坑是几十年就形成的自然坑，属于牛村村委会管辖。与我没有权益关系，该坑是自然形成，下雨了就存些水，旱季就干涸，我根本没有挖坑改建鱼塘。2. 原告称我没有对鱼塘尽到管理义务，鱼塘收益独享没有道理，该坑属自然坑，不归答辩人所有，答辩人无义务也无权对其进行管理。综上，我对原告儿子溺水死亡没有任何过错和责任，不承担任何法律责任，请求驳回原告起诉。

被告牛村村委会辩称：事故发生的坑是多年形成的荒坑，没有人管理，也没有承包给谁。

【案件裁判思路及裁判结果】

河南省许昌县人民法院审理认为：公民享有生命健康权。公民、法人违反合同或者不履行其他义务的，应当承担民事责任。最高人民法院《关于审理人身损害赔偿案件适用法律若干问题的解释》第6条第1款规定："从事住宿、餐饮、娱乐等经营活动或者其他社会活动的自然人、法人、其他组织，未尽合理限度范围内的安全保障义务致使他人遭受人身损害，赔偿权利人请求其承担相应赔偿责任的，人民法院应予支持。"本案中，原告之子赵某丁溺水死亡的三角坑归属被告牛村村委会所有和管理，之后被告赵某乙为养鱼曾进行过改挖，事实清楚，予以确认。因赵某丁系未成年人，父母赵某甲、吴某是其法定代理人，应承担法定监护责任。赵某丁溺水死亡时年仅四岁，二原告负有监护不力的责任，对事故的发生，应承担主要责任；被告牛村村委会作为三角坑的所有人，负有管理职责。该坑位于村民聚集生活的村庄旁边，客观上存在一定的安全隐患，而被告牛村村委会却未采取任何安全防护措施，对事故的发生存在一定的过错，应当承担相应的民事责任；被告赵某丁在对该三角坑进行改挖后，未采取回填措施，也未对该坑进行有效管理，客观上加大了三角坑的危险性，对赵某乙溺水死亡也应承担相应责任。原告家庭系农村户口，死亡赔偿金应按照上一年度农村居民人均纯收入6604.03元/年标准计算，丧葬费按照上一年度职工月平均工资标准，以六个月总额计算。关于原告要求的精神抚慰金，综合事故发生原因及各方当事人过错责任等情况，酌定15000元。经核算，原告的损失有抢救治疗费310元、死亡赔偿金 132080.6 元（6604.03 元/年×20 年）、丧葬费 13678.5 元（27357 元/年÷12 月×6 月）、精神抚慰金 15000 元，以上共计 161069.1 元。根据本案原被告各方对事故发生存在的过错情况，酌定被告赵某乙、牛村村委会对原告损失各负 20%的赔偿责任，其余 60%由原告自行承担。即被告赵某乙、被告牛村村委会各赔偿原告损失 32213.82 元。原告其他过高诉讼请求，证据、依据不足，不予支持。

一审判决后，被告赵某乙不服一审判决，提起上诉，许昌市中级人民法院审理后，驳回上诉，维持原判。该判决已经进入执行。

【案件评析】

在我国经济发展的现阶段，随着农村留守儿童的增加，本案具有一定代表性，对为人父母、对基层行政组织、对社会都有一定的警示作用。而作为审理此类案件的法官，更要认真查证案件细节，综合考虑各方面因素，科学论证责任划分，使法律权威得到维护。本案中，首先从自然因素上，造成原告儿子死亡的水坑位于村子旁边，离生活聚集区较近，其存在对公共安全本身就构成威胁，被告牛村村民委员会作为我国基层的农村管理组织，也作为辖区内的荒坑所有人，对公共事务、公共场所的安全负有管理义务，一旦怠于行使该权利义务，将承担因此造成的法律后果。再者，从人为因素上考虑，这分为两方面，一是死者年仅四岁，对周围环境危险性毫无判断力，其父母作为监护人应履行监护义务，但却放任死者在未有成年人陪伴的情况下，前去荒坑玩耍，对事故的发生，应承担主要责任；二是被告赵某丁在对该三角坑进行取土改挖后，未采取回填措施，也未对该坑进行有效管理，客观上加大了三角坑的危险性，对赵某丁溺水死亡也应承担相应责任，综合上述因素对事故产生的因果性，以及各方过错责任大小，作出了本案的赔偿划分。

（撰稿人：孙胜利　闫长庚　编辑人：韩玉芬）

雇员伤害他人或者受伤
均由雇主承担责任

【案件疑难点】

多因一果损害赔偿案件的责任承担及比例划分

【案件索引】

一审：河南省禹州市人民法院（2013）禹民一初字第 835 号民事判决

【基本案情】

原告：张某

被告：杨某

被告：燕某

2012 年 12 月 24 日，案外人李某的豫 H-68×××号货车来到被告杨某的维修厂修车。张某系为被告杨某提供劳务的汽车修理工。因该车的电路存在问题，被告燕某（开办有汽车维修厂与杨某的维修厂相邻）委派其维修厂的维修工到被告杨某处为李某的车修电路。修理过程中，电路发生明火，点燃了正在清洗零件的原告张某使用的汽油油盆，致使原告张某被烧伤。当日，原告张某入住郑州市第一人民医院治疗，共住院 18 天，花去医疗费 22491.29 元。

2013 年 3 月，原告张某将被告杨某和被告燕某诉至法院要求二被告赔偿医疗费、误工费、护理费、交通费、营养费、生活补助费等共计 50000 元。

被告杨某辩称：原告在工作中使用易燃物品，未尽到注意义务，对本案的发生具有一定的过失。二被告均未尽到注意义务而引起事故，请求法院公正判决。

被告燕某辩称：我不承担责任，主要是原告和第一被告的责任。

【案件裁判思路及裁判结果】

禹州市人民法院审理后认为：个人之间形成劳务关系，提供劳务一方因劳动造成他人损害的，由接受劳务一方承担侵权责任；提供劳务一方因劳务自己受到损害，根据双方各自的过错承担相应的责任。本案中，原告张某与被告杨某系个人之间的劳务关系，其在劳务过程中自己受到损害，作为雇主的被告杨某与作为雇员的原告张某应根据其过错程度承担相应的责任。被告燕某作为接受劳务一方，其雇工在工作中因劳动活动给他人造成损害，其应当依照法律承担相应的责任。原告张某与被告燕某雇佣的修理工在共同为案外人修理汽车过程中，因不能遵守安全操作规范，对于损害的发生均有责任，被告杨某应当为修理提供可靠的安全保障，并对于其修理店内的安全负有较强的注意义务，因此其作为原告的雇主对于原告在从事劳务活动中所受的损害亦负有相应的责任。综合案情，对于原告张某所受的损害，被告杨某和被告燕某各承担40%的责任，原告张某承担20%的责任较为适宜。原告张某的损失为：医疗费22491.29元，误工费为1022.4元，护理费为1251.5元，住院伙食补助费540元（18天×30元/天），营养费540元（18天×30元/天），交通费200元，以上共计26045.2元。被告杨某承担10418.08元，被告燕某承担10418.08元，原告张某自行承担5209.04元。判决：

一、限被告杨某于判决生效后七日内赔偿原告张某医疗费、护理费、营养费、住院伙食补助费、误工费、交通费等各项损失共计10418.08元；被告燕某于判决生效后十日内赔偿原告张某医疗费、护理费、营养费、住院伙食补助费、误工费、交通费等各项损失共计10418.08元。

二、驳回原告张某的其他诉讼请求。

【案件评析】

一、提供劳务者致害、提供劳务者受害的责任承担

《侵权责任法》第35条:"个人之间形成劳务关系,提供劳务一方因劳务造成他人损害的,由接受劳务一方承担侵权责任。提供劳务一方因劳务自己受到损害的,根据双方各自的过错承担相应的责任。"本案中,被告燕某安排两名维修工对电路发生故障的车辆进行维修。两名维修工人在车辆的修理过程中,未能遵守安全操作规范,一名维修工让另一名维修工打开车辆电源,另一名维修工打开电源引起了油盆燃烧,造成原告烧伤。作为接受劳务者,其应当为提供劳务者因劳务造成他人损害的的事实承担侵权责任;原告张某与被告杨某系个人之间的劳务关系,其在劳务过程中受到损害,被告杨某作为雇主应当提供安全可靠的工作保障,并对于其修理店内的安全负有较强的注意义务,但其未尽到注意义务,因此对于原告在从事劳务活动中所受的损害负有相应的责任;

《最高人民法院关于审理人身损害赔偿案件适用法律若干问题的解释》第2条规定:"受害人对同一损害的发生或者扩大有故意、过失的,依照民法通则第一百三十一条的规定,可以减轻或者免除赔偿义务人的赔偿责任。但侵权人因故意或者重大过失致人损害,受害人只有一般过失的,不减轻赔偿义务人的赔偿责任。适用民法通则第一百零六条第三款规定确定赔偿义务人的赔偿责任时,受害人有重大过失的,可以减轻赔偿义务人的赔偿责任。"本案中,原告张某作为维修工,未能遵守安全操作规范,对损害结果的发生亦应当承担责任。

因此,本案中三方当事人对事故的发生均负有责任。

二、提供劳务者致害、提供劳务者受害的责任划分

《最高人民法院关于审理人身损害赔偿案件适用法律若干问题的

解释》第 3 条第 2 款规定："二人以上没有共同故意或者共同过失，但其分别实施的数个行为间接结合发生同一损害后果的，应当根据过失大小或者原因力比例各自承担相应的赔偿责任。"

从原因力大小分析，本案中，两名维修工修理车辆过程中，未遵守安全操作规范，打开电源引发油盆燃烧是本起事故发生的直接原因。原告张某未遵守安全操作规范，在火源附近使用易燃物品，未尽到安全注意义务，是本起事故发生的间接原因。

从过错的大小分析，本案中，被告杨某和原告张某均未尽到安全注意义务，但被告杨某应当为修理提供可靠的安全保障，并对于其修理店内的安全负有较强的注意义务，因此其作为雇主有较大的过错、负主要责任，原告张某过错较小、负次要责任。

综上所述，认定被告杨某和被告燕某各承担 40% 的责任，原告张某承担 20% 的责任较为适宜。

（撰稿人：李俊杰　王　鹏　编辑人：吴　涛）

合伙投资被骗可以主张不当得利返还

【案件疑难点】

　　合伙约定以实物投资时，不当得利如何认定

【案件索引】

　　一审：河南省许昌县人民法院(2012)许县民二初字第 395 号民事判决书

　　二审：河南省许昌市中级人民法院(2014)许民终字第 182 号民事判决书

【基本案情】

　　原告：张某甲

　　被告：谷某

　　被告：张某乙

　　被告谷某、张某乙，在许昌县椹涧乡长村张村创办了一家生物能源公司经营生物燃料。2011 年 1 月，原告张某甲与二被告协商，由原告出资购买两台秸秆机加入到二被告的公司参与生产经营，秸秆机由原告委托二被告代为购买。2011 年 2 月 21 日，被告谷某到郑州为原告购买机器设备，原告当天通过银行向户名为"海波"的个人银行账户汇款 300000 元，又以现金支付的方式向二被告交付 50000 元，当日，二被告向原告出具了收到原告机器款 350000 元的收款收据。二被告在收到上述款项后，在郑州长安重工机械有限公司以 200000元购买机器两台，并交付原告。

　　2012 年 5 月，原告因购买秸秆机零配件前往郑州长安公司，发现二被告代为购买的两台秸秆机为 200000 元，遂向二被告追要多支出的 150000 元。二被告不予返还，故原告诉至法院。

218

原告诉称：请求法院判令二被告返还原告 150000 元，并支付利息，利息按中国人民银行同期贷款利率自 2011 年 2 月 21 日计算至本息清偿完毕之日止。

被告辩称：被告和原告是合伙关系，不存在返还其合伙款的情形。

【案件裁判思路及裁判结果】

许昌县人民法院审理后认为：没有合法根据，取得不当利益，造成他人损失的，应当将取得的不当利益返还受损失的人。本案中，二被告受托给原告购买秸秆机，原告向二被告交付 350000 元。二被告收到上述款项后以 200000 元购买了两台机器交付原告，但未将下余的 150000 元返还原告，造成原告损失。因此，对原告要求二被告返还 150000 元及利息的诉讼请求，予以支持。依照《中华人民共和国民法通则》第 92 条之规定，判决如下：

被告谷某、张某乙于本判决生效后十日内返还原告 150000 元及利息（利息按中国人民银行同期贷款利率，自 2011 年 2 月 21 日计算至本判决确定的还款之日止）。

一审判决后，被告谷某上诉称，原审判决适用法律错误，将原被告之间诉争的合伙关系界定为不当得利纠纷，混淆了两种不同性质的法律关系。被告张某乙上诉称，本案原告所诉的购买机器款为其入伙的资金参与经营并在合伙期间分红，本案属于合伙纠纷，张某乙为其开具的"收据"只是张某乙在合伙期间作为记账人员的记账所需，不存在收取原告 35 万元机器款的事实，张某乙仅是执行合伙人义务，既不经手收取购买机器的款项，又没有直接购买机器的行为，一审判决张某乙返还被上诉人不当得利 15 万元，没有事实依据。

被上诉人张某甲辩称，原审法院认定事实清楚，证据确实充分，本案不是合伙纠纷，而是不当得利纠纷，被上诉人委托二上诉人代购机器，双方是委托代理关系，在代购活动中，二上诉人采取欺骗手段多让被上诉人支付 15 万元构成不当得利，请求二审驳回上诉，维持原判。

二审中，上诉人谷某提供了新的证人证言作为证据，经过庭审质证，该证人证言不属于新的证据，且证言内容前后矛盾，二审不予采信。

许昌市中级人民法院审理后认为，双方当事人对被上诉人张某甲以购买的两台秸秆机作为入伙出资的事实均无异议，但对机器的购买价格存在差异。被上诉人张某甲委托二上诉人购买机器交付的款项为35万元，但二上诉人以20万元价格购买机器的事实并未告知被上诉人，造成被上诉人多支付15万元的损失，二上诉人占有机器差价15万元既无合伙约定，又无法律依据，应依法返还给被上诉人。故认为原审判决认定事实清楚，适用法律正确，二上诉人的上诉理由缺乏证据及法律依据均不能成立。依据《中华人民共和国民事诉讼法》第170条第1款第(1)项之规定，判决如下：

驳回上诉，维持原判。

【案件评析】

不当得利是指没有合法根据使他人受损而自己获得的利益。不当得利人应当将其所得利益返还给利益受损失的人，这种权利义务关系就称为不当得利之债。其中，取得不当利益的人是不当得利之债的债务人，负有返还不当得利的义务。财产受损失的人，称为受害人，是不当得利之债的债权人，享有请求受益人返还不当得利的权利。不当得利的发生需要具备一定的构成要件：一是必须一方获得利益，必须一方获得利益是构成不当得利的重要的必要条件。二是必须他方受到损失，若无他方的损失，虽有一方得利，也不发生利益返还，则不能构成不当得利。三是受利益与受损失之间有因果关系，他方的损失是因一方受益造成的，一方受益是他方受损的原因。四是受益必须没有合法依据，造成他人损失而使自己获得利益所以构成不当得利，是因为该项利益的取得没有合法根据。《中华人民共和国民法通则》第92条规定，"没有合法根据，取得不当利益，造成他人损失的，应当将取得的不当利益返还受损失的人"。

本案中，被告谷某接受了原告张某甲35万元机器款代为购买机器，但其以20万元价款即购得了机器，下余15万元并未返还原告，致使原告为购买机器多支付了15万元，该15万元即为原告的损失。该机器的差价款在合伙中没有另行约定，也无法律依据，应依法返还给原告，故二被告仍占有15万元视为不当得利。

在二被告接受原告委托购买机器的过程中，被告谷某收到 35 万元，被告张某乙出具了 35 万元的收据，应当视为被告张某乙认可共同收到该笔机器款。由于二被告是合伙关系，故存在不当得利时，二被告应当负有共同的偿还义务。

综上，法院判决被告谷某、张某乙于本判决生效后十日内返还原告 150000 元及利息。

（撰稿人：徐　馨　张　瑾　编辑人：唐战立）

死亡赔偿金不属于遗产

【案件疑难点】
　　死亡赔偿金是否为死者的遗产
　　死亡赔偿金如何分配

【案件索引】
　　一审：河南省襄城县人民法院（2011）襄民初字第 511 号民事判决书

【基本案情】
　　原告：刘甲
　　被告：刘乙
　　被告：刘丙
　　被告：刘丁
　　被告：刘戊

　　原告与四被告系姐弟关系。原、被告之兄弟刘某于 2010 年 11 月 10 日在新疆拜城平安矿业开发公司工作中发生矿难，刘某经抢救无效死亡。被告刘乙之妻赵某、被告刘丙、刘丁、同村村民范某、范某甲以及原告刘甲等六人前去新疆拜城协商、处理相关事宜。新疆拜城平安矿业开发公司一次性赔偿刘某职工家属抚恤金等费用 730000 元、差旅费 20000 元。以上款项被领取后，除去支出的丧葬费 7000 元、给付范某、范某甲的辛苦费 12500 元以及往来新疆的差旅费，下余款项，四被告进行了分配。2011 年 5 月 20 日，原告以其弟刘某的赔偿款其有权继承为由，诉至法院，请求判令原告继承 150000 元，诉讼费由四被告承担。

　　另查明，刘某生前其父母已去世，无配偶、无子女。刘某外出打工前与被告刘戊一起生活，被告刘丁家庭经济生活困难。

原告诉称：原告与四被告系姐弟关系，原被告父母早已病故，二弟刘某无妻无儿女，对赔偿金的继承原、被告有同等的权利，但经多次协商不能达成共识。刘某的死亡赔偿金已到位，第一顺序继承人均不存在，对遗产的分割，应按第二顺序继承，原、被告应均等继承，故请求判令原告继承 150000 元，诉讼费由四被告承担。

四被告辩称：本案所涉款项并非遗产，遗产是指自然人死亡时遗留的个人合法财产，公民死亡的时间是划定遗产的特定时间界限，死亡赔偿金是公民死亡之后才产生的，而不是公民死亡时所遗留的。本案因刘某死亡的各项赔偿金不能认定为死者的遗产，原告要求将刘某死亡赔偿金作为遗产继承于法无据。刘某生前系单身，与四被告生活较为紧密，相互依赖性较强，被告刘戊照顾其六七年，故四被告应多分此款。被告极少回娘家，与刘某较为疏远，亲情较为淡漠，应少分此款。被告刘丁一家三口人只有一份责任田，且其儿子手部有残疾，其妻患有精神病，生活特别困难，应多分此款。此款应扣除相关费用，包括来往新疆的路费、食宿费 29300 元、丧葬费 7000 元、付给说和人范某、范某甲的 12500 元、刘某生前所欠的债务 34500 元，以上共计 84300 元。

【裁判思路及裁判结果】

襄城县人民法院审理后认为：遗产是指自然人死亡时遗留的个人合法财产，刘某死亡后拜城平安矿业开发公司给予其近亲属的各项赔偿金不能认定为死者的遗产。死亡赔偿金是对受害人亲属遭受的间接损失而赔偿的费用，有权对死亡赔偿金提出请求的权利人是已经死亡者的近亲属，权利人行使请求权的顺序原则上按照继承人的顺序受偿。本案中，刘某生前其父母已去世，无配偶、无子女，原、被告均系死者的近亲属，均有权合理分割该笔款项，四被告将该笔款项分割而未为原告保留应得的份额，其行为侵犯了原告的合法权益。因刘某死亡的赔偿款 750000 元，除去差旅费 20000 元、丧葬费 7000 元、支付范某、范某甲的 12500 元，下余 710500 元。刘某生前与被告刘戊在生活上联系较为紧密，相互依赖程度更大，被告刘丁家庭经济生活困难，故被告刘戊、刘丁应该适当多分。综合原告与刘某的亲密、依赖程度，原告分得 90000 元为宜，该款项应由四被告连带给付原告。

依照《中华人民共和国民法通则》第 78 条之规定，判决如下：
一、被告刘乙、刘丙、刘丁、刘戊于本判决生效后五日内连带给付原告 90000 元。

二、驳回原告的其他诉讼请求。案件受理费 3300 元由原告刘甲负担 1300 元，被告刘乙、刘丙、刘丁、刘戊负担 2000 元。

【案件评析】

一、死亡赔偿金是否为死者的遗产？

其一，根据法律现有规定，从《继承法》及其《意见》可以看出，死亡赔偿金并没有包括在所列举的遗产范围之内。

《中华人民共和国继承法》第 3 条：遗产是公民死亡时遗留的个人合法财产，包括：（一）公民的收入；（二）公民的房屋、储蓄和生活用品；（三）公民的林木、牲畜和家禽；（四）公民的文物、图书资料；（五）法律允许公民所有的生产资料；（六）公民的著作权、专利权中的财产权利；（七）公民的其他合法财产。

《最高人民法院关于贯彻执行〈中华人民共和国继承法〉若干问题的意见》第 3 条规定：公民可继承的其他合法财产包括有价证券和履行标的为财物的债权等。第 4 条规定：承包人死亡时尚未取得承包收益的，可把死者生前对承包所投入的资金和所付出的劳动及其增值和孳息，由发包单位或者接续承包合同的人合理折价、补偿，其价额作为遗产。

其二，死亡赔偿金不符合遗产的构成要件。

根据《继承法》的有关规定，遗产必须符合三个特征：第一，必须是公民死亡时遗留的财产；第二，必须是公民个人所有的财产；第三，必须是合法财产。这三个条件必须同时具备，才能成为遗产。

死亡赔偿金不符合遗产的时间特征。公民死亡的时间是划定遗产的特定时间界限，死亡赔偿金是公民因人身损害事故死亡之后才发生的，而不是公民死亡时所遗留的，因此不是遗产。

死亡赔偿金不是公民的合法财产。遗产必须是公民依法可以拥有的财产和有合法根据取得的财产。而公民只有在自己生命存在的情况下，才能通过行使一定的民事行为，合法取得财产所有权，但由于加害人支付死亡赔偿金时，该公民已经死亡，也就不是通过亲自行使民事行为而取得该款项的所有权；由于死亡赔偿金是在公民死亡之后才由加害人支付的，该公民无法将其作为生活资料或生产资料进行使用，也无法对该费用行使占有、使用、收益和处分的权利；同时，公民不能以牺牲自己的生命来换取合法财产所有权，否则，不但违反了法律规定，而且有悖于社会的公序良俗。因此，死亡赔偿金不属于受害人的个人合法财产。

任何公民都可以在生前立遗嘱处分自己的财产，如未立遗嘱，死后也可以依照法定继承原则分配该公民的遗产，而公民在生前无法也不可能处分自己的死亡赔偿金。

其三，如按遗产处理死亡赔偿金，法定继承人以外的人也有权分得该款项的一部分，法定继承人以外的人指的是《继承法》第14条规定的两种人，即继承人以外的依靠被继承人扶养的缺乏劳动能力又没有生活来源的人，或者继承人以外的对被继承人扶养较多的人，可以分给他们适当的遗产，而且根据《继承法》第33条的规定，如按遗产处理死亡赔偿金，继承遗产应当清偿被继承人依法应当缴纳的税款和债务。这有悖于立法上设立死亡赔偿金的目的。

综述，公民的遗产不包含公民在人身损害事故中死亡时事故责任者支付的死亡赔偿金，而且人身损害事故中的死亡赔偿金是事故责任者在死者死亡后，按照规定支付给死者家属的。死亡赔偿金在死者生前或死亡时并不存在，所以按照《继承法》及其《意见》的规定，我们可以得出结论，死亡赔偿金不是死者的遗产，死亡赔偿金是死者因他人致害死亡后由加害人给其亲属所造成的物质性收入损失的一种补偿。

二、对死亡赔偿金如何分配？

最高人民法院《关于审理人身损害赔偿案件若干问题的解释》第一条因生命、健康、身体遭受侵害，赔偿权利人起诉请求赔偿义务人赔偿财产损失和精神损害的，人民法院应予受理。本条所称"赔偿权利人"，是指因侵权行为或者其他致害原因直接遭受人身损害的受害人、依法由受害人承担扶养义务的被扶养人以及死亡受害人的近亲属。故，最高人民法院《关于审理人身损害赔偿案件若干问题的解释》中对于主张死亡赔偿金的权利主体确定为"近亲属"，民法通则等各类司法解释的定性，"近亲属包括配偶、父母、子女、兄弟姐妹、祖父母、外祖父母、孙子女、外孙子女"。结合本案案情，故原、被告均是死亡赔偿金的权利主体。

根据按份原则和公平原则，分配上，实践中通常参照继承法的分配原则，即先由第一顺序继承人分配，没有第一顺序继承人再由第二顺序继承人分配，同时兼顾继承人以外的依靠被继承人扶养的缺乏劳动能力又没有生活来源的人，或者继承人以外的对被继承人扶养较多的人，可以分给他们适当的遗产。

死亡赔偿金是对受害人亲属遭受的间接损失而赔偿的费用，有权对死亡赔偿金提出请求的权利人是已经死亡的近亲属，权利人行使请求权的顺序原则上按照继承人的顺序。本案中，刘某生前其父母已去世，无配偶、无子女，原、被告均系死者的近亲属，均有权合理分割该笔款项，四被告将该笔款项分割而未为原告保留应得的份额，其行为侵犯了原告的合法权益。该款项应由四被告连带给付原告。

（撰稿人：彭　洋　刘贺举　编辑人：韩玉芬）

投保套牌车保险公司也担责

【案件疑难点】

投保人投保套牌车合同是否有效

投保套牌车是否属于可以解除保险合同情形

【案件索引】

一审：河南省长葛市人民法院（2013）长民初字第 00773 号民事判决书

二审：河南省许昌市中级人民法院（2014）许少民终字第 8 号民事判决书

【基本案情】

上诉人（原审被告）：财险公司

被上诉人（原审原告）：张某等

2012 年 11 月 5 日 00 时 15 分，徐某持 C4 证驾驶豫 LD2×××号三轮汽车（肇事时悬挂豫 PM8×××三轮汽车号牌）头东尾西停放在长南公路老城镇榆园路口三十米处时，与肖某无证醉酒后驾驶无号牌二轮摩托车由西向东行驶时发生相撞，造成肖某死亡，车辆损坏的交通事故。事故发生后，被告徐某驾车驶离现场。2013 年 1 月 23 日，长葛市公安交通警察大队作出长公交认字【2013】第 130142 号道路交通事故认定书，认定徐某、肖某应负该事故同等责任。徐某驾驶的豫 LD2×××号三轮汽车套用豫 PM8×××三轮汽车牌照，被套牌的豫 PM8×××三轮汽车的登记车主系龚某，徐某通过案外人委托路某为该套牌车在财险公司投保机动车交强险。交通事故发生在保险期间内。交通事故发生后，徐某已支付肖某的亲属张某等 33000 元，张某等不再要求徐某赔偿。

227

肖某的亲属张某等诉请被告在交强险范围内承担精神损害抚慰金、死亡赔偿金、丧葬费、医疗费、被抚养人生活费等各项保险金。

被告辩称：徐某驾驶车辆为套牌车，属于国家法律规定的禁止流通物，徐某不具有保险利益，驳回原告诉请。

【案件裁判思路及裁判结果】

长葛市人民法院于 2013 年 10 月 8 日作出（2013）长民初字第 00773 号民事判决：一、被告财险公司于本判决生效后十日内赔偿原告张某等精神损害抚慰金、死亡赔偿金、丧葬费、医疗费、被抚养人生活费等各项保险金 110940 元。二、驳回原告张某等的其他诉讼请求。

宣判后，财险公司不服，向许昌市中级人民法院提起上诉。许昌市中级人民法院审理后于 2014 年 3 月 10 日作出（2014）许少民终字第 8 号民事判决：驳回上诉，维持原判。

二审法院审理认为：综合本案有效证据和一、二审庭审情况，徐某就本案肇事车辆交强险的投保陈述与路某以财险公司保险代理人名义的承保陈述能够相互印证，且徐某持有财险公司签发的交强险保险单和保险标志原件，财险公司又不能提供有效证据证明其签发的豫 PM8×××车辆交强险保险单系豫 PM8×××车辆实际车主龚某本人或委托他人所投，故能够认定徐某驾驶的肇事车辆以豫 PM8×××号牌在财险公司投有交强险，财险公司应就本案交通事故产生的损失承担相应的保险责任。关于财险公司称徐某驾驶车辆为套牌车，属于国家法律规定的禁止流通物，徐某不具有保险利益的理由，财险公司出具保险单，双方交强险合同成立并有效。在该套牌车发生交通事故造成第三者损害的情况下，徐某作为车辆所有人负有赔偿责任。交强险的保险标的即为对第三者应负的赔偿责任，故徐某对本案交强险的保险标的具有保险利益。虽然徐某驾驶套牌车辆的行为违反了道路交通安全法律，但其应受到的行政处罚不影响其具有的保险利益。对该理由不予采纳。财险公司称其公司承保交强险时已尽到审查义务，不应承担保险责任的理由，交强险条款约定的投保人系机动车的所有人或管理人，被保险人系投保人及其允许的合法驾驶人，财险公司对此应是明知，但其公司在知道其保险代理人路某以本人作为被保险人承保交强险时，未严格审核路某与投保人的关系、投保人的情况及承保车辆的情况，导致本案肇事车辆以豫 PM8×××号牌投保了交强险，其公司在交通事故发生后应按照合同承担保险责任。故对该理由不予采纳。综上，一、二审法院依法作出上述裁判结果。

【案件评析】

本案的争议焦点在于对套牌车投保交强险发生交通事故后，保险公司应否承担保险责任。

首先，应明确套牌车投保交强险，该交强险合同是否有效。《中华人民共和国道路交通安全法》第 16 条第（4）项规定，任何单位和个人不得使用其他机动车的登记证书、号牌、行驶证、检验合格标志、保险标志；第 96 条规定了违反此项规定的行政处罚及补救措施。可见，法律对套牌车的强制性规定是管理性强制性规定，而非效力性强制性规定。在投保人为套牌车投保交强险，保险公司同意承保并出具保险单的情况下，双方保险合同成立。依法成立的保险合同，自合同成立时生效。双方的保险合同不因违反法律的管理性强制性规定而无效。

其次，保险公司是否享有解除合同的权利。《中华人民共和国保险法》第 16 条第 1、2 款规定，订立保险合同，保险人就保险标的或者被保险人的有关情况提出询问的，投保人应当如实告知。投保人故意或者因重大过失未履行告知义务，足以影响保险人决定是否同意承保或者提高保险费率的，保险人有权解除合同。保险法司法解释二第 6 条规定，投保人的告知义务限于保险人询问的范围和内容，当事人对询问范围及内容有争议的，保险人负举证责任。本案中，投保人徐某明知其驾驶的车辆系套牌车，属于"应当如实告知"的内容。保险公司提供的交强险格式条款约定，投保人系机动车的所有人或管理人，被保险人系投保人及其允许的合法驾驶人，可见，保险公司在投保人投保时有条件也有义务对投保人、被保险人及车辆有关情况进行询问。通过询问和审核，应能够确定本案车辆的真实情况，但保险公司未举证证明其对投保人进行了询问。因此，保险公司不享有解除交强险合同的权利。

综上所述，双方订立的交强险合同依法成立并有效，保险公司不享有解除合同的权利，应当按照合同承担保险责任。

编委会建议：保险法第 16 条第 4 款规定："保险人在合同订立时已经知道投保人未如实告知的情况的，保险人不得解除合同；发生保险事故的，保险人应当承担赔偿或者给付保险金的责任。"

该合同在签订的时候已经明知被保险人没有履行如实告知义务而接受的，所以该合同有效并不可解除，保险人应当承担给付保险金义务。

（撰稿人：葛京涛　编辑人：韩玉芬）

特种车辆施工中发生事故亦属交通事故

【案件疑难点】

特种车辆施工中事故是否交通事故

【案件索引】

一审：河南省许昌市魏都区人民法院(2012)魏民一园初字第 162 号民事判决书

二审：河南省许昌市中级人民法院(2013)许民三终字第 478 号民事判决书

【基本案情】

原告(被上诉人)：刘某

被告(上诉人)：太平洋公司湖南分公司

被告(被上诉人)：孙某

被告(上诉人)：太平洋公司许昌分公司

原告刘某受张某雇佣，在许昌市物探院的长葛市城北安居小区基桩检测工地上施工。2011 年 12 月 27 日，被告孙某驾驶豫 K84×××号吊车参与施工，在施工中，被告吊起的石块将原告挤压致伤。原告受伤之后，经医院抢救才脱离危险，但造成了身体多处骨折及脾脏被摘除的严重后果。原告出院后就医疗费曾向平安养老保险股份有限公司进行了理赔，获赔 5000 元。原告出院后，委托司法鉴定所对其伤情进行了鉴定，原告刘某的伤残程度综合评定为七级伤残。原告就医治疗花去交通费 300 元。发生事故之后被告孙某本应积极赔偿，但却一再拖延拒不承担赔偿责任。发生事故的车辆在被告太平洋公司营业部投有保险，为此，原告依法提起诉讼。请求判令：1. 被告孙某赔偿原告的损失医疗费 22151.84 元、住院伙食补助费 1770 元、营养费

231

1770 元、伤残生活补助费 18194. 8×（40%＋1%）×20 ＝ 149197. 36 元、鉴定费 800 元、护理费 7883 元、误工费 20200 元、交通费 300 元、精神抚慰金 20000 元，共计 221672. 24 元，被告太平洋公司湖南分公司、太平洋公司许昌分公司在保险范围内进行理赔；2. 诉讼费用由三被告承担。

被告孙某辩称：被告孙某驾驶的吊车在其他两个被告处入有交强险和三责险，赔偿款应由其他两被告支付。

被告太平洋财险湖南分公司营业部辩称：原告的诉求应由太平洋财险许昌分公司在交强险范围内进行赔偿，原告的损失不属于第三者责任险的赔偿范围。原告和工地管理方负有事故责任，应依法查明。原告的损失应依法确认。

被告太平洋财险许昌分公司辩称：原告在施工作业中造成事故，对该次事故应依道路交通安全法的规定处理。原告伤残鉴定错误，护理费及精神抚慰金要求过高。被告不承担本案诉讼费。

另查，原告刘某系非农业户口。

【案件裁判思路及裁判结果】

许昌市魏都区人民法院经审理认为：原告在施工作业中被被告孙某驾驶的吊车挤压致伤，被告孙某作为侵权人，对本次事故应负全部责任。原告的损失医疗费虽然部分得到了平安养老保险股份有限公司的赔偿，但因该赔偿是基于原告与该公司之间的人身保险合同发生的，故不影响原告向被告求偿的权利，被告仍应在 19936. 66 元的范围内进行赔偿。孙某的吊车在被告太平洋财险许昌分公司投有交强险，机动车在道路以外的地方通行时发生交通事故，造成人员伤亡、财产损失的，应依照《机动车交通事故责任强制保险条例》进行赔偿，故被告太平洋财险许昌分公司应在交强险的范围内赔偿原告的损失。被告孙某在被告太平洋财险湖南分公司为肇事车辆投有第三者责任险。故该被告应在第三者责任险范围内赔偿原告损失。

许昌市魏都区人民法院依照《中华人民共和国侵权责任法》第 16 条，《中华人民共和国道路交通安全法》第 76 条，《机动车交通事故责任强制保险条例》第 44 条，《最高人民法院关于审理人身损害赔偿案件适用法律若干问题的解释》第 17 条、第 18 条，《最高人民法院关于审理道路交通损害赔偿案件适用法律若干问题的解释》第16条、第28条的规定，判决如下：

一、被告太平洋公司许昌分公司在交强险责任限额范围内赔偿原告刘某医疗费损失10000元，伤残赔偿金110000元（含精神损害抚慰金20000元）。

二、被告太平洋湖南分公司在第三者责任商业保险责任限额范围内赔偿原告刘某损失90247.5元；

三、上述一、二项于本判决生效后十日内履行。

四、驳回原告刘某的其他诉讼请求。

太平洋公司许昌分公司提起上诉。许昌市中级人民法院经审理认为：交强险制度的设立在于强制性保障受害人及时获得赔偿，其保险范围从本质上讲是车辆在发挥其功能时所生之事故。普通车辆之功用在于通常意义上的道路行驶，而特种车辆之功用在于通常意义上的道路行驶和工地作业等情形，如仅将特种车辆交强险的保险范围理解为通常意义上的道路行驶是不当地限缩了保险范围，有悖立法目的，应不予支持。

许昌市中级人民法院依照《中华人民共和国民事诉讼法》第170条第1款第(1)项之规定，作出如下判决：

驳回上诉，维持原判。

【案件评析】

本案处理重点主要在于对交通事故范畴的认定。《机动车交通事故责任强制保险条例》第44条规定，"机动车在道路以外的地方通行时发生事故，造成人身伤亡、财产损失的赔偿，比照适用本条例"。

具体到本案中，一、二审法院均认为，特种车辆在施工作业时致人受伤属于交通事故的范畴，应按交通事故来处理本案的赔偿事宜。故中级法院维持了一审判决。

（撰稿人：司忠信　编辑人：韩玉芬）

同居关系者不能因自认成为夫妻

【案件疑难点】

　　代理人对当事人间夫妻关系自认的效力

【案件索引】

　　一审：河南省许昌市魏都区人民法院（2013）魏民二初字第 40 号民事判决书

　　二审：河南省许昌市中级人民法院（2013）许少民终字第 32 号民事判决书

　　再审：河南省许昌市中级人民法院（2014）许民终字第 4 号民事判决书

【基本案情】

　　原告柔某等

　　被告刘某

　　被告李某

　　土某与被告刘某存在和田籽料的交易往来。双方在交易过程中，被告刘某于 2010 年 3 月 23 日向土某出具了收条一份，其内容为"今收到土某和田籽料陆拾叁公斤的石头壹块，暂定价格为贰佰壹拾万元正刘某"。之后，被告刘某向土某支付货款 40 万元。2012 年 11 月 16 日土某去世后，其妻柔某、其母、其子女等五原告作为土某的法定继承人要求被告刘某、李某支付货款。

　　一审庭审中被告方代理人认可刘某、李某系夫妻关系。

　　被告李某辩称：没有参与经营且没有收益，故不应承担责任。

【案件裁判思路及裁判结果】

　　一审认为，土某与被告刘某的买卖关系成立，被告刘某不及时支付货款是造成本案纠纷的根本原因，应承担本案纠纷相应的民事责任。一审中因为两被告代理人承认两被告是夫妻，且该债务发生在二人夫妻关系存续期间，被告李某应当承担支付货款的责任，其关于没有参与经营且没有收益，故不应承担责任的辩称不予支持，所以一审法院遂判决刘某、李某向五原告支付货款170万元。

二审判决维持原判。

申请再审人李某1999年左右与刘某相识并共同生活至今，2000年8月16日生有一子，但二人未办理结婚登记。原一二审李某与刘某系夫妻关系，应共同承担刘某债务的基本事实没有查清。

再审法院审理认为：再审人李某虽与刘某共同生活，但二人并未办理结婚登记，且没有证据证明本案债务是用于二人共同生产、共同生活。原审认定李某与刘某夫妻关系，并判决李某承担支付货款责任，认定事实不清，证据不足，应予纠正。一、二审认定的其他事实无误。再审判决刘某向五原告支付货款170万元。

【案件评析】

本案一审庭审中被告方代理人认可刘某、李某系夫妻关系，判决刘某、李某向五原告支付货款170万元。二审维持原判。李某以二人非夫妻关系为由申请再审。再审查明李某、刘某未办理结婚登记，且无证据证明本案债务是用于李某、刘某二人共同生产、共同生活，原审认定事实不清，证据不足，故予改判。

《最高人民法院关于民事诉讼证据的若干规定》第63条规定：人民法院应当以证据能够证明的案件事实为依据依法作出裁判。第8条规定：诉讼过程中，一方当事人对另一方当事人陈述的案件事实明确表示承认的，另一方当事人无须举证。但涉及身份关系的案件除外。

根据以上规定，对于身份关系，不能以当事人是否自认作为认定身份关系的依据，而应以有权机关的认定为准。就婚姻关系而言，刘某、李某是否夫妻关系，应以婚姻登记机关即民政局的婚姻登记为准，而不能以当事人认可为准，尤其不能以当事人委托代理人的认可为准。本案原一审期间，依据二被告委托代理人认可李某与被告刘某系夫妻关系的内容，即在判决中认定被告李某与被告刘某系夫妻关系，违背了身份关系不能仅靠自认来予以认定的有关规定，造成一审判决不当。

（撰稿人：王五周　编辑人：韩玉芬）

同一天既有还款凭据又有借款
凭据亦可认定借款

【案件疑难点】

综合运用经验法则判定证据的效力

【案件索引】

一审：河南省襄城县人民法院（2013）襄民初字第 227 号民事判决书

二审：河南省许昌市中级人民法院（2013）许民三终字第 320 号民事裁定书

重审一审：河南省襄城县人民法院（2014）襄民初字第 64 号民事判决书

重审二审：河南省许昌市中级人民法院（2014）许民终字第 741 号民事判决书

【基本案情】

原告：寇某

被告：樊某

原告原在襄城县农业银行代办点工作。被告自 1999 年起从事养殖业（养鸡）至 2013 年，因资金周转困难，借钱用于养鸡。1999 年同村郭某不再借用原告的 3000 元借款，经担保人曹某介绍，原告将借给郭某的 3000 元转借给被告。借用 1 年后，被告又从原告处借款 2000 元，共计 5000 元，双方约定年利息 500 元。被告一直支付利息。2013 年 1 月 29 日，原告以被告拒不偿还借款本金 5000 元及 2012 年度的利息 500 元为由，诉至法院，并提供 2006 年 12 月 22 日被告樊某出具的借据，内容为：今借到寇某个人现金伍仟圆整

（￥5000 元），借款用途养鸡，用款时间一年，月息 8.4‰，2007 年 12 月 22 日到期，本息一次清。担保人曹某（盖章），借款人樊某。

被告樊某辩称该款已还，并出示有寇某签名盖章的收据 1 份，收据载明："今收到樊某以上借款伍仟圆整（￥5000 元），用款时间一年整，利息伍佰元整，本息合计 5500 元。收款人：寇某 2006.12.22。"

另查明，原、被告提交的书证系同一天书写。

【案件裁判思路及裁判结果】

襄城县人民法院 2013 年 7 月 1 日作出（2013）襄民初字第 227 号一审判决，认为本案中，原告寇某主张被告樊某向其借款，并提供借条为证，被告辩称该款已经还过，有收据为证，两张书证的日期相同，原、被告对其真实性均无异议。原告并未提供证据证明该笔借款尚未归还。为保护当事人合法权益，依照《中华人民共和国民事诉讼法》第 64 条之规定，判决驳回原告寇某的诉讼请求。原告寇某不服提起上诉，许昌市中级人民法院审理后以原审认定基本事实不清为由作出（2013）许民三终字第 320 号裁定，撤销襄城县人民法院（2013）襄民初字第 227 号民事判决；将案件发回襄城县人民法院重审。

襄城县人民法院重审后认为，当事人对自己的主张有责任提供证据予以证明。本案中，双方对 2006 年 12 月 22 日以前被告借原告 5000 元，年利息 500 元均无异议。被告出具的收条显示：今收到樊某以上借款 5000 元，利息 500 元，本息合计 5500 元。依常理，从收条中显示的"以上"二字可以得到该还款系付 2006 年 12 月 22 日前的借款本息。原告出具的被告 2006 年 12 月 22 日书写的借条中显示：借款一年，2007 年 12 月 22 日到期，本息一次清。被告作为借款人，在已明确约定借款到 2007 年 12 月 22 日方到期，存在被告辩称的上午出具借条，当天下午即还款的可能性甚小，有悖常理。综上被告提供的证据可以证明已还 2006 年 12 月 22 日前的借款本息的事实；原告提供的证据则可以证明 2006 年 12 月 22 日被告出具借据，借原告 5000 元至 2007 年 12 月 22 日到期的事实。因双方约定的利息未超出法律规定的利息限额，该院予以认定。依据原告的证据及自认，被告应支付原告借款 5000 元及 2011 年 12 月 22 日至 2012 年 12 月 22 日的利息 500 元。遂依法判决：被告樊某于本判决生效后五日内偿还原告寇某本金 5000 元及 2011 年 12 月 23 日至 2012 年 12 月 22 日的利息500 元, 共计 5500 元。如果未按照本判决指定的期间履行给付金钱义务, 应当依照《中华人民共和国民事诉讼法》第 253 条之规定, 加倍支付迟延履行期间的债务利息。案件受理费 50 元由被告樊某负担。被告樊某不服提起上诉, 二审法院审理后认为, 原判决对收据上"以上"二字的理解符合常理, 且依上诉人所称当天打借条当天归还, 其2006 年 12 月 22 日借款 5000 元, 当天归还即支付一年的利息 500 元,与常理不符, 在借据上显示的"担保人曹某"向法庭所做陈述亦与上诉人所称不一致, 故对上诉人的上诉理由不予支持, 依照《中华人民共和国民事诉讼法》第 170 条第 1 款第(1)项之规定, 判决驳回上诉,维持原判。

【案件评析】

民间借贷纠纷一直是司法实务中广泛接触, 而又充满争议的案件类型。民间借贷案件审理的最大难点在于事实的认定, 主要表现为借款行为的真实性、借款是否实际支付、是否已经归还以及还款金额如何确定 4 个方面。由于民间借贷证据的单一性和借贷的随意性, 常使借贷关系事实真伪不明, 审判工作陷入困境。本案争议的焦点即被告是否已偿还原告借款。本案的处理有两种意见, 一种意见认为即襄城县法院(2013)襄民初字第 227 号判决书中合议庭的意见, 按照举证责任, 樊某出示收据, 证明其已偿还借款, 原告不能证明被告未偿还借款应承担不利的法律后果, 应驳回原告的诉讼请求。第二种意见即终审判决意见, 审判人员应当依照法定程序, 全面、客观地审核证据, 依据法律的规定, 遵循法官职业道德, 运用逻辑推理和日常生活经验, 对证据有无证明力和证明力大小独立进行判断。被告辩称的上午出具借条, 当天下午即还款并支付一年的利息 500 元, 可能性甚小, 有悖常理。结合担保人提供的证言, 认定樊某未偿还借款, 支持了债权人的诉讼请求。

笔者赞同第二种意见: 民事审判中, 法官认定事实、适用法律,并非简单、机械的作业, 而有其能动性。其能动性体现在, 法官在审理案件时应当尽可能穷尽证据方法, 包括通过经验法则认定事实, 从而避免举证责任适用的简单化。法官须不时地、自觉或不自觉地运用自己的生活经验，对案件的事实进行判断和认定，以求裁判结果符合法意与人情。法官绝不能片面强调法律事实而忽略客观事实，不能单纯强调证据规则的作用而机械理解和使用其裁判案件，尤其不能如同适用实体法律规范一样，用死板的标准来衡量各种不同证据的证明力，在诉讼中必须充分发挥当事人参与诉讼和法官指挥推进诉讼的作用，发挥法官的主观能动性，由法官运用职业道德准则、经验法则和逻辑规则等裁判案件，确保其对事实的认定尽可能最大程度地与客观事实相吻合，符合通常的正义观念，以实现程序保障和实质正义。

法官对于生活经验的运用，应有一定的规矩可循。所谓经验法则，是指人们从生活经验中归纳获得的关于事物因果关系或属性状态的法则或知识。经验法则应当符合人们认识的常理，如果不合常理，也就不具有公正性。本案中被告辩称的上午出具借条，当天下午即还款并支付一年的利息500元，可能性甚小，有悖常理，而且与担保人曹某向法庭所作的证言不一致。因此综合认定本案借款人未偿还借款是客观公正和符合法律规定的。

（撰稿人：周素文　王黎明　编辑人：韩玉芬）

外商投资企业股权确认必须
通过行政复议程序

【案件疑难点】
　　外商投资企业股权确认纠纷可否通过民事诉讼解决

【案件索引】
　　一审：河南省襄城县人民法院（2007）襄民二初字第 150 号民事判决书
　　二审：河南省许昌市中级人民法院（2007）许民二终字第 228 号民事判决书
　　再审：河南省许昌市中级人民法院（2012）许民再终字第 29 号民事判决书

【基本案情】
　　原告：刘某
　　被告：宏源公司
　　2003 年 3 月，美国美福林公司（法定代表人为林某），拟在中国设立宏源公司，同月 17 日，向许昌市外贸局申请成立外资企业，申请书中注明"董事会成员：刘某、林某等"。2004 年 6 月 28 日和 12 月 14 日河南远大会计师事务所有限公司两次出具验资报告。2006 年 6 月 20 日，刘某、林某等在宏源公司召开会议，会议内容：招资增股，组成新的董事会及公司新班子。同年 11 月 10 日，由刘某主持在福建省福州市召开宏源公司股东代表确认会议，确认至 2006 年 1 月 1 日前宏源公司股东代表如下：刘某、林某……共 11 人。同年 11 月 13 日，宏源公司对至 2006 年 1 月 1 日止股东出资额进行确认，其他股东在确认书上签字，刘某对此持反对意见，并写了特别申明。2006

年 12 月 15 日，美福林有限公司出具董事长委任书、免职书、董事委派书，决定免去刘某在宏源公司的董事长职务，委派林美珠担任该公司董事、董事长职务，另委派刘某、林某等十人为公司董事。同日，许昌市商务局对该公司的变更董事会成员的申请予以批复。由此引发纠纷。

原告刘某诉至法院，要求确认其股东身份，撤销董事会决议。

被告辩称刘某不是公司股东。

【案件裁判思路及裁判结果】

一审法院审理认为：被告虽登记注册为外商独资企业，但从验资报告中已看出投资并非外商美福林公司所为，而是本案原告和林贞雄，且原告持有被告方的注明投资款的票据证明，从 2006 年 6 月 20 日原告与林某、王某的招资增股会议纪要，2006 年 11 月 10 日的股东代表确认会议记录，11 月 13 日股东出资额的确认可以得出，本案原告系被告方的股东，虽然在公司工商登记中未予显示，但并不影响其股东身份的确认。一审判决：一、确认原告刘某系被告宏源公司的股东；二、驳回原告刘某撤销被告宏源公司董事会决议的诉讼请求。

二审判决驳回上诉，维持原判。

再审法院审理认为：根据中华人民共和国最高人民法院第二次全国涉外商事海事审判工作会议纪要第 87 条规定：外商投资企业股东及其股权份额应当根据有关审查批准机关批准证书记载的股东名称及股权份额确定。外商投资企业批准证书记载的股东以外的自然人、法人或者其他组织向人民法院提起民事诉讼，请求确认其在该外商投资企业的股东地位和股权份额的，人民法院应当告知该自然人、法人或者其他组织通过行政复议或者行政诉讼解决；该自然人、法人或者其他组织坚持向人民法院提起民事诉讼的，人民法院在受理后应当判决驳回其诉讼请求。

再审判决撤销一二审判决，驳回刘某的诉讼请求。

【案件评析】

本案中，原审原告刘某虽为宏源公司的发起人之一，曾任该公司的法定代表人，并进行投资，但在有关审查批准机关批准证书中均未显示其股东身份。最高人民法院 2005 年 12 月 26 日发布的第二次全国涉外商事海事审判工作会议纪要第 87 条规定：外商投资企业股东及其股权份额应当根据有关审查批准机关批准证书记载的股东名称及股权份额确定。外商投资企业批准证书记载的股东以外的自然人、法人或者其他组织向人民法院提起民事诉讼，请求确认其在该外商投资企业的股东地位和股权份额的，人民法院应当告知该自然人、法人或者其他组织通过行政复议或者行政诉讼解决；该自然人、法人或者其他组织坚持向人民法院提起民事诉讼的，人民法院在受理后应当判决驳回其诉讼请求。

刘某作为外商投资企业批准证书记载的股东以外的自然人，其股东身份的确认应通过行政复议或者行政诉讼解决。原审判决根据验资报告、投资款的票据证明、招资增股会议纪要等证据确认刘某系宏源公司的股东，系适用法律错误。

（撰稿人：王五周　编辑人：韩玉芬）

委托合同与买卖合同结算方式不同

【案件疑难点】
　　委托合同和买卖合同的区别

【案件索引】

一审：河南省鄢陵县人民法院(2010)鄢民初字第 484 号民事判决书

再审：河南省鄢陵县人民法院(2013)鄢民再字第 1 号判决书

【基本案情】

抗诉机关：河南省许昌市人民检察院

申诉人(原审被告)：孙某

被申诉人(原审原告)：邮政局

经鄢陵县法院再审查明，2008 年 5 月 1 日—2008 年 8 月 15 日，邮政局在全县范围内开展"玉米追肥配送劳动竞赛活动"，2008 年 8 月 15 日—2008 年 10 月 30 日，邮政局在全县范围内开展"小麦追肥配送劳动竞赛活动"，玉米全县各销售网点统一价格 3400 元/吨，小麦全县各销售网点统一价格 3500 元/吨，网点现款要货追肥每吨按 180 元奖励，非现款要货每吨按 110 元奖励。申诉人向被申诉人交纳加盟金后，取得化肥销售网点协管员资格并代销化肥，协助张桥乡邮政支局筹集化肥预缴款及化肥收款。经双方算账后，申诉人共销售玉米肥 34 吨，被申诉人应收玉米款 34×3400 元＝115600 元，每吨按 180 元×34＝6120 元，奖励扣除后为 109480 元，实收玉米肥款 89280 元，未收玉米肥款 20200 元。销售小麦肥 19.44 吨，应收小麦肥款 19.44×3500 元＝68040 元，每吨按 180 元×19.44＝3499.2 元，奖励扣除后为 64540.8 元。实收小麦肥款 42000 元，未收小麦肥款 22540.8

元。申诉人共向被申诉人支付化肥款为 151280 元【89280 元+42000
元+20000 元(加盟金)=151280 元】;故尚有未收回化肥款 22740. 8
元(115600 元+68040 元-89280 元-6120 元-42000 元-3499. 2 元-
20000 元=22740. 8 元)。

另,在销售化肥期间,张桥乡邮政支局局长司某低于邮政局统一
零售价格以玉米肥每袋 130 元、小麦肥每袋 136 元销售。

申诉人孙某诉称:我与被申诉人是委托代理关系,而非买卖合同
关系,我仅是销售网点的协管员,负责代为销售网点的化肥,化肥和
化肥款均归于被申诉人,我仅是协助而已。被申诉人仅在我已销售的
化肥中给予我提成或奖励。在销售化肥过程中,邮政局张桥支局局长
司某私自以低于邮政局的价格销售,扰乱了市场,导致我按邮政局价
格销售的化肥款不能足额收回和及时上交。

被申诉人邮政局辩称:对河南省许昌市人民检察院的民事抗诉书
有意见,本案实属买卖合同关系,而非委托关系;抗诉机关以几份证
人证言认定案件事实不客观、不合理;原审的判决并无错误,应予以
维持。

【案件裁判思路及裁判结果】

鄢陵县人民法院再审认为:所谓委托合同是双方当事人约定,一
方请求他方处理事务,他方允为处理的合同。其主要表现形式是受托
人按照委托人的指示处理委托事务,使一定的事项得到安排和处理。
买卖合同则是指出卖人转移标的物的所有权与买受人,买受人支付价
款的合同。最基本的特征就是出卖方转移财产所有权于买受人,买受
人支付价款给出卖人。本案当中,申诉人按照鄢邮局[2008]52 号、
鄢邮局[2008]75 号文件的规定,以合同的形式取得网点销售化肥的
协管员资格后,严格按照鄢陵邮政局的统一价格代为被申诉人销售化
肥,申诉人按职责习惯向被申诉人筹集化肥预缴款及化肥收款,鄢陵
邮政局仅是视其销量支付有偿报酬(奖励)而已,销售的化肥款及未
销售出的化肥仍归被申诉人所有,即财产所有权未转移于申诉人,应
属委托代理合同的法律关系,原审认定为买卖合同的法律关系实属不
妥。但申诉人未积极协助被申诉人收款和未向法庭提供具体未付款的
买受人清单,造成收款不能,申诉人存在过错,应当承担责任。邮政

局诉称孙某欠化肥款 45941.6 元与法院查明的事实不符，应当以法院查明的欠款数额为准。在扣除报酬后，申诉人对尚未收回的化肥款 22740.8 元应承担付款责任。被申诉人的其他诉讼请求，无证据支持，不予采纳。故依照《中华人民共和国合同法》第 396 条、第 404 条、第 406 条之规定，并经审判委员会讨论决定，作出如下判决意见：

一、撤销（2010）鄢民初字第 484 号民事判决。

二、申诉人孙某于本判决生效之日起十日内支付被申诉人邮政局化肥款 22740.8 元；

三、驳回被申诉人邮政局的其他诉讼请求；

【案件评析】

一、本案争议最大的焦点就是孙某与邮政局之间是构成委托合同还是买卖合同

所谓买卖合同，是指出卖人转移标的物的所有权予买受人，买受人支付价款的合同。该民事法律关系最基本的特征就是出卖方转移财产所有权于买受人，买受人支付价款给出卖人。委托合同则是双方当事人约定，一方请求他方处理事务，他方允为处理的合同。其主要表现形式，是以事务处理为标的，即受托人按照委托人的指示处理委托事务，使一定的事项得到安排和处理。不论是财产事务，还是非财产事务；法律行为性质的事务，还是非法律性质的事务，均可作为委托合同的标的。而本案的基本事实却是，邮政局在开展全县范围内的玉米、小麦追肥配送业务劳动中，依据该局（2008）52、75 号文件精神，以合同的形式招收本案被告孙某为其在本县张桥乡销售网点协管员，明确规定协管员的职责是协助支局筹集化肥预缴款及化肥收款。在具体的化肥配送营销过程中，该局严格规定必须按局统一价格销售，不得随意改变；网点现款要货，玉米、小麦肥每吨奖励 180 元，非现款要货每吨奖励 110 元等。由此可见，被告孙某所在岗点销售的由邮政局提供的玉米、小麦化肥，但化肥所有权并未转移，孙某应得到的仅是委托代销化肥后邮政局视其销量支付的有偿报酬而已。因而双方之

间所发生的民事法律行为不符合买卖合同的法律关系特征。

所谓委托合同又称委任合同，是指当事人双方约定一方委托他人处理事务，他人同意为其处理事务的协议。在委托合同关系中，委托他人为自己处理事务的人称委托人，接受委托的人称受托人。(1)委托合同的标的是劳务，委托人和受托人订立委托合同的目的，在于通过受托人办理委托事务来实现委托人追求的结果，因此，该合同的客体是受托人处理委托事务的行为。本案中邮政局张桥支局将销售玉米、小麦化肥交由孙某销售，给予其一定报酬的行为就属于劳务标的的委托。(2)委托合同是诺成、非要式、双务合同。托人与受托人在订立委托合同时不仅要有委托人的委托意思表示，而且还要有受托人接受委托的承诺，即承诺与否决定着委托合同足否成立。邮政局张桥支局玉米、小麦化肥交由孙某销售，孙某也对交付的化肥进行了销售，双方构成了事实上的委托合同，因此本案双方当事人之间的关系应为委托合同，而非一审认定的买卖合同。

二、本案委托合同中委托人对受托人委托事项奖励(提成款)的性质认定问题

委托合同可以是有偿的，也可以是无偿的。委托合同是建立在双方当事人彼此信任的基础上。委托合同是否有偿，应以当事人双方根据委托事务的性质与难易程度协商决定，本案中邮政局张桥支局将玉米、小麦化肥交由孙某进行网点销售，双方约定网点现款要货追肥每吨按 180 元奖励，非现款要货每吨按 110 元奖励，共销售玉米肥 34吨，应奖励 6120 元，销售小麦肥 19.44 吨，应奖励 3499.2 元，两项合计共 9619.2 元。该项奖励费用应该是委托人对受托人关于受托事项的有偿奖励，是双方当事人在委托合同之初事先约定的，应该认定为是委托人基于委托事项给予受托人的有偿奖励，而应和委托事项化肥款区别开来，在计算孙某应支付给邮政局化肥款的请求中去除。

(撰稿人：樊合昌　赵明亮　编辑人：韩玉芬)

无证驾驶情况下保险也可赔偿

【案件疑难点】

无证驾驶保险公司是否承担理赔责任

车主将车辆借给无证人员发生事故，是否应承担责任

【案件索引】

一审：河南省许昌县人民法院(2013)许县民一初字第329号民事判决书

二审：河南省许昌市中级人民法院(2014)许民终字第390号民事判决书

【基本案情】

原告：孙某

被告：王某

被告：马某

被告：大地保险公司

2013年5月25日6时20分，被告王某驾驶豫KNA×××号小型轿车沿许禹路自东向西行驶至史庄路口逆向行驶时，与沿许禹路自西向东行驶由孙某驾驶的豫K77×××重型自卸货车相撞，造成王某受伤以及双方车辆不同程度损坏。2013年6月7日，该事故经许昌县交警大队认定，被告王某承担此次事故的主要责任，孙某承担此次事故的次要责任。2013年6月28日，许昌市诚信旧机动车鉴定评估有限公司对原告的车损作出鉴定，原告的车损数额为87005元(已扣除残值1000元)，并支出鉴定费2500元，支出吊车施救费2500元，支出拖车施救费、看车费1620元。

涉案车辆豫KNA×××号小型轿车的实际车主为被告马某，该

车在被告保险公司处投保有交强险及商业三者险，保险期间均自2012年9月24日0时起至2013年9月23日24时止，其中商业三者险的保险责任限额为20万元，且不计免赔。涉案车辆豫K77×××重型自卸货车系原告孙某以分期付款的方式在许昌市宏达汽车运输有限公司购买。

另查明，被告马某与被告王某系朋友关系，马某将事故车辆豫KNA×××号小型轿车借给王某驾驶，且马某不清楚王某是否具有驾驶资格。本案中，被告王某在本次交通事故发生时未取得驾驶资格。

据此，原告要求被告承担原告因交通事故造成的车辆修理费、车辆停驶费、事故损失鉴定费、施救费、交通费等共计97071元，并承担本案的诉讼费。

被告王某、马某未答辩。

被告保险公司辩称：原告请求数额过高，保险公司不是直接侵权人，本次事故中保险公司承保车辆豫KNA×××号小型轿车在事故中是无证驾驶，根据保险条款规定，被告保险公司不承担赔偿责任，故原告的各项请求，被告保险公司不承担。

【案件裁判思路及裁判结果】

河南省许昌县人民法院认为：公民由于过错侵害他人财产的，应当承担民事责任。机动车辆发生交通事故侵害他人财产的，应当依法给予赔偿。本案中，被告王某驾驶豫KNA×××小型轿车与原告孙某所有的车辆豫K77×××重型自卸货车发生道路交通事故，造成原告车辆受损，被告王某作为驾驶人应承担本次事故的主要责任。因该车的实际车主为被告马某，其作为车主以及被告王某的朋友知道或应当知道被告王某是否具有驾驶资格，但在本案中马某称其对被告王某是否具有驾驶资格不清楚，因此，其对本次交通事故的发生亦存在过错，其应与被告王某共同对原告因该起交通事故所造成的损失依法承担相应的赔偿责任。但由于该车在被告保险公司投保有交强险和商业三责险且不计免赔，故被告保险公司应当先行在交强险保险责任限额范围内承担民事赔偿责任，交强险保险限额以外部分，由被告保险公司依照保险合同在商业三者险保险限额20万元的范围内承担70%的赔偿责任，对于保险不足部分的损失，由被告王某、马某共同承担

70%的赔偿责任。

关于被告保险公司辩称因被告王某为无证驾驶，依据被告保险公司与投保人马某签订的保险合同，保险公司不应对原告的损失承担赔偿责任的问题，法院认为，保险人与投保人签订的保险合同中的该条款系格式免责条款，根据我国《保险法》及最高人民法院相关司法解释的规定，保险人在与投保人签订保险合同时，对于保险合同中约定的免责条款，保险人不仅要通过字体、符号等特别标识对免除保险人责任的条款作出标识，还应主动向投保人出示该条款并说明，该免责条款方可产生相应的法律效力。本案中，被告保险公司没有提供相关证据证明其将保险条款送达投保人，并就其中的免责条款的内容已向投保人尽了提示及说明义务，故该保险合同的免责条款对投保人不产生效力，因此对被告保险公司的此辩称理由，不予支持。

经核定，原告孙某的各项损失为：车辆损失费 87005 元、拖车施救费看车费 1620 元、吊车施救费 2500 元、鉴定费 2500 元，故被告保险公司应当在交强险责任限额范围内赔偿原告车辆损失费 2000 元，在商业三者险范围内赔偿原告下余车辆损失费 85005 元、拖车施救费看车费 1620 元、吊车施救费 2500 元，共计 89125 元的 70%，即 62387.5 元，以上总计 64387.5 元。鉴定费 2500 元由被告王某和马某共同承担。

根据《中华人民共和国侵权责任法》第 6 条、第 20 条、第 49 条，《中华人民共和国道路交通安全法》第 76 条，《中华人民共和国民事诉讼法》第 64 条及相关司法解释之规定，河南省许昌县人民法院作出如下判决：

一、被告大地保险公司于本判决生效之日起三日内赔偿原告孙某车辆损失费等各项损失共计 64387.5 元；

二、被告王某、马某于本判决生效之日起三日内连带赔偿原告孙某鉴定费 2500 元；

三、驳回原告孙某的其他诉讼请求。

案件受理费 2230 元，由原告孙某承担 758 元，被告王某、马某连带承担 1472 元。

被告大地保险公司向河南省许昌市中级人民法院提起上诉。许昌市中级人民法院以同样的事实认定被告大地保险公司的上诉理由不能成立。原审判决认定事实清楚，程序合法，适用法律正确，判决结果并无不当。

河南省许昌市中级人民法院依照《中华人民共和国民事诉讼法》第170条第1款第(1)项之规定，作出如下判决：

驳回上诉，维持原判。

【案件评析】

一、无证驾驶保险公司是否承担理赔责任

《最高人民法院关于审理道路交通事故损害赔偿案件适用法律若干问题的解释》第18条："有下列情形之一导致第三人人身损害，当事人请求保险公司在交强险责任限额范围内予以赔偿，人民法院应予支持：

(一)驾驶人未取得驾驶资格或者未取得相应驾驶资格的；

……

保险公司在赔偿范围内向侵权人主张追偿权的，人民法院应予支持。追偿权的诉讼时效期间自保险公司实际赔偿之日起计算。"

由此可见涉及人身伤害的保险人应先赔付，然后再追偿，至于第三者责任险由于保险人没有履行对免责条款的说明义务也应当赔偿。

二、车主将车辆借给无证人员发生事故，是否应承担责任

《中华人民共和国侵权责任法》第49条："因租赁、借用等情形机动车所有人与使用人不是同一人时，发生交通事故后属于该机动车一方责任的，由保险公司在机动车强制保险责任限额范围内予以赔偿。不足部分，由机动车使用人承担赔偿责任；机动车所有人对损害的发生有过错的，承担相应的赔偿责任。"所谓有过错，包括明知对方无驾照而借出等类似的行为。

本案中被告马某将车辆借给被告王某，他知道或应当知道被告王

某是否具有驾驶资格，或应该询问。但在本案中马某称其对被告王某是否具有驾驶资格不清楚，主观上存在过错。所以，其对本次交通事故的发生亦存在过错，其应与被告王某共同对原告因该起交通事故所造成的损失依法承担相应的赔偿责任。

编委会建议：本案件交强险不应当赔偿，因为本案件是财产损失，无证驾驶的不应当赔偿。赔偿应当由第三者责任险赔偿。

（撰稿人：孙胜利　周雪平　编辑人：韩玉芬）

合同约定违约金不宜过高

【案件疑难点】

合同中损害赔偿金与违约金能否并存

合同实际损失的计算

买卖合同违约金的计算

【案件索引】

一审：河南省禹州市人民法院（2010）禹民二初字第 450 号民事判决书

再审：河南省许昌市中级人民法院（2012）许民再终字第 20 号民事判决书

再审：河南省许昌市中级人民法院（2013）许民再终字第 19 号民事判决书

【基本案情】

申请再审人（原审被告）：中瑞公司

被申请人（原审原告）：郑龙公司

2009 年 11 月 16 日，原告郑龙公司（乙方）与被告中瑞公司（甲方）签订煤炭购销公司，合同约定："甲方自 2009 年 11 月 21 日—12 月 20 日向乙方一个月内供原煤 2 万吨，若遇政府行为煤矿长时间停产整顿，甲方应在 3 日内退还乙方剩余的煤款，超期按银行 3 分利息付息，原煤供应以郑龙公司优先供应，该公司每天 700 吨煤拉完后，其他客户方可拉煤，原煤单价 310 元/吨（含税）；乙方一次性付煤款 620 万元，该煤拉完后，由甲方及时向乙方开具增值税发票；合同签订后，双方应依约履行，若一方违约，应支付给对方 100 万元的违约金。"合同签订后，原告依约向被告支付煤款 620 万元，并从被告处开始拉煤。从 2009 年 11 月 25 日至 2009 年 12 月 13 日，原告共从被告处拉煤 2828 吨，价值 87.668 万元。被告于 2009 年 11 月 27 日退还原告 250 万元，下欠 282.332 万元未予退还。2009 年 12 月 14 日，被告煤矿因故停止生产，原告向被告追要剩余煤款，被告未予退还。

原告起诉，请求判令被告退还煤款 282.332 万元及利息，支付违约金 100 万元，开具增值税发票，并承担本案的诉讼费用。

被告辩称，合同约定违约金过高，约定的超期按银行 3 分利息付息没有法律依据，不应当同时支付违约金和损害赔偿计息。

【案件裁判思路及裁判结果】

禹州市人民法院经审理认为：原被告双方所签订的煤炭购销合同，是双方的真实意思表示，且不违反有关法律规定，应为有效合同。合同签订后，原、被告双方均应依约履行。原告依约向被告支付 620 万元煤款后，被告应按合同约定向原告每天提供 700 吨原煤，但被告自 2009 年 11 月 25 日至 2009 年 12 月 13 日只供给原告原煤 2828 吨，且在煤矿停产后，未能依约按时将原告剩余煤款全部退还，违反了双方的合同约定，因此被告应承担违约责任。原被告双方约定如被告不按时退款，超期按 3 分计付利息的约定，超过了法律规定，可按银行同期贷款利率的四倍计息。据此原审法院作出（2010）禹民二初字第 450 号民事判决：一、限被告禹州市中瑞矿业有限公司于本判决生效后十日内退还原告禹州市郑龙物资贸易有限公司煤款 282.332 万元，并自 2009 年 12 月 17 日起按银行同期贷款利率的四倍支付利息；二、限被告禹州市中瑞矿业有限公司于本判决生效后三日内向原告禹州市郑龙物资贸易有限公司开具 87.668 万元的增值税发票；三、限被告禹州市中瑞矿业有限公司于本判决生效后十日内支付原告违约金 100 万元。本案诉讼费 37386 元，由被告禹州市中瑞矿业有限公司承担。

河南省禹州市人民法院（2010）禹民二初字第 450 号民事判决书生效后，中瑞公司向禹州市人民检察院提出申诉，禹州市人民检察院提请许昌市人民检察院抗诉，许昌市人民检察院以原审送达违反法定程序为由向许昌市中级人民法院提出抗诉。许昌市中级人民法院审理后认为原审送达程序合法，故作出（2012）许民再终字第 20 号民事判决书维持原审判决。

中瑞公司申请再审称：原判决对利息承担方式认定错误。我们双方有关超期按银行3分利息付息的约定，实际上是逾期付款的责任承担问题，银行并无三分利息的标准，该约定显然没有法定依据，依照合同法的有关规定，只能按照交易习惯来确定，也即按照银行同期贷款利息来计算，而违约金部分的约定，也违背了法律的规定，根据合同法及相关的司法解释，违约金的计算不得超过实际损失的30%，因此，原审对违约金的判决适用法律不当。本案双方的购销合同是2009年11月16日签订的，郑龙公司的预付煤款是2009年11月16日、11月17日到账的，而在合同的履行过程中，郑龙公司提出因业务资金紧张，让我们退还煤款250万元，我公司在2009年11月27日即退还其预付煤款250万元，因此，本案仍按原合同的约定，没有考虑到合同履行过程中的变更情况来予以判决，有失公正；再者，剩余煤款我们已于2011年6月14日退还郑龙公司。

经本次再审查明：2009年11月16日，中瑞公司和郑龙公司签订了煤炭购销合同。2009年11月16日至2009年11月17日，郑龙公司分三次将预付煤款620万元汇入中瑞公司法定代表人王振耀的个人账户。2009年11月27日，中瑞公司退还郑龙公司预付煤款250万元；2011年6月14日，中瑞公司退还郑龙公司预付煤款282.300万元。

其他事实与原审判决认定的事实及许昌市中级人民法院初次再审认定的事实基本一致。

许昌市中级人民法院认为：中瑞公司与郑龙公司签订的煤炭购销合同是双方真实意思表示，但其合同中就利息及违约金的约定内容违反有关法律规定，因此应当依法予以调整。本案系买卖合同纠纷，对货款利息的计算以中国人民银行规定的同期贷款利率计息为宜。而原审按同期贷款利率的四倍计算没有事实和法律依据，应予改判；原审对双方约定的违约金100万元全部支持显属不当，结合本案的实际情况，应以郑龙公司的实际损失（即上述利息）的30%计算违约金。原审及本院初次再审认定事实清楚，但适用法律错误。再审申请人中瑞公司的申请理由部分成立，应予支持。依照《中华人民共和国合同法》第 138 条、第 107 条、《中华人民共和国民事诉讼法》第 170 条第 1 款第 2 项、第 208 条之规定，经本院审判委员会研究，判决如下：

一、撤销本院(2012)许民再终字第 20 号民事判决；

二、撤销禹州市人民法院(2010)禹民二初第 450 号民事判决第一项、第三项；

三、维持禹州市人民法院(2010)禹民二初字第 450 号民事判决第二项；

四、中瑞公司于本判决送达后三日内向郑龙公司支付银行同期贷款利息(本金以 282.332 万元计算，自 2009 年 11 月 16 日至 2011 年 6 月 14 日)，并支付违约金(以上述利息的 30%计算)。

本案诉讼费 37386 元，由中瑞公司承担。

【案件评析】

一、关于合同中损害赔偿金与违约金能否并存？

首先我们来看下损害赔偿金和违约金的性质。

损害赔偿金，是指违约方因不履行或不完全履行合同义务而给对方造成损失，依法和依据合同规定应承担损害赔偿的责任。赔偿损害可分为两类：约定损害赔偿和法定损害赔偿。赔偿损失的性质在于补偿性，即通过赔偿使受害人遭受的损失得到充分恢复。

违约金，是指合同当事人在合同中预先约定的当一方不履行合同或不完全履行合同时，由违约的一方支付给对方的一定金额的金钱。我国的违约金制度基本兼具补偿性与惩罚性。违约金首先体现补偿性，当违约方发生违约行为时对守约方给予补偿；但违约金的支付条件是违约行为的发生，而不是守约方实际损失的发生；违约金正是因为不以损害发生和数量的多少为依据，使得违约金的支付免除了守约方对实际损失的举证责任，具有明晰确定、简单易行的特点，具有很强的操作性。其次违约金具有惩罚性，在违约行为发生，而守约方未发生实际损失的情况下，违约方支付的违约金表现出显著的惩罚性。

《合同法》第 114 条规定："当事人可以约定一方违约时应当根据违约情况向对方支付一定数额的违约金，也可以约定因违约产生的损失赔偿额的计算方法。"合同法允许当事人同时约定违约金和损失赔偿的计算方法，在双方已约定了损失赔偿金的情况下，如果双方又约定了违约金，仍可以同时适用。就本案而言，原告郑龙公司要求赔偿损失及支付违约金，是符合合同法规定的，依法应予支持。

二、合同实际损失的计算？

本案中原被告双方对"三分利息"的约定明显过高，显失公平。笔者认为，既是损害，就是以实际发生的损失后果为条件，因为是逾期返还货款，可以比照《最高人民法院关于审理买卖合同纠纷案件适用法律问题的解释》第 24 条第 4 款之规定，买卖合同没有约定逾期付款违约金或者该违约金的计算方法，出卖人以买受人违约为由主张赔偿逾期付款损失的，人民法院可以中国人民银行同期同类人民币贷款基准利率为基础，参照逾期罚息利率标准计算。因此，再审判决以银行同期利息来计算郑龙公司的损失，是适当的。

三、关于买卖合同违约金的计算

《合同法解释二》第 29 条规定："当事人主张约定的违约金过高请求予以适当减少的，人民法院应当以实际损失为基础，兼顾合同的履行情况、当事人的过错程度以及预期利益等综合因素，根据公平原则和诚实信用原则予以衡量，并作出裁决。当事人约定的违约金超过造成损失的 30% 的，一般可以认定为合同法第 114 条第 2 款规定的"过分高于造成的损失"，所以原审对双方约定的违约金 100 万元全部支持显属不当，结合本案的实际情况，应以郑龙公司的实际损失（即上述利息）的 30% 计算违约金。故判决中瑞公司向郑龙公司支付下余货款 282.332 万元的银行同期贷款利息，并支付违约金（以上述利息的 30% 计算）。

（撰稿人：王五周　编辑人：李红伟）

没有合伙协议及相关工商注册的
投资应定性为借款

【案件疑难点】

　　出资给他人，但没有参与他人之间的生产、经营，对该出资行为如何认定，应该认定是合伙还是借贷

【案件索引】

　　一审：河南省禹州市人民法院(2011)禹民二初字第 776 号民事判决书

　　二审：河南省许昌市中级人民法院(2012)许民二终字第 87 号民事判决书

　　再审：河南省许昌市中级人民法院(2013)许民再终字第 32 号民事判决书

【基本案情】

　　原告：沈某

　　被告：马某

　　2005 年 7 月，被告马某以个人名义开办免烧砖厂，于 2006 年 4 月 27 日注册登记成立，企业性质为个体工商户。2006 年 12 月，砖厂因其他原因被政府关停。该砖厂在经营期间，被告马某于 2005 年 7 月 7 日、2006 年 3 月 27 日、2006 年 4 月 27 日分三次向原告沈某借款 315000 元，该笔借款马某全部用于砖厂的投资经营。后该笔借款经原告方多次催要，被告未予偿还。

　　原告诉请返还借款及利息。

　　被告辩称，原告的钱是合伙入股，生意失败亏本，不得要求返还，应当驳回原告的诉请。

【案件裁判思路及裁判结果】

禹州市人民法院经审理认为,债务应当偿还。本案中,被告马某经营的砖厂是个体工商户,根据 2011 年 4 月 16 日国务院公布的《个体工商户条例》第 2 条的规定,其属于个人或家庭经营模式,对外不能以股金的形式融资。原告将款借给被告后,没有与被告签订合伙协议或入股协议,没有约定股权的比例和分红办法,也未参与砖厂的管理和经营,出具的收据也未加盖砖厂的公章,砖厂没有召开股东会和进行年底分红。被告收取原告沈某的现金时,虽然有部分收据注明股金的字样,但无法认定原告沈某为被告的股东,原告与被告之间实际为民间借贷关系,被告应承担本案的还款责任。原告的诉讼请求于法有据,予以支持。判决:限被告马某于判决生效后十日内偿还原告沈某借款 315000 元,并支付利息(自 2011 年 5 月 25 日起计算至本判决所确定的还款之日止,按同期银行逾期贷款利率计息)。

马某不服一审判决,提起上诉。二审法院判决:驳回上诉,维持原判。

判决生效后,马某向检察机关申诉。河南省人民检察院于 2013 年 3 月 20 日作出豫检民抗[2013]40 号民事抗诉书,向河南省高级人民法院提出抗诉。河南省高级人民法院于 2013 年 6 月 16 日作出(2013)豫法立二民抗字第 00104 号民事裁定,指令许昌市中级人民法院再审本案。

许昌市中级人民法院再审认为,本案申诉人马某向被申诉人沈某出具的收条中有两份显示是股金,但被申诉人认为其不是入股,其没有参与经营、也没有领取分红。申诉人也没有证据证明被申诉人参与过砖厂的生产经营及分红,没有提供沈某的入伙协议及合伙的盈余分配情况等证据,且工商登记显示马某经营的砖厂系个体工商户而非个人合伙企业。故一、二审法院根据案件事实作出的判决及认定,并无不当。对申诉人认为被申诉人是入股不是借款的理由不予支持。依照《中华人民共和国民事诉讼法》第 207 条、第 170 条第 1 款第(1)项的规定,判决维持二审判决。

【案件评析】

根据《中华人民共和国民法通则》第 30 条的规定:个人合伙是指

两个以上公民按照协议，各自提供资金、实物、技术等，合伙经营、共同劳动。本案申诉人马某向被申诉人沈某出具的收据中有两份显示是股金，但被申诉人沈某家住郑州，出资后没有参与过砖厂的生产经营、没有参与过砖厂的共同劳动，也没有领取过砖厂的分红等，故不能仅从收据上表述是股金而认定双方是合伙关系。

本案申诉人马某没有提供沈某的入伙协议及合伙的盈余分配情况等证据，根据民法通则第31条的规定：合伙人应当对出资数额、盈余分配、债务承担、入伙、退伙、合伙终止等事项订立书面协议。本案中马某认为砖厂有五个合伙人，但其未提供与沈某及其他合伙人订立的关于合伙事项的任何协议来证明沈某已参与到合伙中并享有股东权利。申诉人对被申诉人沈某在砖厂的出资份额、其他合伙人同意沈某入伙及沈某在砖厂的分红情况等证据均不能提供，故无法证明沈某与马某是合伙关系。

工商行政管理部门注册登记显示马某经营的免烧砖厂系个体工商户，而非个人合伙企业。从工商登记情况看，也不显示沈某是砖厂的合伙人。故结合案件事实和审理情况，本案应认定沈某与马某之间是民间借贷而非合伙关系。申诉人马某应偿还被申诉人沈某借款本金及利息。

编委会建议： 本案件不能够排除可能原告最初是合伙出资，但是从法律事实来看，被告没有合伙协议，被告工商注册为个体工商户，排除了原告作为合伙人的可能，原告实际也没有参与经营管理合伙事务，所以，即使原告想合伙也没有真正能够合伙，所以应当将原告的钱认定为没有合伙成功的合伙出资，所以被告应当返还原告的合伙出资款。

（撰稿人：李延波　编辑人：李红伟）

民事诉讼可以否定房产证
并进行物权确认

【案件疑难点】

不动产物权确认可否通过民事审判来确定

【案件索引】

一审：河南省禹州市人民法院（2011）禹民一初字第 803 号民事判决书

二审：河南省许昌市中级人民法院（2013）许民二终字第 251 号民事判决书

【基本案情】

原告：刘某青

被告：刘某来

刘某来和刘某青系亲兄弟。双方及其父刘某共同生活在禹州市某地的两间半公房内（南屋瓦房一间半、北屋瓦房一间）。1978 年双方及其父刘某在其居住的北屋瓦房一间东邻共同修建北屋平房二间，后又盖了南屋二间平房。1983 年，双方及其父刘某分开生活，在其父的主持下分了家，刘某青分得北屋平房二间，刘某来分得南屋平房二间。后刘某青因故搬出北屋平房二间，该房由刘某来居住，1992 年 5 月刘某来以自己的名义在房产部门办理了该院内北屋平房两间的产权登记。2011 年 4 月该北屋平房两间涉及拆迁时，刘某青才得知该情况，故向人民法院起诉请求确认该北屋平房两间归其所有。

【案件裁判思路及裁判结果】

一审禹州市人民法院认为，原被告所争执的北屋平房二间是原被告及其家人在没有分家前所建，应视为家庭共有财产。分家时，该房

261

分给原告，该房应归原告所有。原告搬出该房屋后，由被告占有、使用，但该房的所有权仍归原告所有。在原告不知情的情况下，被告以自己的名义申请、批划宅基地，将该房的产权登记到自己名下，侵犯了原告对该房的所有权。故判决确认原告刘某青享有位于北屋平房二间的所有权，一审案件受理费200元，原告刘某青承担100元，被告刘某来承担100元。

二审许昌市中级人民法院认为，本案上诉人刘某来与被上诉人刘某青系亲兄弟，双方之母潘雪、之弟刘某彦的出庭证言和双方之姐刘甲的证言，能够证明北屋平房二间经分家给被上诉人刘某青所有的事实，上诉人刘某来不予认可，但不能提供充分证据予以推翻，本院不予采纳。故判决：驳回上诉，维持原判。上诉费100元，由上诉人刘某来负担。本判决为终审判决。

【案件评析】

笔者认为，在涉及行政与民事交叉案件中，真正产生争议的原因在于当事人之间的民事纠纷。由于登记机关的职权和条件所限，其无法对行政登记背后的民事关系进行审查，因此民事审判不必拘泥于既有权利证书的限制，而应当通过审查其基础关系的效力来确定权利归属或事实状态。理由如下：

一、房屋登记机构将房屋产权登记在产权人名下，这种行政行为是一种行政确认行为，而非行政确权行为

行政确权与行政确认的区别在于行政主体在确定产权归属时所尽审查义务程度的不同。若系前者，则要求房屋登记机构在进行房屋登记行为时，对房屋产权的归属作出严谨、实质性的审查，不仅需要审查申请人提供材料是否全面等形式上的内容，而且对材料的真实性、房屋产权变更、归属所依赖的基础民事关系是否成立、有效的状态进行认定，进而才可将房屋产权"准确"地确权给应归属的产权人。若系后者，则房屋登记机构在对申请人提供申请材料进行形式上的审查后，即可决定是否同意申请人的申请并作出相应的登记行为。2008

年 2 月颁布的《房屋登记办法》第 11 条规定"当事人应当对申请登记材料的真实性、合法性、有效性负责,不得隐瞒真实情况或者提供虚假材料申请房屋登记。"第 18 条列举了四项房屋登记机构应当实地查看的情形,从而排除了房屋登记机构对当事人申请"事必躬亲"的法定职责。房屋登记机构对规定的四项必须实地查看的情形之外的申请,只需对当事人提供的材料进行形式审查,尽到一般的注意义务即可。从上述这些规定看,我国现行的法律制度对登记机构在申请人提供的申请登记材料的审查要求系形式上的,而非实质审查。申请人"对申请登记材料的真实性、合法性、有效性负责",登记机构只需尽到一般的注意义务来审查申请人递交的相关材料,对房屋产权不论是原始取得亦或继受取得背后的民事基础关系无需也无力审查。由此可见,在我国现行法制下,房屋登记机构颁发房产证的行政行为系行政确认而非行政确权。也就是说,行政机关的登记行为并不意味着对房屋权属状态的真实性、合法性的确认。

二、行政诉讼解决不了房屋权属的确认,只能确认被诉具体行政行为是否违法

在这种情况下,即使当事人提起了行政诉讼,行政审判也审查不到产权人与其他产权利害关系人间的民事关系如何,因为对民事基础关系的合法有效性的认定并非其法定职责及优势。行政诉讼仅是对行政主体的行为合法性进行审查,房屋登记机构只要依法对申请人的申请尽到了上述法定的注意义务,行政审判即应认可被告登记机构在认定事实方面达到了认定事实清楚、证据充分。

三、对房产证背后民事基础关系的争议应由民事审判解决

《最高人民法院关于民事诉讼证据的若干规定》第 9 条中规定,根据法律规定能推定出另一事实,当事人无需举证证明,但当事人有相反证据能够推翻的除外。不动产登记簿虽是物权归属和内容的根

263

据，但当事人有相反的证据能够推翻，应予认定。《房屋登记办法》第80条规定，人民法院、仲裁委员会的生效法律文书确定的房屋权利归属或权利内容与房屋登记簿记载的权利状态一致的，房屋登记机构应当按照当事人的申请或者有关法律文书办理相应的登记。也就是说，人民法院、仲裁委员会的生效法律文书确定的房屋权利归属或者权利内容可以与房屋登记簿记载的权利状态不一致，而不必经行政诉讼撤销登记。将此类认定由法院的民事审判作出，才能真正将当事人间的纠纷厘清，使产权归属于应当归属的人。

笔者在本文的论述只是针对文首所列的个案，即对当事人因不服房产证背后的民事基础关系而提出的对房产证异议的情况，当事人无需另行提起行政诉讼，由民事审判对争议房屋的产权作出认定即可。但对因对房屋登记机构发证行为在程序性、适用法律等方面的异议，仍应由行政审判作出裁决，而不能由民事审判来认定房产证的效力。因为关于行政主体在程序性、适用法律等方面的审查是专属于行政审判的，如同对民事基础关系的法律认定专属于民事审判一样。遇有这种情况，当事人提起行政诉讼是必经之路。

（撰稿人：王伟琪　王黎明　编辑人：李红伟）

名誉侵权致人损害应承担什么责任

【案件疑难点】
　　医疗机构以及患者工作单位违规披露信息是否应该承担侵权的赔偿责任

【案件索引】
　　一审：河南省禹州市人民法院（2012）禹民一初字第 2523 号民事判决书
　　二审：河南省许昌市中级人民法院（2013）许民二终字第 057 号民事判决书

【基本案情】
　　上诉人（一审被告）：某人民医院
　　被上诉人（一审原告）：吴某
　　原审第三人：正德公司
　　原告在第三人正德公司工作。2012 年 3 月 25 日，原告被第三人职工打伤到被告人民医院治疗，3 月 27 日被告医院检测原告 HIV 抗体待查，再次复查仍为可疑。2012 年 3 月 31 日主管大夫告知第三人正德公司的三位工作人员：原告外伤问题不大，抽血化验抗 HIV 可疑，需进一步确诊，考虑到原告是被本单位同事打伤，和他打架的人很可能会与他有体液接触，为慎重处理，也本着对社会负责的态度，你们应该通知和病人打架的人，让他们尽快去防疫站进行筛查。第三人正德公司工作人员将医生告知的情况告诉和原告打架的人。原告有艾滋病的信息在正德公司和社会上扩散。原告出院后，认为自己没法在正德公司上班，没再上班。因受人歧视，精神压力大，原告于 2012 年 4 月 28 日服毒，被送到被告人民医院治疗，诊断为急性有机磷中毒(灭鼠药中毒),并发出病危通知书。原告治疗至 2012 年 5 月 26 日出院,花费医疗费 56851 元。2012 年 7 月 3 日,许昌市疾病控制中心报告吴某 HIV 1+2 型抗体阴性,原告没有感染艾滋病。

【案件裁判思路及裁判结果】

禹州市人民法院认为,原告经初筛 HIV 阳性待复查,被告人民医院违反规定,告知第三人正德公司工作人员原告抗 HIV 可疑,并建议通知和原告打架的人,被告和第三人行为的结合,导致原告有艾滋病的信息扩散,致使原告的社会评价降低,侵害了原告的名誉权,给原告造成很大的精神痛苦,导致原告服毒自杀,送医院抢救脱险,被告应当承担赔偿责任,第三人承担连带责任。吴某的经济损失有:1. 医疗费:56851 元;2. 营养费:870 元(30 元×29 元);3. 住院伙食补助费:870 元(30 元×29 元);4. 护理费:1782.75 元(22438 元/年÷365 天×29 元);5、误工费 2407.64 元(30303÷365×29),共计62781.39 元。因原告自杀与其自身承受能力有关,可以减轻被告和第三人的赔偿责任,被告和第三人连带赔偿原告经济损失 50225.11元(62781.39×80%)。根据被告和第三人的过错程度及造成的后果,被告和第三人还应连带赔偿原告精神抚慰金 50000 元。共计赔偿原告100225.11 元。依法判决如下:

一、被告某人民医院于本判决生效之日起十五日内赔偿原告吴某100225.11 元,第三人正德公司负连带责任。

二、驳回原告吴某的其他诉讼请求。

上诉人人民医院上诉称,上诉人披露被上诉人病情是一种法定的社会责任,目的是为了防止传染病扩散。2012 年 3 月 19 日在禹州市卫生防疫艾滋病初筛中心,实验室检测 HIV 为阴性,2012 年 4 月 17日在许昌市疾病预防控制中心艾滋病确证实验室,检测 HIV 为阴性,被上诉人是在 2012 年 4 月 28 日因自杀住院治疗的,被上诉人的自杀行为与上诉人的披露信息已经基本没有关联。第三人应当承担信息不当披露的主要责任,原审判决第三人承担连带责任不当。原审判决承担 5 万元的精神抚慰金,没有考虑上诉人的过错程度,导致判决不公,请求二审法院依法纠正。

许昌市中级人民法院审理认为，本案有三个争议焦点：1. 上诉人是否应当承担赔偿责任，2. 第三人是否应当承担主要责任，3. 一审判决5万元精神抚慰金是否适当。针对争议焦点1，上诉人人民医院在被上诉人吴某HIV初筛阳性待复查的情况下，违反规定向被上诉人所在单位第三人正德公司作以披露，上诉人虽系出于防止传染病扩散的目的，但作为专业医疗机构，其采取的行为方式不当，客观上导致通过第三人将相关信息传播到与被上诉人打架的人，并导致被上诉人有艾滋病的信息迅速扩散。基于艾滋病获病原因的复杂性、疾病的传染性、社会大众形成的对艾滋病患者歧视性的认识，致使被上诉人的社会评价迅速降低，给被上诉人造成极大的精神痛苦，虽然被上诉人经2012年3月29日在禹州市卫生防疫艾滋病初筛中心，实验室检测HIV为阴性，2012年4月17日在许昌市疾病预防控制中心艾滋病确证实验室，检测HIV为阴性。但禹州市卫生防疫艾滋病初筛中心明确注明建议三个月后复查，从医学角度讲，不能有效排除被上诉人患有艾滋病的可能性，最终导致被上诉人承受不住社会压力，于2012年4月28日采取自杀措施。上诉人的行为侵犯了被上诉人的名誉权，上诉人应当承担侵权的民事责任。

针对争议焦点2，上诉人人民医院不当向第三人正德公司披露吴某HIV初筛阳性待复查的信息，与第三人向他人披露该信息相结合，才导致本案损害结果的发生。上诉人与第三人的过错程度不能作出主次区分，上诉人称第三人应当承担主要责任的上诉理由不能成立。

针对争议焦点3，上诉人与第三人的行为给被上诉人造成极大的精神痛苦，被上诉人称"没人搭理他，连家人都不和他一起吃饭"，并导致被上诉人采取极端的服农药自杀行为，一审判决赔偿精神抚慰金5万元适当。

综上，上诉人人民医院上诉理由均不能成立。二审判决如下：

驳回上诉，维持原判。

上诉费2400元由上诉人人民医院承担。

【案件评析】

一、人民医院违规披露被上诉人信息，应当承担责任

卫生部《关于对艾滋病病毒感染者和艾滋病人的管理意见》第3条管理措施的第（1）款疫情的发现、报告与管理部分规定：1. 艾滋病病毒抗体初筛实验室、采供血机构或其他进行艾滋病病毒检验的机构发现的艾滋病病毒抗体阳性结果的标本应尽快送确认实验室确认，在确认之前，不得通知受检者。2. 经确认实验室确认的阳性报告，应按传染报告制度报告。确认报告属于个人隐私，不得泄露。3. 经确认的阳性结果原则上通知受检者本人及其配偶或亲属。《艾滋病防治条例》第39条：未经本人或其监护人同意，任何单位或者个人不得公开艾滋病病毒感染者、艾滋病人及其家属的姓名、住址、工作单位、肖像、病史资料以及其他可能推断出其具体身份的信息。上诉人人民医院在被上诉人吴某HIV初筛阳性待复查的情况下，违反规定向被上诉人所在单位第三人正德公司作以披露，上诉人虽系出于防止传染病扩散的目的，但作为专业医疗机构，其采取的行为方式不当，客观上导致通过第三人将相关信息传播到与被上诉人打架的人，并导致被上诉人有艾滋病的信息迅速扩散。基于艾滋病获病原因的复杂性、疾病的传染性、社会大众形成的对艾滋病患者歧视性的认识，致使被上诉人的社会评价迅速降低，给被上诉人造成极大的精神痛苦，人民医院是明显存在过错的。

二、被上诉人自杀虽然发生在已经证实HIV为阴性之后，依然不可以免除上诉人应当承担责任

被上诉人经2012年3月29日在禹州市卫生防疫艾滋病初筛中心，实验室检测HIV为阴性，2012年4月17日在许昌市疾病预防控制中心艾滋病确证实验室，检测HIV为阴性。在这种情况下，被上诉人采取自杀行为，上诉人是否应当承担责任？检查是否感染艾滋

病，是检测血液中的抗体，但人感染了艾滋病病毒后，体内不会马上检出抗体，从感染到检出抗体这段时间，叫"窗口期"，根据医学界几十年的实践经验，窗口期最长是 3 个月，也就是说，6 周检测阴性，可以排除 99%，但彻底排除，需要 3 个月检测阴性，才可以确定。禹州市卫生防疫艾滋病初筛中心明确注明建议三个月后复查，从医学角度讲，不能有效排除被上诉人患有艾滋病的可能性，最终导致被上诉人承受不住社会压力，于 2012 年 4 月 28 日采取自杀措施。上诉人的行为侵犯了被上诉人的名誉权，上诉人应当承担侵权的民事责任。

上诉人某人民医院不当向第三人正德公司披露吴某 HIV 初筛阳性待复查的信息，与第三人向他人披露该信息相结合，才导致本案损害结果的发生。上诉人与第三人的过错程度不能作出主次区分，上诉人称第三人应当承担主要责任的上诉理由不能成立。

（撰稿人：崔　君　编辑人：李红伟）

实物与样品不符应担责

╭───╮
【案件疑难点】

凭样品买卖合同中标的物的质量标准应如何确定

凭样品买卖合同中买受人履行检验义务的期间如何认定
╰───╯

【案件索引】

一审：河南省许昌市魏都区人民法院(2013)魏半民初字第 72 号民事判决书

【基本案情】

原告：关某

被告：王某

王某系木地板、竹地板经销商。2012 年 9 月 9 日，关某到王某店内选中背板呈网状结构、卡槽处均匀散布有孔的通贵牌楠竹地板，王某交付关某该竹地板实物样品，关某付 200 元定金。2012 年 11 月 6 日，关某与王某签订订货合同单，合同单显示商品名称为"地热散节高耐磨"，规格为"960mm×108mm×15mm"，数量为 108㎡，单价为每平方米 163 元，合同单未注明地板的具体材质、颜色、型号。2013 年 1 月 30 日，王某将 45 箱地板送至双方约定的送货地点，关某清点数量后支付货款 17000 元。后在铺装过程中，关某发现铺装的地板侧面卡槽处无孔，与王某提供的样品不一致，遂要求停止铺装。后关某要求王某按照样品供货或退货，王某以生产厂家工艺改变、样品已不再生产为由拒绝换货和退货。双方协商无果，关某起诉要求王某退货并退还货款 18000 元。

【案件裁判思路及裁判结果】

许昌市魏都区人民法院审理后认为：凭样品买卖合同是指当事人

约定按货物样品确定买卖标的物的买卖合同。本案原告家中使用地暖，为了使地板散热效果好，其到被告店中选购地板时，特意选中一款地热专用楠竹地板，付定金后并带走一块作为样品。后原告要求被告按照样品供货，双方签订了供货合同单。合同单中仅约定了商品名称、尺寸、数量和单价，但对商品的外观特征、颜色、型号等未约定。按照通常理解和交易习惯，交付货物应当符合样品的品质。原、被告双方以样品确定买卖标的物，符合凭样品买卖合同的特征，双方构成凭样品买卖合同关系。

本案的买卖合同标的物为竹地板，竹地板的安装是买卖合同的附随义务，应当由出卖人负责。竹地板安装过程中，原告发现标的物的质量不符合约定，此时被告尚未完全履行其作为出卖人的义务，故许昌市魏都区人民法院认为原告及时履行了对标的物检验的义务。《中华人民共和国合同法》第158条第2款规定："当事人没有约定检验期间的，买受人应当在发现或者应当发现标的物的数量或者质量不符合约定的合理期间内通知出卖人。"原告在安装地板的过程中发现标的物的质量不符合约定立即通知了被告，履行了在合理期间内通知出卖人的义务。

根据《中华人民共和国合同法》第111条的规定，质量不符合约定的，受损害方根据标的物的性质以及损失的大小，可以合理选择请求对方承担修理、更换、重作、退货、减少价款或者报酬等违约责任。上述规定所称"质量"包括标的物的品质和数量。被告交付的标的物外观特征和样品不符，即不符合双方的约定，被告需承担相应的违约责任。在原告要求被告更换货物被拒后，原告请求被告退货并返还货款的诉讼请求，合法有据，本院予以支持。原告请求被告赔偿原告交通费300元、误工损失2000元的诉讼请求，证据不足，本院不予支持。依照《中华人民共和国合同法》第111条、第158条、第155条、第168条及《中华人民共和国消费者权益保护法》第22条之规定，判决如下：

一、本判决生效后三日内，被告王某对交付给原告关某的通贵牌楠竹地板予以退货，并返还原告关某货款18000元；

二、驳回原告关某其他诉讼请求。

案件受理费 315 元，财产保全费 230 元，由原告关某负担 40 元，由被告王某负担 505 元。

宣判后，原被告均未提起上诉，被告履行了判决书确定的义务。

【案件评析】

本案主要有两个争议焦点，第一，本案纠纷是普通的买卖合同纠纷还是凭样品买卖合同纠纷；第二，买受人是否在合理的检验期限内履行了验收义务。

凭样品买卖合同是指买卖双方对样品进行封存，出卖人交付的标的物时应当与样品及其说明的质量相同的买卖合同。凭样品买卖合同多用于无法通过肉眼观察了解标的物具体情况的交易中，比如煤炭、铁矿石的买卖。以煤炭交易为例，因为通过直观观察不能了解煤炭的各项指标，所以买卖双方一般共同采取样品进行化验，化验报告应说明煤炭的发热量、含硫量、灰分等与煤炭的价值和用途密切相关的各项技术指标。然后买卖双方参考煤炭的化验报告签订凭样品买卖合同，出卖人交付的标的货物在样品技术指标的正常浮动范围内，则视为出卖人提供了符合约定的货物。本案中的竹地板买卖看似和上述凭样品买卖合同差距很大，其实本案买卖合同完全符合凭样品买卖合同的特征。第一，买卖双方在签订合同前交付了样品。本案买受人在选购地板时对标的地板比较满意，遂交付押金取得一块地板样品，买受人在签订合同时对合同标的理解完全是基于样品的各种特征。第二，书面合同对标的的颜色、材质、外观特征等未作约定。按照交易习惯，买卖双方应当在合同中注明商品的型号，并对商品的主要特征加以说明，以避免合同约定不清发生纠纷。本案合同中显示商品名称为"地热散节高耐磨"，但不显示商品的型号、材质、花色、外观特征等，说明出卖人在签订合同时主观上也认为实物样品系买卖合同中的约定标准。所以，本案中买卖双方客观上实施了交付样品的行为，主观上认可实物样品作为买卖标的的标准，故本案原、被告双方之间构成凭样品买卖合同关系。

根据合同法规定，买受人收到标的物后应当及时检验，并在合理期间内通知出卖人，这就是买受人的检验义务和及时通知出卖人义务。买受人的这种义务的履行是根据具体交易类型而发生变化的，比如即时交付类买卖合同，买受人应当当场检测，发现质量问题应当场通知出卖人；通过物流交付类买卖合同，买受人应当在收到标的物时及时检验。按照交易习惯，竹地板的买卖一般还应包含送货上门及竹地板铺装服务。竹地板实物的交付系主合同义务，竹地板的铺装系附随义务，只有铺装完毕、可以投入使用才能达到买受人购买的目的。所以在地板铺装时，竹地板买卖还没有完成，买受人在此时发现买卖标的质量不符合约定并及时通知出卖人，履行了买受人的相关义务。质量不符合约定且双方对违约责任未作约定的，受损害方根据标的的性质及损失的大小可以合理选择请求对方承担修理、更换、重作、退货、减少价款或者报酬等违约责任。本案原告请求被告退货并返还价款，符合法律规定，法院作出的判决合法合理。

（撰稿人：李翰哲　编辑人：韩玉芬）

收割机修后再坏谁负责

【案件疑难点】

口头承揽合同效力的认定问题

定作人不按承揽人的要求操作造成的损失承担的问题

【案件索引】

一审：河南省鄢陵县人民法院（2011）鄢民二初字第 115 号民事判决书

重审：河南省鄢陵县人民法院（2013）鄢民二初字第 15 号民事判决书

【基本案情】

原告：崔某

被告：刘某

原告崔某于 2009 年 5 月购买了一台"东方红"4LZ-25 型联合收割机，2011 年 6 月 8 日，该收割机在收麦中不能正常工作。6 月 9 日，原告崔某到被告刘某所经营的大运汽修厂进行维修，被告刘某检测后，为原告崔某开具了修理收割机所需配件清单。原告崔某在另一门店以 3550 元的价格购买了维修所需的缸体等配件。原、被告未签订书面修理合同，双方口头进行协商后，被告即对已经损坏的机体进行维修。原、被告双方未具体约定修理范围。

被告刘某收到原告崔某购买的配件后，对原告崔某的"东方红"4LZ-25 型联合收割机进行了修理，2011 年 6 月 10 日凌晨 1 时许，被告刘某对原告崔某称收割机修理完毕，要求在修理厂对收割机机器进行必要的磨合，然后再进行正常作业。原告崔某称正值麦收时期，进行收麦作业也算机器磨合，在给付了原、被告口头约定的修理费 590

274

元后，原告驾驶该联合收割机离开被告的修理厂。2011 年 6 月 10 日上午 10 时许，在原告崔某雇佣的司机进行收麦作业时，发动机再次损坏并停止工作。

依原告崔某申请，本院委托河南至诚旧机动车鉴定评估有限公司进行鉴定，该公司出具机动车司法鉴定意见书两份。关于确定收割机发动机损坏原因的豫至诚机技术［2011］鉴字第 136-1 号司法鉴定意见书显示：缸体序列号为 L4RQ020101-1 的东方红 LR4B5-H58B 柴油发动机因上次事故中第二缸排气气门头部损伤未更换，导致发动机在高速运转时受损的气门头与气门杆断裂脱落气缸内，致发动机再次损坏。关于确定收割机发动机修复费用的豫至诚机技术［2011］鉴字第 136-2 号司法鉴定意见书显示：缸体序列号为 L4RQ020101-1 的东方红 LR4B5-H58B 柴油发动机的修复费用为 17800 元。原告为此支付鉴定费用 8000 元。

【案件裁判思路及裁判结果】

鄢陵县人民法院审理后认为，《中华人民共和国合同法》第 251 条规定："承揽合同是承揽人按照定作人的要求完成工作，交付工作成果，定作人给付报酬的合同。承揽包括加工、定作、修理、复制、测试、检验等工作。"本案原告崔某将损坏的收割机送到被告刘某开办的大运汽修厂进行修理，原告崔某接收经被告刘某修理后的收割机，并支付了双方约定的报酬，定作人原告崔某与承揽人被告刘某形成口头修理合同关系，合同合法有效，依法应予以保护。

《中华人民共和国合同法》第 262 条规定："承揽人交付的工作成果不符合质量要求的，定作人可以要求承揽人修理、重作、减少报酬、赔偿损失等违约责任。"定作人原告崔某收割机上的柴油发动机第二缸排气气门存在损伤，本案被告刘某作为承揽人没有检测到或没有提示原告崔某需对此予以更换，是原告崔某发动机的再次损毁的因素之一，然原告崔某收割机上的发动机第二缸排气门毕竟是自身存在损伤，且在被告修理后告诉原告进行磨合，而原告不予遵从，径行带负荷作业，亦是造成发动机再次损伤的因素。综合全案，依照公平原则和诚实信用原则，被告应对原告的合法损失承担 50% 的赔偿责任，其余损失原告自负。原告崔某损失范围及数额为：1. 发动机的修复费用 17800 元；2. 鉴定费用 8000 元；3. 修理费用 4140 元，其中包含购买配件费 3550 元，及原告崔某给付被告刘某的修理费 590 元；共计 29940 元。依据上述责任划分，被告刘某应赔偿原告崔某各项经济损失 14970 元，原告超出此限的诉讼请求，于法无据，不予支持。依照《中华人民共和国合同法》第 5 条、第 6 条、第 251 条、第 262 条、《中华人民共和国民事诉讼法》第 64 条第 1 款、最高人民法院《关于民事诉讼证据的若干规定》第 2 条之规定，判决如下：

一、被告刘某于判决生效之日起五日内赔偿原告崔某发动机修复费、鉴定费用、修理费用等经济损失共计 14970 元。

二、驳回原告崔某其他诉讼请求。

【案件评析】

一、本案中双方之间的口头承揽合同效力的认定问题

本案原、被告关于对原告的联合收割机的修理，双方并没有签订书面的承揽修理合同，而是进行了口头约定，由被告刘某所在的大运修理厂对原告的收割机进行修理，双方约定修理费 590 元。在双方因为修理的收割机出现了故障，发生纠纷时，双方之间的口头合同效力如何认定？《合同法》第 10 条这样规定，合同可以采用口头形式、书面形式及其他形式，其中口头形式指合同当事人双方口头约定合同内容，无需任何文字记载。因现实生活中大量即时清结交易的存在，决定了合同形式不可缺少口头合同。口头合同虽有其优点，但也存在一定的弊端，那就是如果当事人选用口头形式订立合同，就要承担一些风险，如履行过程中难以约束对方、发生纠纷后难以甚至无法证明合同关系存在等。本案中当事人双方就是没有采用书面形式订立承揽合同，而后出现了纠纷。《合同法》第 36 条规定，法律、行政法规规定或者当事人约定采用书面形式订立合同，当事人未采用书面形式但一方已经履行了合同的主要义务，并且对方接受的，该合同成立。如融资租赁合同按合同法规定即"应当采用书面形式"。本案中双方是加工承揽关系，法律、行政法规规定本就未要求应当采取书面形式，被

告刘某依照双方的约定，将原告崔某的收割机进行了修理，而原告在被告修理后支付给了被告修理费 590 元，双方实际上已经履行了承揽合同的主要义务，事实上承揽合同已经成立并得到履行。因此，本案的双方当事人之间的口头承揽合同应当认定为有效的承揽合同。

二、本案定作人没有按照承揽人的要求使用收割机造成的损失如何承担

本案中原告崔某将损坏的收割机交由被告刘某修理，刘某修理后明确告知原告该收割机要在修理厂进行必要的磨合，然后再进行正常作业，原告称正值麦收时期，进行收麦作业也算机器磨合，后由于收割机上的柴油发动机第二缸排气气门存在损伤，造成原告收割机的发动机的再次损毁，双方产生争执。根据《合同法》关于承揽合同的规定，承揽人（被告刘某）的主要义务就是遵守合同约定和定作人的要求，按质按量地完成工作成果，如果当事人未约定质量标准或者约定不明确的，则工作成果应当符合根据合同条款或者交易习惯所确定的质量标准。如果合同条款或者交易习惯难以确定质量标准的，工作成果应当具备其通常使用效用，如果不具备，则可认定工作成果不符合质量要求。而本案中被告交付的工作成果是否符合交易的习惯，成为其承担责任的关键所在。

本案的原告在被告明确告知其该收割机应该磨合的情况下，急于让收割机开始工作，不但没有仔细地检验工作成果是否符合质量要求，而且在没有磨合的情况下就开始收割麦子。双方对工作成果的检验未约定异议期限的，原告也没有在收到工作成果后的合理期间内将工作成果不符合质量要求的情况及时通知被告。对于收割机上的柴油发动机第二缸排气气门上的损伤，双方在交付工作成果时和交付工作成果后的合理期间均未发现问题，才造成了收割机的第二次损坏，故笔者同意再审作出的双方各负一半责任的判决结果。

（撰稿人：周志勇　赵明亮　编辑人：韩玉芬）

双方缔约过失的损失由双方承担

【案件疑难点】

缔约过失责任如何认定

责任如何承担

【案件索引】

一审：河南省许昌县人民法院（2012）许县法民二初字第 524 号民事判决书

【基本案情】

原告：东方泵业

被告：盛鸿矿业

2011 年 8 月 12 日，被告盛鸿矿业委托河南招标采购服务公司就其所需设备进行公开招标。原告东方泵业接受邀请，参加了该次招标活动。经招投标程序后，被告盛鸿矿业于 2011 年 9 月 13 日向原告东方泵业发出了中标通知书，告知原告为 C 包的中标人，中标人应当在收到《中标通知书》30 日内以规定的形式向招标人交纳履约保证金，收到《中标通知书》30 日内原、被告签订合同。后原告未按期缴纳履约保证金。被告也未催要，但经原告东方泵业多次要求，被告盛鸿矿业拒不与原告签订买卖合同。原告因为准备履行合同赔偿罗店铸造厂231000 元，并支出中标服务费 30250 元，共计 261250 元。

据此，原告要求被告盛鸿矿业立即赔偿损失 231000 元和中标服务费 30250 元。

被告盛鸿矿业辩称：原被告之间不存在合同关系。双方未签订合同是因为原告未按招标文件要求提供履约保证金。原告所称的损失，是原告未与被告签订合同的情况下，提前订货造成的，与被告没有关系。本案中，被告不存在过错，不应承担责任。

【案件裁判思路及裁判结果】

许昌县人民法院审理后认为：在合同订立过程中，因违背诚实信用原则给对方造成损失的应承担损害赔偿责任。本案中，被告在发出《中标通知书》后，未依照招标文件与原告签订合同，违背了诚实信用原则；原告在收到《中标通知书》后，未在规定时间内向被告提交履约保证金，也存在一定过错。因此，对原告遭受的损失，应由原、被告各承担50%的责任。经审查，原告遭受的损失共计261250元，被告应承担该损失的50%，即130625元。原告诉讼请求中过高部分，不予支持。依照《中华人民共和国合同法》第42条之规定，判决如下：

一、被告盛鸿公司于本判决生效后十日内赔偿原告东方公司损失130625元。

二、驳回原告的其他诉讼请求。

【案件评析】

本案是一起因招投标引起的缔约过失之债纠纷，关键点在于缔约过失责任如何认定、责任如何承担？

缔约过失责任是指在合同订立过程中，一方因违背其依据诚实信用原则所应负的义务，而致另一方的信赖利益损失时所应承担的民事责任。承担缔约过失责任的基础是违背了诚实信用原则。《合同法》第42条规定："当事人在订立合同过程中有下列情形之一，给对方造成损失的，应当承担损害赔偿责任：（一）假借订立合同，恶意进行磋商；（二）故意隐瞒与订立合同有关的重要事实或者提供虚假情况；（三）泄露或不正当地使用商业秘密。"

缔约过失责任的构成要件有以下四个：1. 缔约一方当事人有违反法定附随义务或先合同义务的行为。2. 违反法定附随义务或先合同义务的行为给对方造成了信赖利益的损失。3. 违反法定附随义务或先合同义务一方缔约人在主观上必须存在过错。4. 缔约人一方当事人违反法定附随义务或先合同义务的行为与对方所受到的损失之间必须存在因果关系。四个要件缺一不可，否则就不能产生缔约过失责任。同时四要件间又是彼此联系的有机整体，缔约过失责任的认定必须严格按照这四个构成要件来进行。

缔约过失责任的承担方式：一是返还财产。即因缔约过失致使合同被法院依法确认无效或被撤销后，缔约过失方因该合同取得的财产，应当全部返还给受损失一方。二是折价补偿。在合同被确认无效或被撤销后，缔约过失方因该合同取得的财产已毁损、灭失而不能返还或因情势变迁已没有返还必要的，应对该财产按当时国家规定的价格或市场价格予以折价补偿，以弥补一方所遭受的损失。三是赔偿损失。当事人一方因缔约过失，不论是致使合同不成立或无效，还是被变更或被撤销，只要给对方造成信赖利益的损失，即应依法予以赔偿，以填补相对方的损失。四是各负其责。即缔约双方如果都有违反先合同义务的过错行为，致使合同不成立、无效或被撤销，并均给对方造成损失的，依法应由双方"各自承担相应的责任"。

本案中，在收到《中标通知书》后，原告方（中标人）没有按照规定向被告提交履约保证金，被告方（招标人）既未向原告催要过履约保证金，也不与原告签订合同，双方的过错共同导致合同没有订立的后果，给原告造成损失，形成了缔约过失之债，原被告应当根据自身的过错承担相应的责任。因此，法院依法判令原被告对本案原告的损失各承担50%的责任。

（撰稿人：孙胜利　晁晓阳　编辑人：韩玉芬）

无牌照新车被盗保险人不能够免责

【案件疑难点】
投保以后尚未入户上牌照的新车被盗，保险人应否免责

【案件索引】
一审：河南省许昌市魏都区人民法院（2011）魏民二初字第 189 号民事判决书

【基本案情】
原告：孟某

被告：财险公司

2011 年 2 月 22 日，原告孟某在汽车销售公司购买白色别克轿车一辆。2011 年 2 月 23 日，孟某与被告财险公司签订机动车保险单，并于当日交纳了保费，保险期间自 2011 年 2 月 24 日零时起至 2012 年 2 月 23 日 24 时止。其中机动车盗抢险保险单约定的保险金额为 112000 元。该保单上特别约定一栏有盗抢险保险责任自保险车辆领取正式号牌之日开始的内容。2011 年 4 月 16 日凌晨一点，原告到停放该车的郑州市居易国际广场建设银行门口取车时，发现车辆被盗，遂报警，案件至今未侦破。原告车辆被盗时，尚未办理入户登记手续。因原告车辆在被告处投有保险，故原告据此向被告申请保险理赔，被告以双方约定盗抢险保险责任自保险车辆领取正式牌照之日开始为由不予理赔，引起纠纷，原告诉至法院。

据此，原告孟某要求被告财险公司按照保险单的约定支付保险金额 112000 元。

被告财险公司辩称，原告孟某的车辆被盗时尚未领取正式号牌，因保险合同的免责条款中载明全车盗抢险保险责任自本保险车辆领取

正式号牌之日开始，故不应赔偿。

【案件裁判思路及裁判结果】

许昌市魏都区人民法院审理后认为：保险事故发生后，保险人应当按照保险合同的约定履行保险义务，向投保人支付保险金。本案事故发生在原、被告签订的保险合同保险期限内，故原告要求被告按照保险合同的约定承担盗抢险责任的请求合法有理，应予以支持。原告车辆被盗时，虽未领取正式号牌，且被告出具的保险单上载明有全车盗抢险保险责任自本保险车辆领取正式号牌之日开始的内容，但法律规定，对保险合同中免除保险人责任的条款，保险人应当作出足以引起投保人注意的提示，并对该条款的内容以书面或者口头形式向投保人作出明确说明。未作提示或者说明的，该条款不产生效力。所谓明确说明，是指保险人在与投保人签订保险合同之前或者签订保险合同之时，对于保险合同中所约定的免责条款，除了在保险单上提示投保人注意外，还应当对有关免责条款的概念、内容及其法律后果等，以书面或者口头形式向投保人或其代理人作出解释，以使投保人明了该条款的真实含义和法律后果。因被告财险公司在明知原告孟某投保时被保险车辆尚未入户的情况下，无法证明其已向原告孟某提示或者明确说明过相应的保险免责条款，故该保险免责条款不产生效力。因此，被告的抗辩主张不予采纳。判决：

被告财险公司于本判决生效后十日内向原告孟某支付保险赔偿金112000元。

【案件评析】

根据《中华人民共和国保险法》第17条的规定："订立保险合同，采用保险人提供的格式条款的，保险人向投保人提供的投保单应当附格式条款，保险人应当向投保人说明合同的内容。对保险合同中免除保险人责任的条款，保险人在订立合同时应当在投保单、保险单或者其他保险凭证上作出足以引起投保人注意的提示，并对该条款的内容以书面或者口头形式向投保人作出明确说明；未作提示或者明确说明的，该条款不产生效力。"

根据该条款可以看出，立法对保险人的免责要求是较为严格的，而此时保险人很难证明其已经对被保险人尽到了应有的提示说明义务，即使其已经就该免责条款进行了事先的说明提示义务，因无法证明该事实的发生，往往承担败诉的后果。

（撰稿人：马红军　王　亮　编辑人：韩玉芬）

被吊销执照且不再经营的猪场不应赔偿

【案件疑难点】

环境污染损害责任案件举证责任应如何分配

【案件索引】

一审：河南省禹州市人民法院(2012)禹民二初字第 632 号民事判决书

二审：河南省许昌市中级人民法院(2014)许民终字第 1008 号民事判决书

【基本案情】

原告：某农副产品公司

被告：河南高速公路股份有限公司

1997 年 2 月，原告租赁 7820 平方米荒地(合计 12 亩)从事生猪养殖业，租赁期限为 30 年，年租金 4200 元。1998 年 5 月 14 日，该公司经工商行政管理局批准设立，注册资本 118 万元。经营范围：农副产品加工销售，养猪、销售。后原告开始经营生猪养殖业。2006 年 5 月 18 日，被告经河南省发展和改革委员会批复后开始建设郑石高速(现已更名为郑尧高速公路)，高速公路建成后于 2007 年 12 月 21 日正式通车运营。被告所建高速公路与原告所建养猪场相距 133 米。在本案诉讼之前，原告就其养猪场搬迁费用问题委托许昌博达资产评估有限公司进行评估，结论为：因搬迁而造成的各种财产损害为 1021791.5 元。其中含有杨树、合欢树、葡萄等花草树木价值合计 15250 元。机器设备类价值总和 52625 元。办公院地坪的损失价值为 20496 元。厂区道路的损失价值为 12757 元。排水渠的损失价值为 9750 元。临时安置补助费 31300 元。原告申请鉴定所花费用 15000

元。被告就其噪声污染情况委托河南国是司法鉴定中心进行了鉴定，结论为：昼间最大声级为79.2dB（A），夜间最大声级为75.0dB（A）。根据国家环境保护局和国家质量监督检验检疫总局发布的声环境质量标准规定，调整公路两侧区域昼间最大声级为70dB（A），夜间最大声级为55dB（A）。我国2000年2月1日实施的《中、小型集约化养猪场兽医防疫工作规程》规定，猪场场址应远离铁路、公路、城镇等500m以上。2001年10月1日实施的《无公害食品生猪饲养管理准则》规定，猪场距离干线公路、铁路、城镇等应为1km以上。

禹州市农副产品开发有限公司于1998年5月14日成立，营业期限自1999年2月9日至2002年5月13日，营业执照于2001年9月12日被吊销；《中、小型集约化养猪场兽医防疫工作规程》、《无公害食品生猪饲养管理准则》属于推荐性国家标准，《中、小型集约化养猪场环境参数及环境管理》（GB/T17824—1999）规定"各类猪舍的生产噪声和外界传入的噪声不得超过80db，并避免突然的强烈噪声"。

原告请求判令被告赔偿原告搬迁养猪场的各项损失共计1021791元。

被告辩称：原告没有证据证明其有损失，所以应当驳回原告诉请。

【案件裁判思路及裁判结果】

原审法院认为，被告所修建的郑尧高速公路禹州段距原告养猪场的距离为133米，不符合我国《中、小型集约化养猪场兽医防疫工作规程》和《无公害食品生猪饲养管理准则》规定的猪场建设应远离干线公路500m以上和1km以上的要求，即原告的猪场已不宜继续经营养猪；郑尧高速公路已建成通车，已不可能再改变高速公路的走向，且高速公路通车运营期间所带来的噪声污染已严重超过国家环境保护局和国家质量监督检验检疫总局发布的声环境质量标准的规定，因此原告的猪场应予拆迁；被告作为郑石高速公路的业主，其修建高速公路在后，原告建猪场在前，被告在规划线路时，没有考虑到对原告养殖的危害，具有过错，应当赔偿原告因拆迁猪场所造成的损失。但修建高速公路不影响花草树木的价值，故评估报告中有关树木、花草的价

285

值的赔偿本院不予支持；原告搬迁养猪场，评估报告中有关机器设备类物品属于动产，可以随迁，其价值不因搬迁而贬值，故对该类物品的赔偿本院也不予支持。原告要求被告赔偿办公院地坪的损失价值20496元、厂区道路的损失价值12757元、排水渠的损失价值9750元以及临时安置补助费31300元均不符合相关法律规定，该院均不予采信。遂依法判决，限被告河南高速公路股份有限公司于本判决生效之日起十日内赔偿原告拆迁猪场的损失879613.5元（1021791.5元-15250元-52625元-20496元-12757元-9750元-31300元=879613.5元），驳回原告的其他诉讼请求。

一审判决后，原审被告河南高速公路股份有限公司提起上诉。许昌中院二审后认为，本案名为侵权纠纷，实际是噪声污染纠纷，属于特殊侵权纠纷。本案中，被上诉人应当对上诉人的噪声污染对其养猪造成损害、养猪场确需搬迁承担举证责任，被上诉人应当就法律规定的不承担责任及其噪声污染与损害之间不存在因果关系承担举证责任。原告虽然诉称高速公路对其养猪造成了损害，但一直没有提供任何证据予以证明，故原告应当承担举证不能的法律后果。其次，上诉人的高速公路于2006年5月18日建设，于2007年12月21日通车运营，在此之前，被上诉人的营业期限已于2002年5月13日到期且没有再续期，其营业执照也被吊销，被上诉人在营业执照被吊销的情况下，已丧失生产经营的资格和能力，也丧失了请求法律保护的权利，在此情况下，被上诉人要求上诉人赔偿其猪场搬迁的损失，于法无据。最后，被上诉人的养猪场不在距高速公路30米内予以拆迁补偿的范围，其要求上诉人赔偿猪场搬迁损失也无依据，但被上诉人可与有关机关和部门协商解决或另行主张权利。综上，被上诉人无证据证明上诉人的高速公路对其养猪造成了损害、养猪场确需搬迁，其要求上诉人赔偿猪场搬迁损失的主张既无事实根据，也无法律依据，对被上诉人的主张本院不予支持。依照《最高人民法院关于民事诉讼证据的若干规定》第2条，《中华人民共和国民事诉讼法》第65条、第170条第1款第（2）项之规定，判决撤销禹州市人民法院（2012）禹民二初字第632号民事判决；驳回被上诉人的诉讼请求。

【案件评析】

对环境侵权民事责任的承担，大多数国家采用了无过错责任原则。理由是：（1）适用无过错责任的归责原则，有利于强化污染破坏环境者的法律责任，促进其履行法定义务，严格控制和积极治理污染，合理利用环境资源。（2）更有利于减轻受害人证明加害人过错的举证责任，保护受害人的合法权益；（3）有利于简化诉讼程序，及时审结案件。由于环境侵权损害赔偿适用无过错责任，因而加害人是否有故意或者过失不再成为诉讼证明的对象。原告的举证责任为只对损害事实和行为违法性的举证责任。因为损害事实属于原告控制的范围，原告对造成了哪些损害最清楚，应由原告对损害事实的存在负举证责任。行为人只有在其行为造成了损害事实的情况下，才应承担民事责任。如果行为人虽然实施了某种行为，但并没有对他人的人身或财产造成损害事实，行为人便不应承担民事责任。本案中原告应当对河南高速公路股份有限公司的噪声污染对其养猪造成损害、养猪场确需搬迁承担举证责任。

本案中虽然高速公路排放了噪声，但高速公路排放的噪声没有超过国家标准规定的对猪舍的噪声标准要求，没有对养猪场构成噪声污染，不影响原告养猪场的正常生产经营。《中、小型集约化养猪场兽医防疫工作规程》和《无公害食品生猪饲养管理准则》只是国家的推荐性标准并非国家的强制性标准，该规定也非法律、法规，更不是法律的强制性规定。虽然原告诉称修建高速公路后，其猪场"母猪配不上种、到期不发育、产后奶水少、流产、死胎、难产、产程时间延长，仔猪成活率低下。育肥猪常出现惊觉、尖叫、狂奔乱叫、免疫力下降、长速慢及大量死亡"等危害，但是并没有提供任何证据证明高速公路运营后导致了原告上述危害事实的发生。因此其诉称的损害事实无证据支持，应当认定为无损害事实。因此河南高速公路股份有限公司不应当承担赔偿责任。

根据《民事诉讼证据的若干规定》第2条规定："当事人对自己提出的诉讼请求所依据的事实或者反驳对方诉讼请求所依据的事实有责任提供证据加以证明。没有证据或者证据不足以证明当事人的事实主张的由负有举证责任的当事人承担不利后果。"因为损害事实的存在

287

是提起诉讼的前提，如果诉讼的前提都不存在了，那么原告主张环境污染侵权人承担赔偿责任就缺乏法律依据，本案中，原告在一、二审中，并没有提供任何证据证明高速公路运营后导致了危害事实的发生，不能证明原告的损失。《无公害食品生猪饲养管理准则》(NY/T5033—2001)和《中、小型集约化养猪场兽医防疫工作规程》属于推荐性国家标准，而非强制性国家标准，在此范围内养猪也并不一定会造成损害，不能说明原告的猪场已不宜继续经营养猪，在此范围内所建的养猪场也并不一定要拆除、搬迁，不能证明养猪场确需搬迁，退一步讲即便是造成污染，也并非一定要搬迁养猪场，完全可以采取建隔离墙或人工绿化带的措施加以解决。因此不支持原告的诉讼请求是正确的。

（撰写人：李红伟　王黎明　编辑人：唐战立）

约定诉讼费由被保险人承担的
格式条款无效

【案件疑难点】

　　格式条款无效的认定

【案件索引】

　　一审：河南省襄城县人民法院（2012）襄民初字第 538 号民事判决书

　　二审：河南省许昌市中级人民法院（2012）许民三终字第 289 号民事判决书

【基本案情】

　　原告：孟某

　　被告：太平洋财险公司

　　孟某有辆豫 KZ3×××号五菱牌小型普通客车，该车以孟某为被保险人，在太平洋财险公司办理有《机动车交通事故强制保险单》，同时该车以孟某为被保险人，在太平洋财险公司办理有《神行车保系列产品保险单》，保险期间均为自 2010 年 7 月 11 日零时至 2011 年 7 月 10 日 24 时止。第三者责任险保险赔偿限额为 200000 元，以及不计免赔条款。

　　2010 年 12 月 2 日 11 时许分，孟某驾驶豫 KZ3×××号小型普通客车自西向东行驶至襄城县二环路谢园村北处路段时，与路边行人赵某、李某、孔某及孔某的架子车相撞，造成两车不同程度损坏，赵某、李某、孔某三人受伤的交通事故。事故发生后，经襄城县公安交通警察大队处理，作出道路交通事故认定书，认定孟某负事故的全部责任；赵某、李某、孔某无责任。经交警部门处理，双方达成损害赔

289

偿调解结果：孔某的医疗费、误工费、车损等计2504.44元，由孟某负担，该费用实为孟某支付。该案另有受害人赵某、李某向襄城县法院起诉，该院审理后作出（2011）襄民初字第667号民事判决书，判决：一、太平洋财险公司在交强险及第三者责任险赔偿限额内赔偿赵某、李某损失223206.58元；二、孟某赔偿李某鉴定费1700元；诉讼费由孟某负担5860元等。同时认定：孟某所垫付医疗费28000元，该案不予处理，可由有关各方另行处理。后孟某向法院交纳了诉讼费5860元、鉴定费1700元。孟某共计支付赵某、李某损失等费用35560元。孟某要求太平洋财险公司支付损失未果，诉至襄城县法院，请求判令太平洋财险公司支付损失38064.44元，并负担诉讼费。

太平洋财险公司辩称：医疗费及相关费用愿意赔付，但是本案的诉讼费、鉴定费不同意承担。

【案件裁判思路及裁判结果】

襄城县法院经审理作出（2012）襄民初字第538号民事判决书，认为：原告的车辆在被告处办理有机动车交通事故强制保险、第三者责任险等保险，被告应在该保险合同范围内承担赔偿责任。现原告要求被告赔偿所支付的事故受害人孔某费用2504.44元、赵某、李某医疗费28000元，被告同意支付，应予准许。两项合计30504.44元。依照《中华人民共和国保险法》第66条之规定："责任保险的被保险人因给第三人造成的保险事故而提起仲裁或者诉讼的，被保险人支付的仲裁或者诉讼费用以及其他必要的、合理的费用，除保险合同另有约定外，由保险人承担。"原告所支付的诉讼费5860元、鉴定费1700元，计7560元，系原告为第三人支付的诉讼费用以及其他必要的、合理的费用，故原告要求被告支付，理由正当，应予支持。被告称与原告所签合同中约定被告不承担诉讼费、鉴定费，但是没有提供相应的证据证实，证据不足，不予认定和支持。上述原告的损失共计38064.44元。判决：太平洋财险公司于本判决书生效后三日内支付孟某所支付的孔某、赵某、李某医疗费等费用38064.44元；案件受理费700元，由太平洋财险公司负担。

宣判后，太平洋财险公司不服判决，提出上诉称：上诉人与被上诉人所签合同中约定上诉人不承担诉讼费及鉴定费，现再判给上诉人承担不合理。请求依法改判上诉人不承担不合理的部分 7560 元，上诉费由被上诉人承担。

许昌市中级人民法院于作出（2012）许民三终字第 289 号民事判决书，认定：二审查明事实与原审一致。许昌市中级人民法院认为：保单背后虽然都附有条款规定了上诉人不承担诉讼费和鉴定费，但根据《中华人民共和国合同法》第 40 条"格式条款具有本法第五十二条、第五十三条规定情形的，或者提供格式条款一方免除其责任、加重对方责任、排除对方主要权利的，该条款无效"之规定，该免除责任条款对被上诉人不发生效力。对上诉人的上诉理由不予采纳。故依照民诉法规定判决：驳回上诉，维持原判；上诉费由上诉人承担。

【案件评析】

案件的争执焦点是：保险合同的背面所载格式条款中约定的保险人不承担被保险人所支付的鉴定费、诉讼费的条款是否有效的问题。

一、格式条款是当事人为了反复使用而预先拟定，并在订立合同时未与对方协商的条款

我国民法界通常将格式条款区分为合理免责格式条款和违规免责格式条款两大类。

（一）所谓合理免责格式条款，是指提供格式条款的一方当事人已经履行了合理的提示说明义务，并且在内容上并不违反法律和行政法规的强制性规定的免责格式条款。即《合同法》第 39 条所规定的需要格式条款提供者履行合理提示说明义务的免责格式条款。

合理免责格式条款的构成要件应当包括以下两点：第一，该条款必须包含免除或限制格式条款提供者在正常情况下应负的合理责任的内容，并且免除或限制该合同义务不得违反法律、行政法规的强制性规定。如果在免责格式条款中所免除或限制的责任，属于法定责任。该免责条款就属于《合同法》第 40 条规定的违规免责条款，应当认定为无效条款。第二，条款的提供者应当履行提示说明义务，即"采取合理的方式提请对方注意免除或者限制其责任的条款，按照对方的要求，对该条款予以说明"。

（二）所谓违规格式条款，是指违反法律、法规的强制性规定，导致合同权利严重失衡的合同条款。即《中华人民共和国合同法》第40条规定的违反法律、法规的强制性规定，导致合同权利严重失衡的合同条款。

我国《合同法》中规定的无效格式条款主要包括以下两种：

1. 严重违法的格式条款。这是指《合同法》第40条所规定的格式条款具有该法第52条规定情形的导致合同无效的几种基本情况，该条款无效。

2. 违规免责格式条款。《合同法》第40条规定"格式条款具有本法第53条规定情形的，或者提供格式条款一方免除其责任、加重对方责任、排除对方主要权利的，该条款无效"。由此看出，违规免责格式条款主要分为两大类。

第一类是《合同法》第53条规定的违规免责格式条款。具体包括两种情形：第一种是"造成对方人身伤害的"免责条款无效。第二种是"因故意或者重大过失造成对方财产损失的"免责条款无效。上述两类条款均违背《民法通则》所确定的基本原则，是无效的。

第二类违规免责条款是指由于违规免责而导致合同权利严重失衡的格式条款。即《合同法》第40条规定的"提供格式条款一方免除其责任、加重对方责任、排除对方主要权利的，该条款无效"。这一规定是与《合同法》第39条所规定的"公平原则"相适应的。即"提供格式条款的一方应当遵循公平原则确定当事人之间的权利"。因为在合同法律关系中，权利与义务是相统一的。在认定违规免责导致合同权利严重失衡格式条款时，应当将"免除其责任"、"加重对方责任"以及"排除对方主要权利"三者统一起来分析，只有这三者同时具备时，才能认定为违规免责导致权利失衡格式条款。这里的"免除其责任"应当理解为免除格式条款提供者的法定责任，即法律上有强制性规定的法律责任。"加重对方责任"应当理解为按照正常的交易习惯。对方当事人不应当承担的合同义务。"排除对方主要权利"应当理解为排除对方当事人依法享有的法定权利和足以影响对方当事人实现合同目的的权利。

我国《消费者权益保护法》第24条规定，"经营者不得以格式合同、通知、声明、店堂告示等方式作出对消费者不公平、不合理的规定，或者减轻、免除其损害消费者合法权益应当承担的民事责任。格式合同、通知、声明、店堂告示等含有前款所列内容的，其内容无效"。该规定与《合同法》第40条的规定是一致的，这类格式条款应被认定无效。因其违背公平原则，导致合同权利严重失衡。

二、本案关于诉讼费的免责属于导致合同权利严重失衡的违规免责格式条款

太平洋财险公司在《机动车交通事故强制保险单》背后附有的《保险条款》第10条第4项和《神行车保系列产品保险单》背后附有的《神行车保机动车综合险(2009版)》第9条第6项虽然都规定了保险公司不承担诉讼费和鉴定费的条款，均属于上述导致合同权利严重失衡的违规免责格式条款，即《合同法》第40条规定的"提供格式条款一方免除其责任、加重对方责任、排除对方主要权利的，该条款无效"，应属于无效条款。因为：

1. 该格式条款不属于合理免责格式条款，因为其不符合合理免责格式条款的构成要件。因该格式条款是免除设立该格式条款的保险公司的法定义务、限制被保险人权利的条款。

2. 该格式条款符合违规免责格式条款构成要件。上述格式条款属于提供"提供格式条款一方免除其责任、加重对方责任、排除对方主要权利的"内容，属于违规免责格式条款。

因此，法院认为：孟某的车辆在太平洋财险公司办理有交强险、商业三责险，太平洋财险公司应在该保险合同范围内承担赔偿责任。孟某要求太平洋财险公司赔偿所支付的诉讼费、鉴定费计7560元，系孟某为第三人支付的必要的、合理的费用，应予支持。太平洋财险公司称不承担诉讼费、鉴定费，所依据的是格式条款，根据《合同法》第40条规定，该免除责任条款对被保险人孟某不发生法律效力。故对其不承担诉讼费、鉴定费的请求，一、二审均不予支持。

（撰稿人：张双召　编辑人：唐战立）

无资质建筑商建设的工程合格
有权主张工程款

﹛【案件疑难点】﹜

　　无资质承包方签订的建设施工合同的效力

　　发包方的付款责任

【案件索引】

　　一审：河南省禹州市人民法院（2013）禹民一初字第 1499 号民事判决书

【基本案情】

原告（反诉被告）：刘某

被告（反诉原告）：神工公司

第三人：方某

　　2011 年 4 月 1 日，被告神工公司与第三人方某签订建设工程承包合同，第三人方某当即就将该工程转包给了原告刘某。刘某在施工过程中，按照神工公司的要求变更、增加多处工程内容。现所建楼房部分正在装修，部分已经使用，根据合同约定和变更后的工程量，神工公司应付刘某工程款为 1595439.53 元，实际已支付刘某工程款为 1217000 元，下余 378439.53 元工程款尚未支付给刘某。之后，三方因工程质量问题产生纠纷，被告神工公司以水磨石地面有质量问题为由拒付所欠款项，导致本案诉讼。原告（反诉被告）刘某请求依法判令被告神工公司支付原告刘某工程款 378439.53 元及滞纳金。

　　被告（反诉原告）神工公司辩称：原告所诉不能成立，因工程存在质量问题，也没按图纸施工，未完工验收，且要求的数额也不正确，请求驳回其诉讼请求；同时，反诉请求本案原告刘某赔偿其各项损失 40 万元；第三人方某承担连带责任。

第三人方某述称：原、被告对第三人的转包行为均未提出异议，原、被告之间已直接照面履行了合同，第三人已成为合同履行过程中双方共认的中间人身份，在合同履行过程中，既代表被告付工程款，又代表原告向被告追要工程款，属典型的中间人身份，不承担本案及反诉的一切责任。原告所建工程有多处不合格，存在质量问题，在神垕司法所已认可，应承担相应的责任。

针对被告神工公司的反诉，原告刘某辩称：被告反诉不成立，第三层水磨石地平因磨工技术而存在一定问题，决不能因此说整个工程存在质量问题，除水磨石地平外，该工程不存在任何质量问题，况且被告早已装修入住，根本不存在超期、违约之说，更不存在返修之说，故应依法驳回被告的反诉请求。

诉讼中，应神工公司申请，委托河南国是司法鉴定中心对诉争楼房的质量问题进行鉴定，该鉴定中心出具鉴定意见一份，以证明刘某所建被告神工公司楼房存在工程质量、未按图施工等问题，其拆除重建、维修费用为 131698.76 元。原告刘某认为该鉴定结论存在重大问题，申请鉴定人员出庭接受质询，经本院通知该鉴定中心后，开庭前该中心称鉴定人员因事无法出庭，故该鉴定意见不能作为认定事实的根据，且庭审后，本院再次通知神工公司可向本院申请重新鉴定，但其在规定的期限内未提出重新鉴定的申请。

【案件裁判思路及裁判结果】

禹州市人民法院审理后认为：我国《建筑法》及相关司法解释规定，承包建筑工程的单位应当持有依法取得的资质证书，并在其资质等级许可的业务范围内承揽工程；承包人未取得建筑施工企业资质或者超越资质等级的，其签订的建筑合同为无效合同。建设工程施工合同无效，但建设工程经竣工验收合格，或者已经入住使用的，承包人请求参照合同约定支付工程价款的，应予支持；但发包人只在欠付工程价款范围内对实际施工人承担责任。本案中，被告（反诉原告）神工公司将建综合楼的工程交由第三人方某承建，并签订有建设工程施工合同，方某随即将该工程转包给原告（反诉被告）刘某，因方某和刘某均无相关资质，为此三方签订的两份合同均为无效合同。合同签订后，刘某直接组织了施工，神工公司根据工程进展分阶段验收后，也按约定分期支付了工程款。现神工公司对所建楼房部分进行装修，部分已经使用，为此，刘某诉请神工公司支付所欠工程款并支付滞纳金的诉讼请求，依法应当予以支持。庭审中，刘某自认因质量问题，给神工公司造成 20123.28 元的损失，该数额依法应当在所欠工程款中扣除。故神工公司实际应支付刘某下余工程款为 358316.25 元。因双方对违约金的计算方法没有约定，本院认为，应按中国人民银行规定的同期贷款利率计算为宜。

被告神工公司以工程存在严重质量问题、没按图纸施工、延误工期、未完工验收，且刘某要求的数额不正确等理由，要求驳回刘某的诉讼请求，因其没有向本院提供有效证据相印证，其申请司法鉴定，因鉴定人员未出庭作证，致使鉴定意见不能作为认定事实的根据；且庭审后，禹州市人民法院再次通知神工公司可重新申请鉴定，神工公司在规定的期限内却没有再次提出鉴定申请，为此，对其驳回刘某诉讼请求的要求不予支持。本案在审理过程中，神工公司以部分工程存在质量问题，向刘某提起反诉，要求刘某赔偿其各项损失 40 万元；但在本次庭审时，其又无故缺席，为此，对其反诉依法按撤诉处理。依据《最高人民法院关于审理建设工程施工合同纠纷案件适用法律问题的解释》第 2 条、第 17 条、《中华人民共和国民事诉讼法》第 78 条、《最高人民法院关于民事诉讼证据的若干规定》第 2 条之规定，经审委会研究决定，判决如下：

一、限神工公司于本判决生效后十日内支付刘某工程款 358316.25 元及相应滞纳金（从刘某起诉之日即 2012 年 5 月 21 日起按中国人民银行规定的同期贷款利率计算至本院确定的还款之日止）。

二、驳回刘某的其他诉讼请求。

三、神工公司对刘某的反诉按撤诉处理。

【案件评析】

一、本案属于建设工程施工合同纠纷案件，应当适用《中华人民共和国建筑法》及《最高人民法院关于审理建设工程合同纠纷案件适用法律问题的解释》

合同效力的认定是判断合同各方责任如何承担的前提。我国《合同法》第52条规定了在以下五种情况下合同无效：（1）一方以欺诈、胁迫的手段订立合同，损害国家利益；（2）恶意串通，损害国家、集体或者第三人利益；（3）以合法形式掩盖非法目的的；（4）损害社会公共利益的；（5）违反法律、行政法规的强制性规定。本案属于建设工程施工合同纠纷，要判断合同效力问题除了要适用《合同法》的相关规定外，还应该适用《中华人民共和国建筑法》及《最高人民法院关于审理建设工程合同纠纷案件适用法律问题的解释》的相关规定，法律依据有：

《建筑法》第26条第1款规定："承包建筑工程的单位应当持有依法取得的资质证书，并在其资质等级许可的业务范围内承揽工程。"

《建筑法》第28条规定："禁止承包单位将其承包的全部工程转包给他人，禁止承包单位将其承包的全部建筑工程肢解以后以分包的名义分别转包给他人。"

《最高人民法院关于审理建设工程合同纠纷案件适用法律问题的解释》第1条第(1)项规定："建设施工合同具有下列情形之一的，应当根据合同法第五十二条第(五)项的规定，认定无效：（一）承包人未取得建筑施工企业资质或者超越资质的等级的。"

本案中，神工公司与承包方方某签订的合同以及方某与刘某签订的合同因承包方与实际施工方均无相关资质，违反了我国《建筑法》的相关规定，属于《合同法》中无效合同的第五种情形，所以神工公司与承包方方某签订的合同以及方某与刘某签订的合同均属无效合同。

二、本案应当适用《最高人民法院关于审理建设工程合同纠纷案件适用法律问题的解释》确认发包方付款责任的承担问题

根据《合同法》第56条规定，无效的合同自始没有法律效力，但因本案属于建筑工程施工合同纠纷，我国关于建设工程施工合同有专门的法律规定，根据特别法优先适用一般法的法律适用原则，本案除适用《合同法》的相关规定外还应该适用《中华人民共和国建筑法》及《最高人民法院关于审理建设工程合同纠纷案件适用法律问题的解释》的相关规定。根据《最高人民法院关于审理建设工程合同纠纷案件适用法律问题的解释》第2条规定："建设工程施工合同无效，但建设工程经竣工验收合格，承包人请求参照合同约定支付工程价款的，应予支持。"所以，本案中虽然神工公司与承包方方某签订的合同以及方某与刘某签订的合同无效，但因神工公司根据工程进展分阶段验收了刘某根据合同实施的施工，也按约定分期支付了部分工程款，工程竣工后，神工公司对所建楼房进行了装修且部分已使用，因此刘某要求神工公司支付下余工程款的诉讼请求应该予以支持。

（撰稿人：刘龙晓　袁丹丹　编辑人：韩玉芬）

物业公司不应阻止无车位业主
车辆进入小区

【案件疑难点】

　　物业公司能否将小区公共停车位出租，并阻止没有租赁停车位的业主的车辆进入小区停放

【案件索引】

　　一审：河南省许昌市魏都区人民法院（2011）魏民一初字第370号民事判决

　　二审：河南省许昌市中级人民法院（2012）许民三终字第299号民事判决

【基本案情】

　　原告：魏某

　　被告：许昌某物业管理有限公司

　　2010年1月24日，魏某与某物业公司签订《前期物业管理服务合同》后入住建安名家小区。双方在服务合同中约定物业费每平方米0.46元。2011年4月下旬，物业公司就小区内可停放车辆的道路规划临时停车位，向小区业主公示，公示内容为："小区广大业主：您好！为了维护本小区公共秩序、规范业主汽车停放以及维护全体业主的共同利益，确保小区发生突发事件时特种车辆正常出入，物业公司在可停放道路规划临时停车位。车位有限，现征求全体业主意见，对停车位进行租赁，物业公司只收取每个车位每月20元的秩序维护费，剩余部分全部归全体业主所有，用于小区公共设施设备等公用部位的维修、维护。敬请有意者带上行车证于本月25日前到物业服务中心办理相关手续。特此通知　物业服务中心　2011年4月19日。"同时

向小区业主发放《某小区车辆停放使用方案征求意见表》。该小区共有 4 栋楼，共计 140 户人家。征求意见表中显示有 82 户同意公示内容。之后，物业公司以每个停车位每月 20 元的价格向拥有车辆的业主收取停车费，并收取车位押金 300 元。因魏某未向物业公司交纳有关停车费用，物业公司于 2011 年 5 月中旬起阻止魏某车辆进入小区，引起本案纠纷。

原告魏某诉称：原告于 2010 年 6 月搬入小区居住近一年。2011 年 4 月 20 日中午，小区保安要求必须到被告处办理停车位出租手续，否则不让进院。2011 年 5 月 12 日，被告一直强行阻拦原告车辆进入小区，被告的行为违反了法律的规定，侵害了原告的合法权益，请求判令被告停止阻拦原告车辆进入小区的侵权行为。

许昌某物业管理有限公司辩称：1. 被告的行为已经征得小区业主过半数同意，属于业主授权行为，不构成侵权；2. 不考虑小区的整体规划及管理，势必造成小区混乱；3. 被告收费合法，不构成侵权。

【案件裁判结果及裁判思路】

魏都区法院经审理认为：原、被告签订的《前期物业管理服务合同》是双方真实意思的表示，该合同不违反相关法律规定，合法有效，被告按每平方米收取 0.46 元的物业费符合双方合同的约定。因小区道路属小区业主共有，被告作为物业管理公司不具有所有权，其无权就规划的停车位向业主租赁，但被告就车位管理每月收取 20 元的秩序维护费用已经征得全体业主过半数的同意，该费用的收取不违反法律的规定，本院予以支持。原告与被告之间属物业服务合同关系，被告以原告未交纳停车费为由阻拦原告车辆进入小区的行为，无合同依据和法律依据，该行为侵犯了原告的合法权益，应予排除。

依照《中华人民共和国物权法》第 73 条、第 76 条，《中华人民共和国侵权责任法》第 6 条第 1 款、第 15 条第 1 款第（2）项，《中华人民共和国民事诉讼法》第 64 条之规定，判决如下：

一、被告许昌某物业管理有限公司停止阻碍原告魏某的车辆进入小区的行为。

二、驳回原告魏某的其他诉讼请求。

案件受理费100元，由被告许昌某物业管理有限公司负担。

宣判后，许昌某物业管理有限公司向许昌市中级人民法院提起上诉。

许昌市中级人民法院经审理后认为：双方之间属物业服务合同关系，小区道路属小区业主共有，即使业主过半数同意，因上诉人作为物业管理公司不具有所有权，其也无权就规划的停车位向业主租赁，并收取相关费用。但小区规划停车位是为了公共利益的需要，在小区所停车辆超出停车位的情况下，上诉人阻止其他车辆进入小区的行为符合公共利益的需要，本院予以支持。但，本案中，上诉人以被上诉人未交纳停车费为由阻拦被上诉人车辆进入小区的行为，无合同依据和法律依据，该行为侵犯了被上诉人的合法权益，应予排除。故对上诉人的上诉理由，本院不予支持。综上所述，上诉人上诉理由不足，本院予以驳回。依据《中华人民共和国民事诉讼法》第153条第1款第1项之规定，判决如下：

驳回上诉，维持原判。

【案件评析】

物业管理服务行业的发展，促进了城市住宅小区管理的现代化、专业化，良好的物业管理成了买房时人们选择房源的一个重要参考。但物业管理企业如何适当地行使其权利，履行其义务，一直未有一部统一的专门法律对其予以规范。从而产生大量矛盾。由此引发的案件也大幅上升，从中反映出的问题，亟待引起重视和解决。

本案中的关键就在于如何看待物业管理企业的职权范围与业主对其物业所有权的正当行使之间的关系。

首先，物业公司能否规划停车位。物业公司为了维护小区公共秩序、规范业主汽车停放以及维护全体业主的共同利益，确保小区发生突发事件时特种车辆正常出入，在可停放道路规划临时停车位的行为，符合法律规定，且符合全体业主的公共利益，其规划临时停车位的行为应当予以肯定。

其次，物业公司能否以征求意见的形式以过半数业主同意为由，收取车辆管理费和车位押金。根据《物业管理条例》第十一条：下列事项由业主共同决定：（一）制定和修改业主大会议事规则；（二）制定和修改管理规约；（三）选举业主委员会或者更换业主委员会成员；（四）选聘和解聘物业服务企业；（五）筹集和使用专项维修资金；（六）改建、重建建筑物及其附属设施；（七）有关共有和共同管理权利的其他重大事项。第十二条：业主大会会议可以采用集体讨论的形式，也可以采用书面征求意见的形式；但是，应当有物业管理区域内专有部分占建筑物总面积过半数的业主且占总人数过半数的业主参加。业主可以委托代理人参加业主大会会议。业主大会决定本条例第十一条第（五）项和第（六）项规定的事项，应当经专有部分占建筑物总面积 2/3 以上的业主且占总人数 2/3 以上的业主同意；决定本条例第十一条规定的其他事项，应当经占有部分占建筑物总面积过半数的业主且占总人数过半数的业主同意。业主大会或者业主委员会的决定，对业主具有约束力。业主大会或者业主委员会作出的决定侵害业主合法权益的，受侵害的业主可以请求人民法院予以撤销。物业公司未获得业主委员会的授权，而法律法规并未规定物业公司可以通过征求业主意见的形式决定应当由业主大会或业主委员会决定的事宜，因此物业公司的行为已经超越权限。且，即使过半数业主同意，如果该决定的事项侵害了其他业主的合法权益，该决定的事项也是不合法的。具体到本案中，物业公司通过征求意见的形式，设立新的收费项目，并阻止未缴纳车位押金的车辆进入小区，超越了职权。在规划其停车位已经停满的情况下，为维护小区内业主的公共安全和公共利益，其可以阻止小区其他业主的车辆进入小区停放，但在小区规划停车位未停满的情况下，其阻止其他车辆进入的行为，构成侵权。

（撰稿人：吴　涛　编辑人：韩玉芬）

修路时环境污染致鸡场损害应赔偿

【案件疑难点】

　　如何界定环境污染侵权纠纷的构成要件

【案件索引】

　　一审：河南省禹州市人民法院（2010）禹民一初字第 1779 号民事判决书

　　二审：河南省许昌市中级人民法院（2012）许民二终字第 156 号民事判决书

　　再审：河南省许昌市中级人民法院（2013）许民再终字第 17 号民事判决书

　　再审：河南省高级人民法院（2014）豫法民提字第 00094 号民事判决书

【基本案情】

　　原告：杜某

　　被告：河南禹亳公司

　　被告：中铁公司

　　许昌至禹州地方窄轨铁路建于 1964 年 10 月，由河南省地方铁路局许昌分局经营管理。后河南省地方铁路局许昌分局进行产权改制成立河南中航铁路发展有限公司，2009 年该公司与河南漯周界高速公路有限责任公司共同投资成立禹亳公司，并对许昌至禹州地方窄轨铁路进行准轨改造工程，在改造中原颍河铁路桥废弃，新建铁路桥工程致使该段铁路向南移动 200 多米，2010 年 6 月下旬，被告禹亳公司修建禹亳铁路，由被告中铁二十局承建。原告杜某的种禽场于 1994 年始建于禹州市颍河桥南颍河河滩荒地，2011 年 7 月停业至今。该种禽场 2010 年 1 月 1 日被河南省畜牧局认定为鲜鸡蛋无公害农产品产地，年产量 280 吨，存栏 32000 只。被告中铁二十局施工车辆于 6 月 21 日至 6 月 23 日在原告种禽场附近拉土，该种禽场鸡群出现精神沉郁、产蛋率下降、批量死亡，经禹州市动物疫病预防控制中心工作人员现场勘查及对死鸡解剖得出结论，鸡群是由于强光直射、噪音粉尘等因素引起的应激反应和机械性死亡以及并发症死亡，伴有产蛋率明显下降，残次蛋增多、精神不振等症状，给原告造成直接经济损失 603726.06 元。2011 年 4 月 19 日，许昌博达资产评估有限公司出具资产评估报告书，对原告杜某的豫申种禽场的搬迁费用评估值为 2824274 元，原告支付评估费 11000 元。

原告向禹州市人民法院起诉请求被告承担以上损失。

被告河南禹亳公司辩称：原告的损失与自己无关，不应当承担赔偿责任，被告的工程是合法改建工程，原告是后来建在铁路边的，所以其主张搬迁费不应支持，应当驳回原告诉请。

被告中铁公司辩称：原告的损失与自己的工程施工无关，所以自己不承担赔偿责任。

【案件裁判思路及裁判结果】

本案禹州市人民法院审理后判决：一、被告中铁公司于本判决生效之日起 15 日内赔偿原告杜某经济损失 603726.06 元。二、被告河南禹亳公司于本判决生效之日起 15 日内赔偿原告杜某豫申种禽场的搬迁费用 2824274 元。本案受理费 33800 元，评估费 11000 元，共计 44800 元，由原告杜某承担 1800 元，被告中铁公司承担 7600 元，被告河南禹亳公司承担 35400 元。

一审宣判后，二被告均不服提起上诉。许昌市中级人民法院二审判决驳回上诉，维持原判。

二审判决送达后，申请再审人河南禹亳公司向河南省高级人民法院提出再审申请，河南省高级人民法院于 2013 年 2 月 7 日作出 (2012) 豫法立二民申字第 01796 号民事裁定，指令许昌市中级人民法院再审该案。

许昌市中级人民法院再审后认为，原一、二审认定铁路改建工程对被申请人开办的种禽场造成损害的事实及判令申请再审人禹亳公司支付搬迁费证据充分，但说理和适用法律不当，再审予以纠正。搬迁费用中树木搬迁费和停业利润损失项目不合理，再审予以扣除。判决：一、撤销本院（2012）许民二终字第156号民事判决；二、维持禹州市人民法院（2010）禹民一初字第1779号民事判决书第一项；三、变更禹州市人民法院（2010）禹民一初字第1779号民事判决书主文第二项"被告河南禹亳公司于本判决生效之日起十五日内赔偿原告杜某豫申种禽场的搬迁费用2824274元"为"被告河南禹亳公司于本判决生效之日起十五日内支付原告杜某豫申种禽场的搬迁费用2471764元。"四、二审案件受理费74937元，评估费11000元，共计85937元，由申请再审人河南禹亳公司承担59000元，被申请人杜某承担12000元，原审被告中铁公司承担14937元。

河南省高级人民法院提审后维持了许昌市中级人民法院（2013）许民再终字第17号民事判决书。

【案件评析】

环境污染责任是指因工业活动或者其他人为原因，导致自然环境遭受污染或者破坏，从而造成他人人身、财产权益或公共环境、其他公共财产遭受损害，或者有造成损害的危险时，侵权人应当承担的侵权损害赔偿责任。无论合法行为还是违法行为，只要其造成环境污染或者破坏，从而具有了危害性，即可成为环境侵权行为的要件之一。行为的违法性并不构成环境侵权行为的必要前提，而行为的致害性才是环境侵权行为的构成要件。对于环境污染，应当以包括有造成损害的现实威胁和已造成损害两种情形的危害事实为要件。若在损害发生前就及时采取预防性救济措施，则可以避免或减少损害结果的发生。被告中铁二十局修建铁路时，施工车辆经过豫申种禽场附近，在2010年6月21日至23日施工期间，种禽场出现鸡群批量死亡、产蛋率下降、残次蛋增加等情况，经禹州市动物疫病预防控制中心查看现场并解剖诊断，该中心出具的证明显示，鸡群是由于施工产生的强光直射、噪音粉尘等因素引起的应激反应和机械性死亡以及并发症死亡，中铁二十局的施工行为与原告种禽场遭受的损失存在因果关系，被告中铁二十局应当对原告造成的经济损失承担赔偿责任。根据本案当事人均认可的禹州市防疫站的证明，因禹亳公司所修建的铁路距离原告的养鸡场不足 300 米，从而导致原告养鸡场不符合畜禽场环境质量标准和动物防疫条件，无法办理《动物防疫条件合格证》，其种禽场的搬迁已不可避免，禹亳公司作为所修建铁路的管理者和受益者，同时作为环境污染部门，对该搬迁费用应予赔偿。

（撰稿人：蔡文慧　编辑人：唐战立）

已经赔偿第三人的开车人可以向
保险公司主张保险金

┌─────────────────────────────────┐
【案件疑难点】
　　交强险里面的合法开车人就是享有保险金请求权的人
└─────────────────────────────────┘

【案件索引】

一审：河南省禹州市人民法院（2013）禹民二初字第 444 号民事
判决书

【基本案情】

原告：王某

被告：人保公司

豫 K65×××号货车系原告王某与许昌某公司签订分期付款购车
合同所购的车辆，许昌某公司与被告人保公司就豫 K65×××号货车
签订有保险合同。2012 年 12 月 10 日 19 时，原告王某驾驶豫 K65×
××号货车，由北向南行驶至禹州市画圣路与南环路交叉口左转弯
时，与第三者刘某驾驶的电动车相撞，造成两车损坏，乘车人顾某受
伤的交通事故。事故认定王某负此事故的全部责任，第三者刘某及顾
某无责任。2013 年 1 月 18 日，在禹州市公安交通警察大队工作人员
的主持下，原告王某赔偿第三者刘某及顾某医疗费、误工费、护理
费、住院伙食补助费、后续治疗费、车损等各项损失共计 21000 元。

豫 K65×××号货车在保险公司投有交强险，保险期间为 2012
年 8 月 13 日至 2013 年 8 月 12 日。第三者顾某受伤后在禹州市中医
院住院治疗 43 天，支出医疗费用 5470.85 元；禹州市中医院出具的
出院证上标明顾某出院后休息 3 个月，第三者顾某系城镇居民。

原告王某向被告主张自己已经支付的赔偿款被拒绝故起诉。

被告辩称：原告不是车主，不具有保险利益，所以不应当赔偿。

【案件裁判思路及裁判结果】

为豫 K65×××号货车在被告人保公司投保的责任强制险是双方当事人的真实意思表示，该合同为有效合同，该事故发生在保险期间内，被保险人向第三者赔付后，保险公司应按照约定向被保险人支付保险金，原告王某为豫 K65×××号货车的实际所有人和实际投保人已向第三者顾某进行了赔付，人保公司应当在顾某实际损失的范围内向原告王某支付保险金。故判决：

一、被告人保公司于判决生效后三日内支付原告王某保险金18789.65 元。

二、驳回原告的其他诉讼请求。

【案件评析】

交通事故中，车辆所有人及保险人对第三者赔付后向保险公司追偿，因此而发生的纠纷是保险纠纷

原告王某与许昌某公司签订分期付款购车合同，许昌某公司与被告人保公司签订了保险合同。事故认定王某负此事故的全部责任，第三者刘某及顾某无责任，车的实际所有人和实际投保人已向第三者顾某进行了赔付，因原告王某向被告人保公司追偿时未果，故王某依法起诉被告保险纠纷。

禹州市人民法院在审理中，许昌万里集团运输有限公司证明一份，证明豫 K65×××号货车，系王某分期付款购买，王某为该车实际所有人，涉及该车保险是王某出资，王某为该车保险实际受益人，故王某是本案适格原告，被告人保公司应向原告王某支付保险金。

编委会建议：

在买卖合同中约定所有权保留的情况下，车辆实际所有人与登记车主不一致。其实本案车辆开车人就是责任保险里面的被保险人，其在保险事故发生的时候具有赔偿责任，而赔偿责任正是交强险的保险标的，所以本案原告也具有保险利益。"责任保险的被保险人给第三者造成损害，被保险人未向该第三者赔偿的，保险人不得向被保险人赔偿保险金。"反向说明了本案原告王某可以请求被告人保公司支付保险金，即使本案原告不是实际车主也符合被保险人的条件。

（撰稿人：张慧君　张贵云　编辑人：唐战立）

义务帮工人死亡被帮工人承担赔偿责任

【案件疑难点】
    义务帮工人在帮工过程中受害，如何确定被帮工人的责任

【案件索引】

一审：河南省许昌县人民法院（2012）许县民一初字第 230 号民事判决书

【基本案情】

原告：潘某

被告：张某

2011 年 6 月 19 日晚，被告张某驾驶豫 KD6×××号轿车，让齐某及李某（原告潘某的丈夫）同其一起去商丘为被告张某的工人结账。2011 年 6 月 20 日晚三人由李某驾驶车辆从商丘沿兰南高速公路返还许昌。次日凌晨 1 时左右，当车辆行驶至兰南高速西半幅 68km + 550m 时，李某驾驶车辆驶入高速公路外沟内，造成李某死亡，被告张某及齐某受伤，车辆受损的交通事故。本次交通事故经开封市公安局高速公路交通警察支队认定，李某在道路上行驶未按照操作规范安全驾驶，是造成此次事故的直接原因，应付本次事故的全部责任，张某、齐某不负此事故责任。事故发生后，被告张某已向原告支付 20000 元。

原告诉称：丈夫李某是为被告张某办事造成的死亡，按照相关规定，被告张某应当给原告进行相应的赔偿，但被告仅支付给原告 2 万元丧葬费，没有其他任何赔偿。因此，诉请法院依法判令被告赔偿原告死亡赔偿金 110474.6 元、精神抚慰金 30000 元，共计 140474.6 元，诉讼费由被告承担。

被告张某未答辩。

【案件裁判思路及裁判结果】

许昌县人民法院审理后认为：公民的生命健康权受法律保护。被侵权人对损害的发生也有过错，可以减轻侵权人的责任。本案李某在帮助被告张某开车办事过程中发生交通事故导致死亡，事实清楚、证据充分，李某与张某在事发前并未约定报酬，李某与被告张某之间形成义务帮工关系。帮工人因帮工活动遭受人身损害的，被帮工人应当承担赔偿责任。李某在帮工过程中死亡，被告张某作为被帮工人应当承担赔偿责任。但李某对交通事故负全部责任，其对其自身的死亡存在过错，可以减轻被告张某的责任，综合本案实际情况，许昌县人民法院认为，被告张某应对原告的损失承担25%的赔偿责任。经核定，原告的各项损失为：死亡赔偿金132080.6元（6604.03元/年×20年）、丧葬费15151.5元（30303元/年×1/2），以上损失被告张某承担36808元（147232.1元×25%）。同时李某的死亡给原告造成了精神上的伤害，原告要求被告赔偿精神抚慰金符合法律规定，根据本案实际情况酌定为7000元，综上被告张某共计向原告赔偿43808元。被告张某已向原告支付20000元，还应向原告支付23808元。对原告要求过高部分不予支持。

依照《中华人民共和国民事诉讼法》第144条、《中华人民共和国民法通则》第98条、《中华人民共和国侵权责任法》第15条、第26条、最高人民法院《关于审理人身损害赔偿案件适用法律若干问题的解释》第14条、第17条、18条、第25条、第27条之规定，判决如下：

一、被告张某于本判决生效之日起三日内赔偿原告潘某各项损失23808元。

二、驳回原告的其他诉讼请求。

【案件评析】

义务帮工人在帮工过程中受害时，如何确定被帮工人的责任是一个难点。

义务帮工，是指为了满足被帮工人生产或生活需要，没有义务的帮工人自愿、无偿地短期为被帮工人提供劳务的事实行为。义务帮工现象在我国的现实生活中，尤其是农村社会中非常普遍，通常发生在亲朋好友、同事邻居之间。帮工人为被帮工人提供劳务，为自愿、无偿行为，属于单方给付。本案中，被告张某主动找李某一起去给张某的工人结账，在回途中李某为被告张某开车，李某未向被告张某主张报酬，双方之间形成义务帮工关系义务，李某在开车过程中由于交通事故死亡，本案属帮工人死亡引起的生命权纠纷。

人身损害赔偿司法解释第 14 条规定，帮工人因帮工活动遭受人身损害的，被帮工人应当承担赔偿责任。被帮工人明确拒绝帮工的，不承担赔偿责任；但可以在受益范围内予以适当补偿。

帮工人在帮工过程中受损，应当适用无过错责任原则进行确定，理由如下：一是义务帮工活动是无偿提供劳务，是一种助人为乐的行为，而被帮工人无偿使用他人劳动并获得利益，如果让义务帮工人对帮工活动中遭受损害承担主要或全部赔偿责任，那么对帮工人是极不公平的，不利于助人为乐社会精神的培养。二是在义务帮工人存在重大过失的情况下，由被帮工人对损失承担全部赔偿责任，也是不公平的。如果被帮工人在任何情况下，均对帮工人的侵权行为承担侵权赔偿责任，其结果必然是加重被帮工人的责任，而且会放纵帮工人实施侵权行为，阻碍经济发展和社会进步。只有约束帮工人忠于职守，达到帮工活动的初衷和目的，使帮工人尽到一般的普通注意义务，才能促进社会发展和进步。本案中，李某对交通事故的发生负全部责任，其对其自身的死亡存在过错，可以减轻被告张某的责任。

（撰稿人：孙胜利　宋会超　编辑人：唐战立）

赌债不需偿还

【案件疑难点】

民间借贷的成立、生效与效力

【案件索引】

一审：河南省襄城县人民法院（2012）襄民初字第 1025 号民事判决书

【基本案情】

原告：李某

被告：陈某

2010 年 4 月 19 日陈某因赌被骗 30000 元，给李某出具借条，内容为，今借到李某 30000 元，借款人陈某。2010 年 10 月 21 日原告李某以被告缺资金向其借款为由向本院提起诉讼，请求被告返还借款 30000 元整，并承担本案诉讼费。

被告辩称：原告所诉不实，原被告之间不存在债务关系，原告起诉的欠条是原告设赌局骗被告所立，属于赌债，不应受法律保护。原告多次设赌局骗被告的事实，本案已涉嫌刑事犯罪，被告已向公安、检察机关提起控告，应驳回原告诉请。

【案件裁判思路及裁判结果】

襄城县人民法院审理后认为：原告向本院提交了 2014 年 4 月 19 日襄城县农村信用合作社仝庄分社的 20000 元取款凭证，本案原告系十里铺镇鲁外村人，被告户籍地郏县长桥乡渔东村、暂住地十里铺镇高庄村均紧邻郏县，而取款地点为十里铺镇仝庄村紧邻襄城县县城，东西相距较远。被告向原告借款，双方亦未约定利息，未涉及担保。从被告和原告的关系以及借款安全保障措施的角度来看，本案所形成的借贷关系不符合常理。原告向霍伟头借款 5000 元，向王孝炎借款 2000 元后又转借给本案被告陈某，有悖常理，其仅仅提供借条没有其他证据加以印证双方债务发生的原因，故原告主张被告归还借款 30000 元的诉讼请求本院不予支持。结合被告陈述、提供的证据、第三人的通话录音分析，本案所形成的 3 万元债务是非法债务，依照《中华人民共和国民事诉讼法》第 64 条之规定，判决如下：

驳回原告李某诉讼请求。

【案件评析】

审理民间借贷案件，应当要求双方当事人到庭参加诉讼，查明借款的原因、用途、支付方式、安全保障、利息约定、款项去向、借贷双方的关系、经济状况等事实综合审查，"借条"不仅表明在出借人与借款人或借用人之间存在债权债务关系，同时还能表明债务发生的原因，最高人民法院办公厅关于印发《全国民事审判工作会议纪要》的通知(法办〔2011〕442 号)精神：关于审理民间借贷纠纷案件的证据认定问题，应从各证据与案件事实的关联程度、各证据之间的联系等方面进行综合审查判断。本案中，原告称被告所借款项 30000 元，但又不能提供相应的凭证，或者现金交付的各个细节等证据予以佐证。单凭借条不能证明原、被告之间存在合法的债权债务关系。故原告的起诉证据不足，其诉讼请求法院不予支持。据此，法院依法判决驳回李某的诉讼请求。

（撰稿人：彭　洋　李　欢　编辑人：唐战立）

银行借款合同格式条款是否一定无效

【案件疑难点】

非合同当事人是否应承担连带责任

小额贷款联保协议书中格式条款是否无效

【案件索引】

一审：河南省鄢陵县人民法院（2013）鄢民二初金字第 1 号民事判决书

【基本案情】

原告：邮储银行

被告：潘某

被告：杨某

被告：张某

被告：胡某

2011 年 6 月 3 日，被告潘某、张某、胡某与原告邮储银行订立甲方为原告邮储银行，乙方为被告潘某、张某、胡某的小额贷款联保协议书。该协议书约定：第一条：乙方成员共三人自愿遵循"自愿组合、诚实守信、风险共担"的原则，成立联保小组。推选张某为联保小组牵头人作为小组联系人，负责配合信贷员进行贷前调查，督促小组成员按时还款、配合信贷员进行贷款逾期催收等。第二条：从2011 年 6 月 2 日起至 2013 年 6 月 3 日止，甲方可以根据乙方任一小组成员的申请，签订多次借款合同，在单一贷款人最高贷款不超过10 万元且联保小组（即乙方）合计贷款不超过 30 万元内发放贷款。第五条：甲方与乙方任一成员签订借款合同时，不需要逐笔办理保证手续，乙方其他成员均承担连带保证责任。担保期间从借款之日至借款

314

到期后二年；保证范围包括借款的本金、利息、违约金及实现债权的费用。原告、被告潘某、张某、胡某及其配偶在该合同上签字、盖章。

2012年5月7日，原告与被告潘某签订小额联保借款合同，合同约定：借款用途为进购原料，借期12个月，自2012年5月至2013年5月，借款年利率15%，还款方式为阶段性等额本息还款法。同日，原告将借款100000元给付被告潘某。并约定，不按期偿还借款本金的，从逾期之日起按借款利率加收50%的罚息。原告、被告潘某及其妻子杨某在该合同上签字、盖章。被告潘某在分期还款5个月利息后自第6期未按约还款，至今尚欠原告贷款本金87826.64元及相应利息。后邮政储蓄将潘某及其妻子杨某、张某、胡某起诉至鄢陵县人民法院。

被告张某、胡某辩称原告邮政银行鄢陵县支行在第二次给潘某放款时没有按照协议约定作贷款调查也没有通知被告张某、胡某；被告张某、胡某还辩称根据联保协议第一条明确规定，当被告潘某还不上原告钱时，银行有通知担保人，让其协助追款的义务。联保协议关于连带责任的规定属于格式条款，应属无效。

【案件裁判思路及裁判结果】

鄢陵县人民法院审理后认为：原告邮政银行鄢陵县支行与被告潘某、张某、胡某订立的《中国邮政储蓄银行小额贷款联保协议书》及《中国邮政储蓄银行小额联保借款合同》均系当事人真实意思表示，不违反法律规定，为有效合同。合同成立后，原告已按约履行了给付借款的义务，被告潘某未按约偿还原告借款本息，已属违约，故对原告要求被告潘某偿还借款本金87826.64元及相应利息的诉讼请求，本院予以支持。被告张某、胡某作为该笔借款的保证人，原告在约定的保证期间向其主张权利，于法有据，被告张某、胡某应依法承担连带保证责任。

本案中，被告杨某作为被告潘某（借款合同中的乙方）的配偶在合同上签字，但合同中并未约定乙方配偶承担责任，故对原告要求被告杨某承担连带清偿责任的诉讼请求，本院不予支持。原告请求本案其他费用由被告承担，但并未提供相关的事实证据，对此，本院不予支持。被告张某、胡某辩称原告邮政银行鄢陵县支行在第二次给潘某放款时没有按照协议约定作贷款调查也没有通知被告张某、胡某；被告张某、胡某还辩称根据联保协议第一条明确规定，当被告潘某还不上原告钱时，银行有通知担保人，让其协助追款的义务，但被告张某、胡某的该辩称不符合原告与被告签订的《中国邮政储蓄银行小额贷款联保协议书》的约定，故对被告的辩称本院不予采纳。综上，判决：

一、被告潘某于本判决生效之日起三日内偿还原告中国邮政储蓄银行有限责任公司鄢陵县支行借款本金87826.64元及相应利息（利息自2012年10月7日至2013年5月6日按年利率15%计算，自2013年5月7日按利率15%加罚50%计算至还款之日）；

二、被告张某、胡某为上述借款本金及利息承担连带清偿责任。

三、被告张某、胡某在承担本判决第二项连带保证责任后，有权向被告潘某追偿；

四、驳回原告中国邮政储蓄银行有限责任公司鄢陵县支行的其他诉讼请求。

【案件评析】

本案中潘某的妻子不是联保协议书当事人，也不是借款合同中一方当事人，在本案中潘某的妻子在联保协议书及借款合同上均以"乙方配偶"的身份签字，根据合同的相对性，且借款用途为进购原料，不能确定其是为夫妻共同生活所负的债务，所以本案中潘某的妻子不应承担连带责任。

《合同法》第39条规定："采用格式条款订立合同的，提供格式条款的一方应当遵循公平原则确定当事人之间的权利和义务，并采取合理的方式提请对方注意免除或者限制其责任的条款，按照对方的要求，对该条款予以说明。"

《合同法》第40条规定："格式条款具有合同法第五十二条和第五十三条规定情形的，或者提供格式条款一方免除其责任、加重对方责任、排除对方主要权利的，该条款无效。"

本案联保协议书中的约定虽然是格式条款，但是不属于合同法第

52 条和第 53 条规定的情形，也是当事人真实的意思表示，当然也不属于"霸王条款"，应属有效，所以作出此判决。

（撰稿人：曹慧玲　李会娟　编辑人：唐战立）

医院"存在一定诊疗措施不当" 也应当承担赔偿责任

【案件疑难点】

　　"存在一定的诊疗措施不当，与损害后果存在一定因果关系"时，可否即据此认定患者亦存在一定过错

【案件索引】

　　一审：河南省鄢陵县人民法院(2011)鄢民初第 194 民事判决书

　　二审：河南省许昌市中级人民法院(2012)许民二终字第 329 号民事判决书

　　再审：河南省许昌市中级人民法院(2013)许民再终字第 11 号民事判决书

【基本案情】

原告：杜某

被告：某县中医院

　　2007 年 10 月 20 日，杜某因腰间盘突出症入住某县中医院并在该院进行手术治疗，预付医疗费 6000 元，术后原告病情未治愈。2007 年 11 月 7 日原告在河南省洛阳正骨医院住院治疗，被诊断为腰 4、5 椎间隙术后感染。2007 年 12 月 6 日原告在郑州大学第一附属医院住院治疗，被诊断为腰椎间盘突出症术后椎间隙感染。2011 年 3 月 8 日，杜某因与某县中医院医疗损害责任纠纷一案诉至鄢陵县人民法院。2011 年 7 月 10 日，许昌乾明法医临床司法鉴定所鉴定意见为：被鉴定人杜某的腰 4、5 椎间盘切除术后感染达九级伤残。2011 年 11 月 17 日，经县中医院申请，许昌市医学会进行医疗事故技术鉴定，结论为：本例不构成医疗事故。2012 年 6 月 6 日，原告申请郑

州大学司法鉴定中心鉴定，意见为：某县中医院存在一定的诊疗措施不当，与被鉴定人杜某的损害后果存在一定因果关系。

另外，在一审判决的"本院认为"部分认定的事实为"某县中医院在诊疗过程中未告知原告脑脊液漏以及由此引发的椎间隙感染是椎间盘突出症髓核摘除术的并发症之一，且原告术后第二天即有脑脊液漏表现，但医方却未及时采取让患者去枕俯卧，抬高床尾等措施，以保持头低脚高位，防止或减轻脑脊液的继续渗出，以利于切口愈合，防止感染的发生"的内容。

【案件裁判思路及裁判结果】

裁判思路详见下边案件评析

一审判决：被告某县中医院于判决生效之日起十日内赔偿原告杜某各项经济损失共计 116145.31 元；

二审判决：改判某县中医院赔偿杜某除误工费之外各项经济损失 109845.31 元的 40%即 43938.12 元。

再审判决：维持鄢陵县人民法院原一审判决。

【案件评析】

本案中一审法院判令某县中医院赔偿原告全部的经济损失，二审改判让某县中医院赔偿原告损失的 40%。二审的理由是，鉴定意见称"某县中医院存在一定的诊疗措施不当，与被鉴定人杜某的损害后果存在一定因果关系"，一审判决结果与鉴定意见不一致，违反了过错程度与责任承担相一致的赔偿原则，故认为上诉人某县中医院承担被上诉人杜某经济损失的 40%较为适宜。

本案的焦点是：某县中医院是否应承担全部的赔偿责任。

再审时，许昌中院认为，某县中医院应承担全部赔偿责任。

一、从诉讼法中医疗侵权举证责任倒置的角度审查，某县中医院应承担全部赔偿责任

一般侵权责任有四个构成要件，行为、过错、损害事实、因果关系。医疗损害责任同样也是四个构成要件：一是医疗机构和医务人员的诊疗行为，二是患者的损害，三是诊疗行为与损害后果之间的因果

关系，四是医务人员的过错。但是，除了这些共性，医疗损害责任还有其个性。最高法院《关于民事诉讼证据的若干规定》第 4 条第 1 款第(8)项规定："因医疗行为引起的侵权诉讼，由医疗机构就医疗行为与损害后果之间不存在因果关系及不存在医疗过错承担举证责任。"根据以上规定，医疗损害责任中的因果关系和过错实行举证责任倒置，作为原告方的患者仅负责举证证明医疗机构的诊疗行为及自己存在损害后果，医疗机构如果不能举证证明医疗行为与损害后果之间不存在因果关系即不存在过错，则将被认定为存在因果关系及过错。

本案中，虽然某县中医院申请进行了医疗事故鉴定，结论为本例不构成医疗事故。但《侵权责任法》第 7 章统一规定了医疗损害责任，依该章规定，在医疗活动中不论是基于医疗事故还是非医疗事故，也不论是积极行为还是消极行为，只要使患者的合法权益受到损害，构成医疗侵权的，医疗机构就应当承担侵权责任。是否构成医疗事故是医疗机构承担行政责任的前提而不是认定过错的依据。郑州大学司法鉴定中心鉴定意见为：某县中医院存在一定的诊疗措施不当，与被鉴定人杜某的损害后果存在一定因果关系。其鉴定意见未说明杜某有过错；且该鉴定系由杜某申请所做，亦非某县中医院举证。某县中医院未能举证证明不存在医疗过错，也未能举证证明杜某有过错，应认定为负全部责任。

二、从已有证据看，可以认定过错均在某县中医院

1. 某县中医院未尽"告知义务"。

某县中医院作为医疗机构，在诊疗过程中，未告知原告脑脊液漏以及由此引发的椎间隙感染是椎间盘突出症髓核摘除术的并发症之一。

《侵权责任法》第 55 条规定："医务人员在诊疗活动中应当向患者说明病情和医疗措施。需要实施手术、特殊检查、特殊治疗的，医务人员应当及时向患者说明医疗风险、替代医疗方案等情况，并取得

其书面同意；不宜向患者说明的，应当向患者的近亲属说明，并取得其书面同意。医务人员未尽到前款义务，造成患者损害的，医疗机构应当承担赔偿责任。"

根据此条规定，某县中医院未尽"告知义务"，存在过错，应承担赔偿责任。

2. 某县中医院手术操作不当，存在过错。

本案中杜某术后椎间隙感染是手术中硬脊膜囊破裂，脑脊液漏出感染所致。而规范的髓核摘除术并不会导致患者脊膜囊破裂并致脑脊液漏情形发生，所以椎间隙感染并非不可避免，某县中医院手术操作明显不当，存在过错。

3. 某县中医院明显违反诊疗规范，存在过错。

杜某术后第二天即有脑脊液漏表现，按照椎间盘突出症髓核摘除术护理规范，如果出现脑脊液漏情形，应让患者去枕俯卧，保持头低脚高位，以减轻脑脊液漏，防止感染发生，但某县中医院未及时采取让患者去枕俯卧，抬高床尾等措施，以保持头低脚高位，防止或减轻脑脊液的继续渗出，以利于切口愈合，防止感染的发生。根据《侵权责任法》第58条规定："患者有损害，因下列情形之一的，推定医疗机构有过错：（一）违反法律、行政法规、规章以及其他有关诊疗规范的规定……"

据此，应认定某县中医院有过错。

三、已有证据不能证明杜某有过错

1. 虽然脑脊液漏以及由此引发的椎间隙感染是椎间盘突出症髓核摘除术的并发症之一，但某县中医院未履行告知义务，对术后患者应注意的事项也未告知。杜某及其家属对可能出现的并发症及防范措施一无所知，不能认定其有过错。

2. 无证据证明杜某及其亲属有不配合医疗机构进行符合诊疗规范的诊疗的行为。

《侵权责任法》第60条规定：患者有损害，因下列情形之一的，医疗机构不承担赔偿责任：（一）患者或者其近亲属不配合医疗机构进行符合诊疗规范的诊疗——医疗机构及其医务人员也有过错的，应当承担相应的赔偿责任。在有证据证明医疗机构有过错而医疗机构未举证证明杜某有过错的情况下，不能认为杜某应承担责任。

3. 在无证据证明多因一果的情况下，不能仅依鉴定中"医院有一定过错、有一定因果关系"的内容而将其他过错和责任归于患者。

在医疗损害侵权案件中，患者损害后果发生往往有病情原因和患者自身原因，在此情况下，要考虑医院和患者过错的大小和原因力的比例。但是，要有证据证实上述情形，且要考虑举证责任分配的问题。本案中，医院没有举证证明患者有过错，在原告申请作出的鉴定中虽称"医院有一定过错、有一定因果关系"，却未认定患者有何过错以及患者行为与损害有何因果关系，也就不能因此得出患者有过错及其行为与损害有因果关系的结论。

这里要提到一个问题，就是对鉴定结果如何运用的问题。鉴定意见作为证据的一种，和其他证据一样，不能被人民法院直接运用作为定案依据，法院要经过庭审中的质证、认证，要依照民诉法规定对鉴定意见进行审查，确定是否对其采信，而不能直接把鉴定意见作为下判的依据。

（撰稿人：王五周　编辑人：韩玉芬）